早稲田大学ロースクール著作権法特殊講義 2

著作権侵害をめぐる喫緊の検討課題

高林 龍［編著］

［共著者］
三村量一　　奥邨弘司
前田哲男　　本山雅弘
齋藤浩貴　　伊藤　真
富岡英次　　渋谷達紀
中村　稔　　今村哲也
竹中俊子　　加藤　幹
駒田泰土　　五味飛鳥
Y. Reboul　　平嶋竜太
F. Pollaud-Dulian　椙山敬士
上野達弘

成文堂

発刊にあたって

　早稲田大学大学院法務研究科（ロースクール）では、2009（平成21）年度から新たに２年生、３年生の春学期用の正規授業「著作権法特殊講義」を新設し、その初年度の成果を「著作権ビジネスの理論と実践」と名付けた１冊に纏めて2010年９月に発刊した。同書を見れば明らかなように、全14回の授業は著作権法に通暁する講師が、これまた著作権法の各分野で活躍する研究者や実務家を招聘して実施するといった魅力溢れるものであるが、早稲田大学のロースクールの授業の正規の登録生を対象としたものであったから受講生は50名ほどに限られていた。そこで、秋学期には、春学期の正規授業と同様のコンセプトの下ではあるものの、ロースクール生に限らず広く一般の著作権に興味を持つ方々が誰でも参加できる８回ほどの連続公開講座として「著作権侵害訴訟をめぐる喫緊の検討課題」と題する講義を無料で実施することにした。

　この連続公開講座の趣旨を簡単に述べるならば、早稲田大学大学院法務研究科といった教育研究機関が主催するものであることから、あくまで法的な側面から著作権法を学ぶものであって、今まで他の大学の公開講座などで展開されてきたような、著作権ビジネスなどに携わってきたいわゆる専門家をゲストとして招聘して、あまり知られていない著作権ビジネスの実務の知恵やマニュアルなど開陳してもらうだけといった内容ではなく、著作権ビジネスや著作権侵害の諸相を知ったうえで、そこに含まれている法的問題点を明らかにし、さらにはその解決の方向性をも示そうといった意欲的なものである。

　そのような基本コンセプトであるため、毎回の講義は大学の教授や講師の企画のもとに、各担当者が最も興味を持った、著作権侵害といった切り口からテーマを選択したうえで、最も相応しいゲストを招聘し、共同講義あるいはシンポジウム形式として、その場で問題点を抽出して解決策を見出していくといった、アクティブな構成とするのを基本とした。弁護士、実務家ある

いは教授を招聘して数名による豪華で本格的なシンポジウムとなっている回もある。さらに、正規授業では困難であろう、外国の著作権法をも対象とすることとし、初年度である2009（平成21）年度は、わが国で取り上げられる機会が比較的少ない大陸法系の著作権法であるフランス著作権法を対象とし、著名な学者2名をフランスから招聘したシンポジウムを実施した。長い伝統を有するフランス著作権法の視点からの問題提起は、アメリカ著作権法の視点からとはまた異なる新鮮さを有しており、私たちに比較法研究の重要さを認識させ、平面的な思考への反省を迫る側面も多く、大いに参考なった。

　本書は、このように2009（平成21）年度秋学期に「著作侵害訴訟をめぐる喫緊の検討課題」として実施された連続公開講座を、タイトルは書籍としてより相応しいものとして「著作権侵害をめぐる喫緊の検討課題」としたうえで、内容はそのままの紙版として、参加者だけではなく、広く読者にお知らせし、役立たせて頂こうというものである。

　情報のデジタル化時代にあって、著作権法が著作権の保護と著作物の利用といった両極からの要求に十分に対応できなくなっているのではないかという指摘がある。旧態依然な著作権法は現代の情報の洪水の中で沈没してしまっているのではないか、とか、著作権法は憂鬱状態にあるといった指摘もある。しかし、そのような指摘に賛同しているだけでは何事も始まらないし、何も起こらない。人間が産み出した新しい情報を、有効適切に、生活の場で、社会で、そしてビジネスで活用していくためには、これまた人間の知恵の結集が必要なのである。その意味で本書は、「著作権侵害をめぐる喫緊の検討課題」というテーマの下に、早稲田大学大学院法務研究科（ロースクール）に結集した知恵の成果である。このように春学期のロースクール生用の正規授業と秋学期の一般を対象とした連続公開講座をひとつのサイクルとして複数年実施し、その成果を広く世に問うていけることは、学者冥利に尽きる。

　多くの読者を得て、本書が有効に活用されることを強く望んでいる。

2011年2月

早稲田大学院法務研究科教授

高　林　　　龍

目 次

発刊にあたって

第1回　著作権侵害訴訟の実務上の問題点……………………1
　　講師：高林　龍／ゲスト：三村量一

第2回　著作権とコンテンツ流通……………………………43
　　講師：前田哲男／ゲスト：齋藤浩貴

第3回　著作権制限規定をめぐる最近の議論について
　　　　―文化的創作活動保護の視点から―………………79
　　講師：富岡英次／ゲスト：中村　稔

第4回　著作権法およびその他の知的財産法におけるプロダクト・デザインの保護……………………………111
　　コーディネーター：竹中俊子＝駒田泰土
　　ゲスト：Yves Reboul

第5回　フランスにおける著作権の制限について…………151
　　コーディネーター：竹中俊子＝駒田泰土
　　ゲスト：Frédéric Pollaud-Dulian

第6回　芸能人の氏名・肖像の法的保護およびパブリシティ権の最近の動向……………………………………189
　　コーディネーター：上野達弘
　　パネリスト：奥邨弘司＝本山雅弘＝伊藤　真

第7回　知的財産をめぐる判例・学説の動向……249
　　コーディネーター：渋谷達紀
　　パネリスト：今村哲也＝加藤　幹＝五味飛鳥
　　コメンテーター：三村量一

第8回　フェアユース規定に関する課題と展望……307
　　講師：平嶋竜太／ゲスト：椙山敬士

第1回　著作権侵害訴訟の実務上の問題点
講師：高林　龍／ゲスト：三村量一

Ⅰ　はじめに
　1．自己紹介
　2．本講演の内容
Ⅱ　講　義
　1．著作権侵害訴訟の特色
　2．著作権侵害訴訟の構造
　3．著作権侵害訴訟の争点
　4．フェアユース規定の導入可能性
　5．判例の読み方—最高裁判例を題材に—
Ⅲ　おわりに

Ⅰ　はじめに

　高　林　これからJASRAC公開連続寄付講座、著作権法特殊講義と銘打ちまして開始させていただきます。今回はその初回ということで、この7月31日に東京高等裁判所を退官されて、現在長島・大野・常松法律事務所弁護士をしておられる三村量一元判事から「著作権侵害訴訟の実務上の問題点」という題でご講演いただくことにいたしました。本日は雨ですけれども320名を超える方が登録をしております。この理由はひとえに初回の三村量一弁護士のご高名のなせる技かと思います。
　三村弁護士はわたしとほぼ同じときに裁判官になっており、裁判官としての経験も長いのですが、わたしが知っている三村判事は、当初は民事執行法

の専門家でした。民事訴訟法、民事執行法の論文を多数書いておられます。ある時から知的財産に転じ、知的財産でこのように有名な判事になっておられますが、もともと民事執行法、それからドイツ法にも強い判事でした。日本の判事でドイツ語で講演のできる判事はなかなかいないのではないかと思いますが、三村元判事はドイツ語の論文も書き、ドイツ語で講演もし、民事執行法の論文も書き、かつまた知的財産でもこれだけ著名な業績を上げている。そして華麗なる転身をして弁護士になったと、大変うらやましい道を歩んでおられます。わたしがこのJASRAC寄付講座にお願いしたときには、弁護士に転じるというような話は知らなくて、裁判官からお話を聞きたいということで声をかけてお願いしていたところですが、こういうことになりました。このようなシンポジウムで弁護士としてお話しいただくのは、今回が最初ではないように伺いましたが、2回目くらいなのではないでしょうか。わたしの話はこれくらいしまして、三村判事からこれから大変興味のあるお話が聞けると思いますので、わたしは引っ込みまして三村判事にマイクを委ねたいと思います。それではよろしくお願いします。

II 講　義

1　自己紹介

　　三　村　　ただ今ご紹介いただきました弁護士の三村でございます。高林先生とは裁判所では1期違いということで、高林先生は30期、わたしは31期で1期下になります。最高裁の調査官時代は、共に知的財産権担当の調査官ということで、文字通り机を並べて、隣の机で仕事をしていました。高林先生は、わたしより先に、華麗なる転身をなされて、今や押しも押されもせぬ高名な大学教授ということで、知財業界の大家になっていらっしゃいます（笑）。わたしも、本年（平成21年）7月末に裁判官を退官いたしまして、8月から弁護士として仕事をしています。今後も、知財関係の仕事をしたいと考えています。シンポジウムや講演会などでお目にかかる機会が以前にもまして増えることを希望しています。

わたしは裁判官として30年余り執務していたわけですが、そのうち17年は知財関係の仕事をしていました。今日のお話に多少関係しますけれども、平成5年から10年まで、5年間最高裁調査官を務めていました。調査官時代には、民集、すなわち最高裁民事判例集に登載された知的財産事件は、5件担当しましたけれども、著作権の関係では「ポパイ事件」[1]を担当いたしました。今日「ポパイ事件」のこともお話ししようと思っています。最高裁調査官の後、平成10年から17年まで7年間、東京地裁の知的財産権部であります民事46部の裁判長を務めました。東京地裁の裁判長としては、著作権事件では「キャンディ・キャンディ事件」[2]、「中古ゲームソフト事件」[3]や「スターデジオ事件」[4]、「ウルトラマン事件」[5]、そういう事件の第一審を担当しております。漫画関係ということで、「キャンディ・キャンディ事件」については後で話題にしたいと思っております東京地裁の裁判長として7年間執務した後、平成17年4月に知財高裁が発足すると同時に、知財高裁に異動しました。知財高裁では、「録画ネット事件」[6]と「まねきTV事件」[7]については、仮処分事件の抗告事件を裁判長として担当しました。「ローマの休日事件」についても、実は仮処分事件の抗告事件を担当していたのですが、決定の直前に仮処分申請が取下げになってしまったので、決定を出さないで終わってしまったということがありました。

2　本講演の内容

　三　村　自己紹介は以上にいたしまして、今日の講演の内容ですが、「著作権侵害訴訟の特色」というのは、他の知的財産権事件と比較するとどのような違いがあるのかということをお話しします。「著作権事件の構造」は、訴訟において、どういうかたちで当事者双方が主張立証していくのかに

1　最一判平成9・7・17民集51・6・2741。
2　東京地判平成11・2・25判例時報1673・66。
3　東京地判平成11・5・27判例時報1679・3。
4　東京地判平成12・5・16判例時報1751・128。
5　東京地判平成11・1・28判例時報1681・147。
6　知財高決平成17・11・15LEX/DB28102485。
7　知財高決平成18・12・22LEX/DB28130149ほか。

ついてお話しします。「争点」というのは、最近話題になっている法律問題をご紹介します。著作権の保護期間や侵害行為の主体、それからカラオケ法理などが問題になっていますので、そういうことをお話しします。それと、最近議論されている「フェアユース規定」について時間の許す限り紹介します。最後に「判例の読み方」ということで、最高裁判決を2つほど。漫画が好きだった総理大臣はもう辞めてしまいましたけれども（会場笑い）、漫画の関係の事件を2つほど。これはとっつきやすいということもありますし、この機会に著作権について興味を持っていただきたいということもありまして、分かりやすい例ということで取り上げました。

1．著作権侵害訴訟の特色

　三　村　　最初に「著作権侵害訴訟の特色」です。他の知的財産権侵害訴訟との対比ということでお話します。

　著作権の特徴の1つは、特許権や商標権などと違って、権利が無方式で発生するということ、そして登録主義ではないということです。無方式ですと誰も審査する人がいないので、著作権か、著作権でないかというのは公的に誰も審査していませんし、審査の結果によって発生するものではありません。その点は特許権や実用新案権や意匠権とは違います。それから登録もありませんので、権利の内容や誰が権利者なのかということは公示されていません。特許権や商標権などは権利の内容が公示されていますし、誰が権利者かも分かります。そういう点に違いがあります。

1　人格訴訟と経済訴訟

　三　村　　それから、「人格訴訟と経済訴訟」と書きましたが、一般的に知的財産権訴訟というのは経済訴訟です。知的財産法というのは、経済法の中の一分野ということになっていますが、そのような観点からも、経済訴訟です。特許権や商標権というのは産業財産権の1つでして、それに関係する取引の紛争が訴訟になっているわけです。これに対して、著作権は、伝統的

に経済法という感じではなくて、人格法というとおかしいのですけれども、それに近い性質を兼ね備えています。というのは、著作物というのは、ある意味、著作者の人格というか、感情・感性の発露ということができます。著作者人格権なら、もう人格法のものですが、このように、どちらかというと個人の感情とか個性を表現したものが著作物だというのが伝統的な理解です。実際、著作権訴訟では、原告も個人の方が多いのです。個人の方といっても、普通の人よりももっと特色のある個人の人が多い（会場笑い）。漫画家だったり、小説家であったり、画家であったり、それは普通の人と言えるのか、というぐらい、経済人というか、普通の人と比べても、個性的というか、もっと遠いところにある人が当事者になっている、という意味では違うところがあります。ただ例外的に、類型的に経済訴訟に属する分野もあります。典型的なのはビジネスソフトなどの、ソフトウエアです。コンピューターソフトウエアについては、当事者はほとんど会社です。マイクロソフトなどが典型ですね。ビジネスソフトの製作販売会社などが当事者になりまして、これは典型的な経済訴訟ということになります。ゲームソフトの場合も、任天堂とか大会社の事件となると経済訴訟です。もっとも、時々、ゲームマニアとか、ゲーマーが自分で会社を起こしたという会社もありまして、そういうところは画家や芸術家に近いような社長さんが出てくることもあります。独立系というか、ベンチャー系のゲームソフト会社には、画家のような人もいます。

2 訴訟当事者

　三　村　　訴訟当事者ということでは、先程言いましたように個人が多いということが特徴です。それと、代理人についての特徴もありまして、弁護士は当然訴訟代理人としてつくのですが、弁理士は著作権の場合にはあまりつきません。弁理士法の４条２項、３項にはライセンス契約や紛争処理手続には代理人として活動することができることが規定されているのですが、裁判所の訴訟の代理権はありませんし、当然に補佐人となるわけでもありません。裁判所の許可を得て民事訴訟法上の補佐人として法廷に出ることはできるのですが、普通は補佐人として活動することもあまりありません。法廷に

は、当事者本人と弁護士が来るというのが普通です。他の点では、任意的訴訟担当と民事訴訟法ではいいますけれども、JASRACなどが一番典型なのですが、民事訴訟法上でいう任意的訴訟担当ということで、信託的な譲渡を受けている権利者が訴訟を追行する事件があります。著作権等管理事業法でいうところの著作権等管理事業者、管理団体というところがそういうかたちで法廷に当事者として出てくるわけです。

3 訴額

三村 訴額については、一般的には、知的財産権訴訟としては低いといっていいと思います。特許権などは、わたしが扱った事件では、パチスロの事件[8]でしたけれども損害賠償額としてそれぞれの特許権につき70億と20億で合計90億円を認容するという判決をしたことがあります。その事件は、知的財産事件での損害賠償額の認容額として史上最高といわれていますが、そういう事件は特許だからこそという側面もあります。コンピューターのプログラムとしての著作権の場合は、アメリカで先頃「Wordが特許権侵害だ」と主張している事件が提起されたことが話になっていまして、あのようなかたちになると訴額も大きくなるのですが、普通の著作権事件の場合はあまり訴額は多くありません。例えばフランスのダリやユトリロ、そういった有名画家が、無断で展覧会で絵画のカタログを販売されたとして提起した訴訟などが昔あったのですが、その場合の損害賠償認容額というのは数十万円程度です。訴訟提起は損害賠償金を得るためというよりも差止めのほうに主眼があったのでしょう。ただ、展覧会は訴訟をやっているとその途中で終わってしまうものですから（笑）、結局、損害賠償請求だけが残るわけです。訴訟を早期に提起したということに意味があったということでしょう。そういう意味で、「経済的にはどうなのか」という訴訟も著作権分野では結構ありますが、そのような訴訟を提起することも、芸術家としてはやむを得ないということかもしれません。

---

8 東京地判平成14・3・19判例時報1803・99。

4 渉外事件

三村 「渉外事件」と書きましたが、渉外関係事件が比較的多い、というべきかもしれません。特許権の場合、特許権は国ごとに権利が違いまして、日本の裁判所で扱うのは多くの場合、日本の特許権です。アメリカの特許権について日本の裁判所が審理判断できるのかということは、1つの法律問題で、その点が争点となった事件扱ったこともあります。その問題については、国際裁判管轄上は日本の裁判所の管轄は認められるとわたしは思っています。現に最高裁まで行った「カードリーダー事件」では、最高裁が日本の裁判所の管轄を認めました。あの事件の第1審は[9]、わたしが担当したのですが。それから、同じくアメリカの特許が争点となった事件として、「サンゴ砂事件」[10]というのがあります。第1審のわたしの判決で確定しましたので、控訴審判決や上告審判決はないのですが、そういう事件がありました。この「サンゴ砂事件」でも、アメリカの特許権の侵害事件を日本の裁判所で審理することを認めました。特許権の場合には、そういう事件はありますが、例外的です。これに対して、著作権の場合は、割に渉外関係として、外国の著作物に関する訴訟があります。もちろん日本での保護ですから。日本の著作権法に、外国人が外国でつくった著作物であっても保護の対象とする、という条文があるからなのですが。『ローマの休日』や『シェーン』など、みんなアメリカの著作物ですね。最終的に判決にはならなかったと思いますけれども、ロシアのキャラクターである『チェブラーシカ』の事件もあります。最近の判決として記憶に新しいところでは、北朝鮮の映画の事件[11]があります。これはベルヌ条約に、外国の著作物、外国人の著作物についても自国民の著作物と同様に保護しましょう、という条項がありまして、それを受けて各国の著作権法の中に外国の著作物、外国人の著作物も保護するという規定が、日本の著作権法にもありますけれども、それを通じて、外国の、あるいは外国人の著作物についての渉外事件があるわけです。国ごとに権利が成立する特許権や商標権などよりは、著作権のほうがそういうかたち

---

9 東京地判平成11・4・22判例時報1691・131。
10 東京地判平成15・10・16判例時報1874・23。
11 知財高判平成20・12・24LEX/DB25440215ほか。

で外国のものが対象になる事件が多いということができます。

2．著作権侵害訴訟の構造

1　管轄裁判所

　三　村　　管轄裁判所ですが、これは民事訴訟法の話なのですが、特許権の場合は、民事訴訟法6条で東京地裁と大阪地裁の専属管轄になっています。ご存じのとおり、著作権についてはプログラム著作物、要するにコンピュータープログラムの関係の事件については同じように東京地裁と大阪地裁にしか提起できません、という規定になっています。それ以外の著作物や著作隣接権、著作者人格権の事件などについては、専属管轄の対象にはなりませんが、民事訴訟法6条の2に規定があります。管轄裁判所は、原則的には被告の居るところとか、不法行為地などを管轄する地方裁判所になるのですが、それにプラスアルファというかたちで、東日本は東京地裁、西日本は大阪地裁にも訴えを起こしていいということになっています。これは付加的管轄とか競合的管轄といわれています。

2　訴訟代理人

　三　村　　訴訟代理人については、先程申し上げましたように、弁理士は裁判所の許可を得て補佐人になることはできますけれどもあまりありませんで、実際は弁護士だけが法廷に出てきます。それと、任意的訴訟担当として、JASRACなどの著作権管理団体が訴訟当事者となることがあります、ということです。

3　原告の権利

　三　村　　次に、原告の権利のことがまず問題になります。それから、次に被告の行為についても問題になります。実務上の問題というかたちで、どういう事柄が問題になるか、という話です。今回は著作権を中心にお話ししたいと思っていまして、著作者人格権と著作隣接権については、時間の関係

で許す限り触れるというかたちにしたいと思います。

4　著作物性

三村　まず、著作権については著作物性というものが問題になります。「これはもともと著作物なのか」というのが最初の問題で、原告の作品が著作物に当たらないという理由で請求が棄却される事件というのは、少なくありません。著作物でないものについては、「原告作品は著作物に該当しないのだから、被告の作品にこれと似た部分があっても著作権侵害は成立しません。」という話になることもありますし、例えば小説や大きな記事であったとしても、一部分は創作的な著述だけれど、その他の部分は単なる事実の記述であって、似ているところが著作物性があるところであれば著作権の侵害になるのですけれども、単なる事実の記述の部分が似ているだけでは著作権侵害とはいえない、ということで請求棄却となることがあります。最高裁判決でいうと「春の波濤事件」[12]や「江差追分事件」[13]が、この点を判示しています。つまり、原告の作品のうち盗作されたと問題にしている部分に著作物性があるかという問題です。原告と被告の双方の作品の似ている部分、あるいは同一の部分が、原告作品の著作物性のある部分かどうかという話になります。実務的には、そういう点が問題となるのは、歴史的な記述、例えば歴史小説とか、あるいは新聞記事などです。特に新聞記事は、同じ事実を書くわけですので、内容がどうしても同じようなものになり、この点が問題となります。例えば、「次回の夏季オリンピックの開催地はリオデジャネイロになりました。」というのは、誰が書いても同じ記述になるわけです。それを最初に書いた記事が「著作物だ」ということになってしまうと、同じ内容を後から報道した記事がみんな著作権侵害になってしまいますが、そんなことはないわけです。

依拠性、つまり他人の作品をまねて書いたという問題ももちろんあるのですけが、仮に依拠したとしても、もともとの他人の作品に著作物性がなければ、それに依拠して書いても著作権侵害にはならないということです。新聞

---

[12]　最判平成10・9・10LEX/DB28041586。
[13]　最判平成13・6・28・民集55巻4号837頁。

の場合はあまりないのですが、他人の記事を見て書いたというのもないわけではないですね。週刊誌の記事などで、同じような内容を書いている場合に、確かに見て書いていても、そこは事実だから、著作権侵害にならないということはあるでしょう。「実際に取材に行かなかったのは、確かに記者の態度としてはほめられるべきではないかもしれないけれども、それは著作物性の問題ではないでしょう。」ということはあるかもしれません。歴史小説の場合には、確かに見て書いたんだろうなと思う部分があったとしても、その部分が、昔の歴史書、源平合戦であれば「平家物語」や「吾妻鏡」、南北朝なら「太平記」や「梅松論」、織田信長であれば「信長公記」とか、そういう昔の軍記物語や歴史書に書いてある内容をそのまま現代語に訳しただけではないかという話になると、「見て書いたって、もとの小説だって歴史書を見て書いたのだから、一緒でしょ？」という話になるということです。似ている部分が事実の記述に過ぎないのであれば、著作権侵害にはならないということです。

　あとは、アイデアが著作物かどうかという問題もあります。抽象的なアイデアの場合は、著作物に該当しないと解されています。アイデアの権利性については特許についても問題とされることがあります。どこまで具体的なものになると発明なのか、そうでなければ単なるアイデアなのか、という話です。著作物の場合も全くのアイデアというもの、ゲームのルールのようなものがどこまで著作物なのか、という話が問題となります。例えば、料理のレシピというものが、時々事件になります。確かに料理本を、そのまま写してしまうと著作物侵害なのですけれども、同じ料理ができるレシピを書いた本を出版するということですと、同じ料理をつくってはいけないのかと、そういう話になるのです。料理の作り方自体が著作物とは、ちょっといえないでしょう。同じ料理がつくれるようなものであれば著作権侵害だということで訴えている訴訟もあるのですが、著作権侵害というのはちょっと難しいのではないかと思います。

5　権利の帰属・権利行使の主体

三村　権利の帰属や権利行使の主体が問題となることもあります。特

許権や商標権の場合には、特許庁の原簿に記載されている人が権利者ということになるのですが、著作権の場合には、先程申し上げましたように、無方式で権利が発生し、登録主義ではないということで、誰が権利者かが明示的に確定しているわけではありません。「誰が著作者か」という紛争が訴訟にまで結びつくということが、少なくありません。作品の制作に関与した関係者の間で問題になることもありますし、あるいは関係者のうちの１人から許諾を受けている人間に対してほかの人間が著作権侵害だと文句をいった場合に、「いや、著作者はあなたではなくてBさんで、わたしはBさんから許諾を受けているんだから著作権侵害にならない。」と反論されるというかたちの場合もあります。法人著作かどうかということが問題となることもあります。法人から著作権侵害訴訟を提起された相手が、「いや、これは確かにおたくのデザイナーの木村さんの作品かもしれないけど、法人著作の要件を満たしていないから、著作権者は会社ではなくて、木村さんでしょう。」というかたちで争われることもございます。

共同著作物の場合には、著作権を侵害する第三者に対して、共有者は誰でも差止請求訴訟を提起することができますし、持分割合に応じて案分した金額について損害賠償を請求することが可能です。他方、共同著作物の利用については、共有者全員が同意しなければならないので、第三者に使用許諾する場面では第三者から「共有者の同意がないじゃないですか」といった形で文句を言われたり、あるいは共有者同士の間ですと、共同著作物の利用について「同意をしろ」とか、「同意をしない」とか、そういうかたちの紛争になることもございます。

共同著作物の利用については、各共有者は正当な理由がない限り、著作の行使について同意を拒むことができないと規定されています。この点については、従来、著作権法の教科書等では、共有者が同意を拒む場合には、「同意をせよ」という意思表示を命ずる判決を求めることができるような説明がされているのですが、民事訴訟法的に考えると、「意思表示を命ずる判決」というのは、おかしいんじゃないですかと思います。普通は、「意思表示を命ずる判決」というのは、共同申請の手続や同意を要する手続等において、その判決を持っていくと被告名義の申請書や同意書の代わりとして手続を行

ってもらえるというものです。典型的なのは登記です。「原告に対する所有権移転登記手続をせよ」という判決を登記所に持っていくと、本来共同申請のところが、原告の申請書と判決で所有権移転登記をしてもらえるわけです。これに対して、「共同著作物について、これこれの利用をすることについて同意しろ」というのは、「それを持っていくとどこかの役所で何か手続を行ってくれる」という、で、普通に民事訴訟法で「意思表示を命ずる判決」として考えているものとは違うのです。民事訴訟法的に考えると、むしろ、差止請求権不存在確認という形で訴訟を提起するのが本来であろうと思います。このことは、かつて、著作権法学会で発表したことがございます[14]。

　そのような訴訟法的な問題をひとまず措くとしても、共同著作物の共有者が、その利用についての同意を拒むことのできる「正当な理由」とは、何かというと、これも難しい問題です。わたしは、この点に関する訴訟を1件担当したことがあります。その事件は、大学の経済学の研究者同士の話です。研究者AとBの2人が、昔、日本の戦後経済の今後の発展について共同で論文を書いて出版したのですが、増刷されることなく絶版になりました。その後、Aさんは、「韓国で翻訳をして出版したい」という考えから韓国の研究者に翻訳の許諾をしようとしたのですが、共同著作者であるBさんが同意しないから、「翻訳について同意をせよ」という判決を求めて訴訟を提起しました。この事件では、「被告であるBさんに同意をしないことについて正当な理由がある。」ということで、請求棄却の判決をしました。理由は、1つは当該論文のほとんどの部分をBさんが書いているということ、ほとんどの部分を書いている人の意向のほうが大事だということです。もう1つは、これは経済の論文で、今後の経済状況予想なども記載されているのですが、執筆から10年ぐらいたつと、予想がはずれている部分もかなりあるわけです(笑)。これは恥ずかしいから、予想のはずれた理由などをフォローしないまま、昔の論文を出版したくないということで、学者としてある意味その気持ちは分かりますね。それから、韓国の研究者に翻訳させたいということでし

14　著作権研究32号38頁所収「共同著作物の利用に関する諸問題」。

が、具体的に誰にさせるのかというか、その人はどういう経歴の人なのかというと、翻訳者はまだ未定でという話でしたので、そういう状態で翻訳に同意しろというのは難しいのではないかということで、請求を棄却したわけです[15]。

　それと、これは、共同著作物ではなく、原作を漫画化した二次的著作物の利用の事件なのですが、当該漫画の作画を担当した漫画家からストーリーを担当した原作者に対して、「当該漫画をアニメ化することについて同意せよ」という請求をした事件もありました。二次的著作物の利用に関する原著作物の著作者と二次的著作物の著作者（翻案者）との関係について、共同著作物の共有者と同様のものと考えることができるかどうかは、それ自体が１つの法律問題です。二次的著作物の利用は、双方の同意が必要という点で、共同著作物と共通する点があります。私は、他の共有者の同意についての著作権法の規定は二次的著作物についても類推適用することができると考えるのですが、この事案では、仮にそのように考えるとしても、原著作物の著作者である原作者（ストーリー作成者）において、同意を拒む正当な利益があると考えました。というのは、アニメ化をするアニメ制作会社について、どうして原告の挙げる会社が適切なのか、その事情が明らかでなかったのです。例えば、原告は東映動画によるアニメ化が適切だと主張し、これに対して被告は日本アニメが適切だといって、具体的な条件を双方が示しているような場合であれば、裁判所としては、判断することが可能ですし、和解とか調停に持っていく余地もあるのです。しかし、条件も詰めないうちに、原告が「取りあえず○○アニメ制作会社に依頼することにしたから同意しろ。」というのでは、被告としては、判断のための情報を全く与えられていないわけです。この事件は、裁判所から、「アニメ化の具体的な契約条件はどういう内容ですか。」という話をしているうちに、原告が訴えを取り下げてしまいました。ただ今お話をしたのは、共同著作物の利用について共有者が同意をしないことに正当な理由があるかどうかは、共同著作物の作成過程における関与の割合がどちらが大きいかという点とか、当該著作物自体の性質とか、同意の対

---

[15]　東京地判平成12・9・28LEX/DB28052331。

象とされている当該利用形態について条件等がどの程度具体化しているかという点などか、考慮要素となって判断される、ということです。

6　被告の行為──複製における同一性判断と依拠性──

三村　次に被告の行為です。被告の行為にういては、まず複製については、同一性と依拠性とが問題になります。複製における「同一性」というのは、もとの作品と被告の作品を比べて同じものか、あるいは似ているものかということです。「依拠性」というのは原告の作品を見て書いた、原告の作品をまねしたということです。依拠性については、流行歌、ポップスなどの場合は、流行ったなと思ったら同じようなものが出たりするなど時間的に近接していることが多いし、あるいは専門分野の論文の場合も、同じ研究室にいた関係だったとか、そういうことで被告には、原告の作品にアクセスする機会が十分あったという話になるので、依拠性の判断で難しいという事案は、実務上はあまりありません。同一性ないし類似性については、どこら辺まで似ていればいいのか、という話になるのですが、著作物がとても短いような場合、例えば、スローガン、標語とかの場合には類似性の判断が難しいことがあります。

例えば、実際の事件として、「ボク安心ママの膝よりチャイルドシート」というスローガンを創作した原告が、被告の「ママの胸よりチャイルドシート」というスローガンを原告の作品の複製だとして訴えた事件があります（「スローガン事件」）。東京地裁は、原告のスローガンの著作物性は認めましたが、被告作品がこれに類似するとは認めませんでした[16]。この判決は、高裁でも支持されています[17]。この事件は、スローガンが問題となったものですが、俳句とかキャッチフレーズのような短い作品になると、著作物性の判断に加えて、同一性、類似性の判断についても、どこまで共通すると複製権侵害となるのかという判断が難しくなるというところはあります。音楽なども、主要なメロディーのところが共通の場合、どこまで同じだと複製権ないし翻案権侵害となるのかという問題があります。ここら辺になると、あまり

---

[16]　東京地判平成13・5・30（平成13（ワ）2176号）判例時報1752・141。
[17]　東京高（6民）判平成13・10・30（平成13（ネ）3427号）判例時報1773・127。

深入りすると、裁判官に、法律家に芸術が分かるのかという、芸術家からの本質的な批判が出てきてしまうので困るところなのですが（笑）、そういうところでとても微妙な事件も、確かにございます。

　先ほど申し上げましたように、依拠性の点については、偶然同じものができたということは、伝統的な著作物の場合はちょっと考えられないのですが、ただ、プログラム著作物の場合は同じようなものが偶然できてしまったということがないわけではないのです。発明などの分野は、それぞれお互いに秘密に研究をしていても、従前の製品の欠点などは同じ分野での競業者として皆知っていますし、目的とするものも共通ですから、同じ発明について「1日違いで先に出願されてしまった。」ということがよくあるのです。プログラム著作物の場合も、共通の課題を解決することを目指して、同じような能力のプログラマーが一生懸命競っている場合には、同じようなプログラムができることがあるわけです。その場合には、依拠性がないので著作権侵害にはなりません。そもそも、コンピュータプログラムの場合には、ソースプログラムという基本的なプログラムは市販されているプログラムソフトなどを解析しても分かりませんから、内部の関係者等でなければ他人のプログラムに依拠して開発をすること自体が困難なのですが、このように偶然同じプログラムを作り出してしまったということもあり得るわけです。その場合には、それぞれが独立した著作物となり、相互の間に著作権侵害の問題はありません。

7　著作権の制限規定

　三　村　著作権については、そのほか、私的使用のための複製とか引用とか、いろいろな制限規定がございまして、制限規定の対象となるかどうかが中心的な争点という事件も少なくありません。この点は、特許権などの権利とは異なるところです。特許法にも制限規定はありますが、その適用が中心的な争点となる事件というのは例外的です。著作権の場合は、例えば、私的使用のための複製かどうかが争点となる事件も少なくありません。例を挙げれば、「録画ネット事件」とか「まねきTV事件」などがそうです。結局、「最終的なユーザー自身が使っている」と認定できる話なら、それは私的利

用のための複製や自分自身を宛先にしての送信なのです。そうでなければ複製権侵害や送信可能化権侵害となります。ユーザーによる私的利用か、それともカラオケ法理的なかたちで第三者が主体かという話になります。引用の場合も、引用になるか、ならないかというかたちでの紛争が多いのです。著作権の場合には、制限規定自体の適用性が争われる事件が多いということが特徴と言ってよいと思います。

8　差止判決

　三村　それと、差止判決について述べますと、差止判決の主文例は、特許侵害の場合ですと、「被告製品を販売してはならない。」とか、「被告製品を廃棄せよ。」といったかたちでシンプルなのですが、著作権侵害の場合には、中には「被告書籍の107ページ5行目から16行目までを抹消せよ。」とか、「被告書籍中107ページ5行目から16行目までを抹消しない限り、これを販売してはならない。」とか、非常に民事訴訟法的にいうと中途半端なのですが、実務的には非常にきめ細かいというか、穏当な判決が多いと思います。

　海賊版の場合は作品全部が違法複製ですから、その場合には、判決でも全部差止めとか、全部廃棄が命ぜられるのですが、辞書や文芸書などの著作物の場合には、千ページぐらいある書籍のうち1ページとか2ページ、あるいは20行だけが侵害とか、そういう事案も結構あるわけです。「たかだか20行の違法複製部分があるために千ページの書籍について『全部売るな』とか、『全部廃棄しろ』というのはあんまりじゃないですか。」といった考慮から、違法複製部分だけ、要するに「20行分だけマジック塗れば販売してもよい。」という話になったりするわけです。そうすると、当該部分だけを削除したり、表現を改めたものを次のバージョンというか、「改訂版」というかたちで販売するということになるわけです。もちろん過去の侵害についての損害賠償は支払わなければならないのですが、被告側のその後の出版活動に対して必要以上の制限がされないという点では、民事訴訟法上のあいまいさはあるしても、わたしは、適切な実務慣行だと思っています。

9　被告の過失

三　村　著作権侵害については、過失の推定規定が著作権法には置かれていません。これに対して、特許法などには過失の推定規定が置かれています特許権の場合は、「こういう内容の発明が特許になった。」ということが、特許公報という形で公示されるわけです。「こう内容の発明が特許になっていて、いついつまで存続している。」ということが、誰でも知ろうとすれば分かるような形で公示されているのです。それに比べると著作権の場合は、どこで誰がどんな著作物を創作したかということが全然分からない。世の中にいろいろと著作物っぽいものは流通しているのですけれども、これが本当のオリジナルの著作物かどうかも分からない。もしかしたら、それ自体がコピーかもしれない。もう既に保護期間が満了しているものを単に刷っているだけかもしれない。例えば、浮世絵の模写とか、そんなものは、パブリックドメインであって、権利者はいないはずです。それを複製したって誰も文句は言えないというものなのです。そういうものも一杯世の中に出回っているわけです。そういう点を見ると、権利の対象となっているものの内容が公示されている特許権や商標権とは状況が異なることが分かります。したがって、過失の推定規定は置かれていないわけです。

10　損害額の算定

三　村　著作権侵害の損害額については、著作権法114条1項から3項の規定が置かれています。1項は権利者が逸失した利益を損害額とするという規定、2項は侵害者が得た利益を損害額と推定しますという規定、3項はライセンス料相当額を損害額とするという規定になっています。この構造は特許法、実用新案法、意匠法、商標法と全く同じで、ありていにいえば、1年遅れで文化庁が特許庁の後追いをして同じような条文をつくったということです。余談ですが、特許庁がつくった条文について、若干説明をしておきます。損害額についての規定は、特許法、実用新案法と意匠法は同じような条文でよいと思うのですが、商標法は事情が違うはずです。つまり、特許法102条1項と商標法38条1項は、同じ形の条文になっていますが、本来的に考えると、特許権侵害の場合と商標権侵害の場合とでは、状況が違うわけで

す。それはなぜかというと、特許権や意匠権のような創作的な権利の場合は、当該権利の内容、発明の場合には使い勝手のよい構造とか、意匠の場合には見映えのよいデザインといった価値が商品の中に内在されているのに対して、商標の場合には、商標自体に使い勝手というような商品に内在されるような価値があるわけではないのです。商標はあくまでも商品の出所表示であって、マークそれ自体に価値があるわけではありません。したがって、市場における代替性というか、市場での真正品と侵害品のゼロサム関係が保障されているわけではないのです。この点は、わたしは昔から論文で指摘している[18]のですが、「メープルシロップ事件」[19]の東京地裁判決がその点の議論を取り入れて、商標法38条1項は特許法102条1項と全く同様に解釈してならないと判示しています。

　損害額の算定に関しては、著作権法でも114条1項を新たに設けるということで、特許法、実用新案法、意匠法、商標法と同じ内容の改正をしました。条文上は、著作権法のほうが後から改正したので、手厚いというかきめ細かい規定になっていまして、公衆送信も含む、インターネット対応の条文になっています。特許法よりも賢い条文になっていて、偉いでしょう、というようなことを文化庁の関係者の方から自慢されたこともあります（笑）。それはそれとして、著作権法114条1項というのは、ある意味では、特許法よりも市場の状況に応じた、適切な規定だとわたしは思っています。なぜかというと、特許法の場合には被告が、条文的には侵害者が例えば1万個売った場合は権利者の販売もそれと同数である1万個減ったでしょうということで、権利者が1個当たり千円の利益を得られるのだったら1万個では、千円かける1万個だから1千万円の損害を被りました、という考え方に基づくものなのです。しかし、特許権の場合には、「そんなことを言ったって、市場には競合商品があるから、侵害品を1万個売ったからって、権利者の製品の売上げが1万個減少するとは限らないじゃないか」という話に必ずなるのです。その意味では、特許法102条1項はフィクションということもできます。

[18] 牧野利秋・飯村敏明編『知的財産関係訴訟法〈新・裁判実務体系4〉』所収「損害（1）―特許法102条1項」305頁参照。
[19] 東京地判平成15・5・28判例時報1830・140。

これに対して、著作物の場合には競合品というのはあまりないのですね。例えば、『ハリーポッター』の海賊版を販売されました、というときに、海賊版を販売された数だけ真正品の『ハリーポッター』の売上が減ったというのは、そのとおりです。著作物の場合、特許製品における競合品に対応するものはないのです。『ハリーポッター』の競合品が『魔女の宅急便』だということはないのです（会場笑い）。先ほど、商標の場合にはそれ自体に価値があるわけではないので市場における代替性の議論は当てはまらないと申し上げましたが、その例外がブランド品です。ケリーバックがほしいからケリーバックの模倣品を買いましたとか、エルメスのものがどうしても欲しいからエルメスの模倣品を買いましたということになると、確かにそれは競合品がないのです。しかし、ブランド品の場合には、購買力の問題があります。エルメスのケリーバックが2万円で買えますか、という話ですね。模倣品を購入する女の子というのは2万円の模倣品は買えるけれども、50万とか70万といった値段の真正品は買えないのです。そういう若い人に原宿で2万円で模倣品を2百個売ったからって、千個売ったからって、その分だけケリーバックが売れなくなったはずは絶対ない。そんな若い人は、もともと本物は買えないですから。そういう高額のブランド商品と違って、ゲームソフトや映画のDVDの場合は、海賊版は真正品の半値とか4分の1とかの値段で売っていますが、その人が本物を買えないかというと、買えるんですね。千円の小遣いで千円の模造品を買った子は、3,800円ぐらいの本物が買えないかというと、ケリーバックとは違って、それぐらいは買えるのです。そういう意味で、購買層が全然違うという話もあまりないので、114条1項でいう、「侵害者が売った数だけ権利者の売上が減って、その分もうけがなくなりました。」というのは、著作物が本当は一番ぴったり当てはまります。非常にきれいに規定が適用できる分野という意味では、損害額の算定規定が実情に合致していると思っています。

　特許法102条1項については、侵害品の販売数と同数の真正品を権利者が販売できなかった事情とか、そういう点についていろいろ議論をしていますけれども、そういった議論に巻き込まれなくても済むという意味では、著作権法というのは幸せな分野ということができると思います。もっとも、例外

として、ビジネスソフトウェアの場合は、特許製品と同じ議論が当てはまる余地があります。例えばウイルス防止ソフトなんていうのは、どこのものを買ったって同じじゃないですかという点では、競合品が存在するわけです。そういう例外的なものについては、特許法102条１項と同じ議論が当てはまることになります。

3．著作権侵害訴訟の争点

1　著作権の保護期間（1）—53年問題—

　三　村　最近話題になっている事件ということで、どんな法律問題が議論の対象になっているか、という話をしたいと思います。１つ、最近話題になったのが著作権の保護期間の問題です。古くは、「ポパイ事件」でも保護期間が問題となりましたが、最近は「ローマの休日事件」、「シェーン事件」や「モダン・タイムス事件」、いずれも昔の映画の保護期間が問題となりました。「ローマの休日事件」と「シェーン事件」というのは、全く争点が同じでございまして、いわゆる53年事件というものですが、1953年に公表された映画が、平成15年の著作権法の改正により保護期間が50年から70年に延長された対象になるか、ならないかという問題です。シェーン事件最高裁判決[20]の判示内容を見ると、条文の文言どおりの判断、どうして、このような明瞭な条文の文言の解釈が問題になるのかと思うような事件です。ご説明すると、映画の著作物の著作権の保護期間を公表後50年から70年に延長する著作権法の改正は、平成16年１月１日に施行されたのですが、保護期間の延長の適用に関して、改正法附則２条に、「改正後の著作権法の規定は、この法律の施行の際現に改正前の著作権法による著作権が存する映画の著作物について適用し、この法律の施行の際現に改正前の著作権法による著作権が消滅している映画の著作物については、なお従前の例による」旨が、経過規定として規定されていたのです。著作権の保護期間というのは、公表などの次の

年の初めから起算して、年単位で最終年の満了時まで存続するのです。そこで、1953年に公表された映画の著作権の保護期間が平成15年3月31日をもって満了したのか、それとも平成16年1月1日の時点でまだ存続していたのかが問題となりました。同この一連の訴訟には、わたしも一部関与しています。「ローマの休日事件」の仮処分事件で、東京地裁民事47部（高部眞規子裁判長）で保護期間満了という判断で仮処分申請を却下する決定がされました[21]。この決定に対して、知財高裁に即時抗告がされ、わたしが裁判長として審理を担当することになりました。審尋期日を終えて、陪席裁判官との合議を終えて来週ぐらいに決定をしようかということになっていましたところ、「シェーン事件」本案訴訟において、東京地裁民事29部（清水節裁判長）が、同様に保護期間満了という判断で原告の請求を棄却する判決をしました[22]。そうすると、わたしのところに係属していた「ローマの休日」仮処分事件について、仮処分申請人が突然仮処分申請を取り下げたのです。仮処分事件の場合、申請取下げに相手方の同意は不要ですから、裁判所としてもどうしようもありません。推測するに、「シェーン事件」本案訴訟でも負けたということで、「ローマの休日事件」の仮処分申請をしていた権利者側は考えたらしくて、事件の審理の際のわたしの訴訟指揮もまずくて心証が分かるような訴訟指揮をしちゃったのかもしれませんが（会場笑い）、「どうも雲行きが怪しい」ということで、「来週あたり抗告棄却決定が出る前に仮処分申請自体を取り下げてしまおう。」ということで、事件を取り下げられてしまいました。そういう次第で、わたしのところで書いていた決定案は日の目を見ることがなく終わってしまいました（笑）。この53年問題については、権利者側が「シェーン事件」東京地裁判決に控訴しましたが、控訴審判決でも負けてしまいまして[23]、最高裁に上告受理申立をしましたが、最高裁判決でも保護期間満了という判断が示されました。

　この53年問題の争点は、要するに次のようなことです。改正前の著作権法の規定によれば、1953年に公表された映画は平成15年の満了をもって著作権

---

[21] 東京地決平成18・7・11判例時報1933・68。
[22] 東京地判平成18・10・6LEX/DB28112106。
[23] 知財高判平成19・3・29LEX/DB28130896。

の保護期間が満了するのですが、結局、12月31日の午後11時59分59秒を過ぎて翌年の1月1日の午前0時0分となるのですが、権利者側は「12月31日午後11時59分59秒を過ぎて年が改まる直前の瞬間は、翌年の1月1日の午前0時0分と瞬間的には同じだから、翌年1月1日が始まった時点では著作権の保護期間は満了いていない。」という主張をしていました。この主張は、ちょっと聞いただけでも疑問符の付く内容なのですが、権利者側がなぜそのような主張をしていたかというと、文化庁がそれそういう見解をとっていたからです。しかし、最高裁判決では、1月1日の午前0時0分の時点では、前の年いっぱいで満了する著作権の保護期間は既に切れているという、社会常識にかなったというか、条文の文言に忠実な解釈が示されました。

2 著作権の保護期間 (2) ―モダンタイムス事件―

三村 「モダン・タイムス事件」は、「ローマの休日事件」や「シェーン事件」の後で判決された事件なのですけれども、昭和45年の改正前の旧著作権法では、映画の著作物については、現行法のように映画製作者い著作権が帰属するのではなく、映画製作に創作的に関与した著作者に帰属することとされていました。古い映画については、著作権法改正の際の経過規定で、旧著作権法が適用されるものがあります。そういう映画については、著作者が自然人の場合、著作者の死亡から一定期間著作権の保護期間が存続することとされています。チャップリン映画の場合、チャップリン自身が原作、監督等を務めていて著作者と認められるが、チャップリンが死亡したのは1977年なので、その著作物である映画の著作権の保護期間は未だ満了していないというのが、最高裁判決[24]の判示する内容です。

この判決の事案は、「モダンタイムズ」などの、複数のチャップリン映画が対象です。原作も監督も何もかも自分ひとりでやってしまう、スーパースターのチャップリンだからこそ、さしたる困難もなく、彼が著作者と認定できたわけですが、普通の場合は、映画の製作に誰が創作的に関与したのかを認定するのは容易ではありません。結局、旧著作権法が適用される映画につ

---

[24] 最判平成21・10・8 判例時報2064・120。

いては、著作者の認定が容易なものを除いて、著作権の保護期間が満了しているかどうかの判断が困難であり、映画関連ビジネス自体がやりにくい状況が生まれるように思います。

　ついでに言えば、著作者が自然人である映画の場合は、映画会社の側も、当該著作者から適法に著作権を承継したことを主張立証しなければ、映画についての権利行使ができないだろうと思うのですが、映画会社はその点をきちんと立証できるのでしょうか。適当な自然人を著作者であると指摘しておきさえすれば、著作権の保護期間は満了していないということで、直ちに訴訟で勝てるということには、本来ならないはずだろうと思います。映画会社の側で特定の自然人を著作者と主張するのであれば、当該人物から適法に著作権を譲り受けたということも立証しなければならないでしょう。もっとも、映画会社が長期間にわたって著作権者として公然と行動していることを理由に、著作権を時効取得したという構成は可能かもしれません。

3　侵害行為の主体

　三村　侵害行為の主体の問題については、裁判例は、「ヒットワン事件」、「録画ネット事件」、「選録見録事件」、「まねきTV事件」、「MYUTA事件」、「ロクラクⅡ事件」とあるのですが、いずれも第三者の関与がどのぐらいまでに達すると著作権侵害の主体とされるかという話です。

　「ヒットワン事件」[25]は、カラオケ装置をリースした業者が、装置を納入する際に、「使用するときには、もう1回お金を払わなければいけないんだよ。」ということを顧客に十分説明しないで納入したから、お前も損害賠償をせよ、と判決で命ぜられた事件で、これは大阪地裁の事件です。わたしとか、東京系の人は、こういう請求は認められないのではないかと思っていたのですけれども、大阪は先進的というか、日本における「テキサス東」と申しますか、権利者にやさしい判決をすることがございます。

　「録画ネット事件」、「選録見録事件」、「まねきTV事件」、「MYUTA事件」、「ロクラクⅡ事件」、この辺は延々とやっている泥沼のような一連の事

---

[25]　大阪地判平成15・2・13判例時報1842・120。

件でございまして、勝った負けたで言うと、「録画ネット事件」はテレビ局が勝ち、「選録見録事件」もテレビ局が勝ち、「まねきTV事件」はテレビ局が負け、「MYUTA事件」はテレビ局が勝ち、「ロクラクⅡ事件」はテレビ局が負けです。

4　録画ネット事件

　三　村　「録画ネット事件」(仮処分事件)[26][27]というのは、業者が自分のところで管理している機器、かたちの上では販売したことになっているものの、実際は賃貸しているものなのですが、海外のユーザーがインターネットを通じて操作してテレビ番組を録画し、録画した内容を海外の自宅等のパソコンに転送するというものです。外国に行っても「紅白歌合戦」を見たいとか、そういう人の需要に応えるというものだったのですけれども、これは業者が録画をしていると認めて、差止の仮処分を認めました。「録画ネット」の仮処分事件は、東京地裁民事40部で市川正巳裁判長が担当して、差止を命ずる仮処分決定を出しました。仮処分事件の抗告審は、わたしが裁判長として担当いたしました。

5　選録見録事件

　三　村　「選録見録事件」(よりどりみどり)[28][29]は、大阪の事件で、集合住宅を対象としたテレビ放送のハードディスクレコーダシステムを販売していた業者に対して、販売差止めを命じた判決です。このシステムは、マンションの管理組合や組合から委託を受けた管理会社がマンション全住民のためにサーバーを管理し、各戸の居住者は、各戸からリモコン操作によりそれぞれ自らの選択した番組をサーバーに録画し、再生して楽しむというものです。大阪の判決は、地裁・高裁とも、このような利用方法は放送事業者の著作隣接権としての複製権及び送信可能化権を侵害すると判断した上、このシステムの販売者

26　東京地決平成17・5・31LEX/DB28112354。
27　知財高決平成17・11・15LEXDB28102485。
28　大阪地判平成17・10・24判例時報1911・65。
29　大阪高判平成19・6・14判例時報1991・122。

である被告に対して販売差止めを求めることができると判示しています。

　これは個人的には微妙な事件ではないかと思っています。システムの販売業者に対する差止めを認めることができるかどうかという点も問題ですが、そもそもこのシステムが必ず著作隣接権を侵害することになるという判断にも疑問を感じます。なぜかというと、マンションの管理組合がこのシステムを購入して運営する場合を考えますと、管理組合は民法上の組合ですから、管理組合の所有物は、組合員全員の総有ということになります。つまり、サーバーは各居住者による総有の対象になるわけです。総有というのは、共有のうち、特に共有者同士の結び付きが強く、各共有者による分割請求などが許されない特殊な形態のものを指します。分かり易い言葉で説明しますと、みんなでお金を出し合って買ったサーバーを各人が使用するわけです。共有物は各共有者がそれぞれ利用することができますから、自分が共有者として利用することができるサーバーを各居住者が利用して、各戸にあるディスプレイ装置に送信して画像として楽しむのは、個人的な使用のための複製であり、また、自己に対する送信にすぎず、公衆に対する送信ではないということもできそうです。このような利用形態を考えると、放送事業者の著作隣接権である複製権と送信

　サーバーを使用するために、形の上だけ共有するというのでは、公衆性は否定されないと思います。リゾート施設の利用関係のように、形の上では共有者になって、みんなで共有の施設を利用しましょう、というのと同じように、「このサーバーを利用するためには、あなたは共有者にならなければなりません。」、「共有者となるための加入料ですよ。」という話で、誰でも共有者になれるし、いつでも共有関係から抜けられるというのでは、公衆性は否定されないとわたしも思います。しかし、この事案では、最初にマンションがあって、管理組合があり、マンションの人たちがみんなで一緒に見ましょうということで、サーバーを実際に管理組合のお金、つまりはみんなのお金で買っているということであれば、かたちだけの共有というわけではないでしょう。まさか選録見録のサーバーを使いたいためにマンション一室を買いますとか、そういう人はちょっといないでしょう。共有サーバーが使えるからマンションを買うという動機付けにはなるかもしれないけれど、選録見録

でテレビを見たいだけのためにマンションを買うという人はあまりいないと思います。そうすると、形だけの共有というわけではありませんから、公衆性は否定されるように思えます。

6 まねきTV事件

　三　村　「まねきTV事件」（仮処分事件[30][31]、訴訟事件[32][33]）は、仮処分事件は、東京地裁民事47部で高部裁判長が担当して、申請を却下しています。「録画ネット」の仮処分事件は、先ほど申し上げましたとおり、東京地裁民事40部で市川正巳裁判長が担当して、差止を命ずる仮処分決定を出しました。双方とも、仮処分事件の抗告審は、わたしが裁判長として担当いたしました。

　仮処分の抗告審事件、つまり高裁での審理は、いずれも私が担当したのですが、結論が違ったのです。「まねきTV」の差止めを認めなかったのはなぜかというと、「録画ネット」の場合、機器の「売買」の形式はとっているものの、実態は機器の貸借で、業者が専用機である機器を所有し、管理するという状況でした。「まねきTV」の場合には、個人向けの汎用機としてソニーが販売している「ロケーションフリー」という商品を買って業者に預けているわけです。当該機器の所有権は預けた個人のものです。言ってみれば、外国に赴任する際に、日本にいるおばあちゃんに機器を預けて、「アンテナと電源につないでおいてね」というのとあまり違わない程度の管理ではないかという感じで、差止めを認めませんでした。

7 MYUTA事件、ロクラクⅡ事件

　三　村　「MYUTA事件」[34]は携帯の関係で相当難しい話で、これは業者が主体と言わないとしょうがないのかな、というところがあるので、そこら辺までは同じようなかたちで判断しているところです。

---

[30]　東京地決平成18・8・4判例タイムズ1234・278。
[31]　知財高決平成18・12・22LEX/DB28130149。
[32]　東京地判平成20・6・20LEX/DB28141448。
[33]　知財高判平成20・12・15判例時報2038・110。
[34]　東京地判平成19・5・25判例時報1979・100。

「ロクラクⅡ事件」[35][36]というのは、今年（平成21年）の1月27日に知財高裁で控訴審判決がされた事件なのですが、これはほかの判決と比べると毛色が違っています。従来、いわゆるカラオケ法理として、どこまでがユーザーの私的な利用で、どこまで機器の管理等をやってしまうと業者の使用になるか、という微妙な線引きを、知財事件担当の裁判官がみんなで一生懸命やっていたのですけれども、それを一切無視というか、そもそも機器の管理を誰がやっていたって、ユーザーが私的に録画しているに決まっているじゃないか、という判断をされたという事件です。放送局のほうでは、てんやわんやの騒ぎになった判決です。これは、これまでの事案と事実関係が違うから判断が違ったという話ではないんですね。「ロクラクⅡ事件」に関しては、知財高裁4部の田中信義裁判長による判決なのですが、他の部が担当していれば、おそらく差止めという判断になっただろうと思います。これは事案が違うというよりも、審理を担当する裁判官の考え方が違うから結論が違ったという話なのです。そういったことは、通常の民事事件でもありますし、外国の裁判所でもよくあることなのです。法律解釈が微妙な事件の場合には、いろいろな判断が示されることは、よくある話でして、そういう形で下級審でいろいろな法解釈が示されて、最終的には最高裁で法律解釈が統一される。そのために最高裁がある、ということです。

8　カラオケ法理

三村　カラオケ法理とか幇助者に対する権利行使の問題、これはいつも文化庁の文化審議会の著作権部会などは「間接侵害の規定を設けましょう」としていまして、わたしも委員をしていたことがありまして、確かに間接侵害について特許法のようにちゃんとした明文規定を設けたほうがわたしもいいと思います。こういう場合には間接侵害になるけれども、こういう場合はならない、というかたちで線引きをする必要があるだろうと思います。しかし、個別具体的な規定ではなく、一般的なかたちで、これについて関与した者については同じ者とみなすとか、あまり広いかたちで幇助者ないし関

---

[35]　東京地判平成20・5・28判例時報2029・125。
[36]　知財高判平成21・1・27LEX/DB25440283。

与者を差止めや損害賠償の主体にするような規定ができるのは、表現の自由や国民の知る権利を尊重する観点からは、困ると思います。そういうふうに考えると、あまり広い一般規定ができるのと、現在のように裁判所がカラオケ法理を用いて一生懸命線引きしているのと、どちらがいいかというと、カラオケ法理のほうが具体的な結論としては妥当なところを、柔軟に判断しているという意味では優れているのではないかと思っています。そのような観点から、裁判官がみんなで具体的な線引きを一生懸命やっていたのに、これを根本から否定した、ちゃぶ台返しのような判決が、ロクラク判決であったということもできます。

4．フェアユース規定の導入可能性

　三　村　　時間の関係があるので、次のフェアユースについて、お話します。フェアユースについては、スリー・ステップ・テストというのがあります。これはベルヌ条約やTRIPS協定やWCTで規定されていまして、最初に「特別な場合」であり、次に、「著作物の通常の利用を妨げない」、そして3番目に「著作者の権利を不当に害しない」ということで、米国の著作権法にも同じような条文（107条）が置かれています。

　こういう条文を日本の著作権法にも導入しましょう、という話が進んでおります。このフェアユース規定の導入について、どういうかたちで日本で議論がされているのかといいますと、1つは伝統的な利用形態についての議論で、こんな日常的な利用方法が侵害だというのでは困るという議論です。実際にそんなことを侵害だという訴訟も起きていないのに、こんな条文があるために自由にみんな活動できないのは困る、という話が1つ。例えば、「写り込み」というのは、街とか屋外で写真を撮ったら、たまたま背景に被写体以外のものが写り込んでしまったということです。人の顔が写り込んだ場合は肖像権の問題ですけれども、著作物が写り込んでしまった場合は著作権、複製の話になってしまうわけです。それから他の例を挙げれば、企業内で会議の資料を複製して配ったりしているのは、実際にはみんなやっているのに

著作権法上は権利侵害になってしまう。それをもうちょっと自由にやってもいいようにしよう、という話です。それから、要約して引用することが許されるとはっきり言い切れない点とか、パロディだってもっと自由につくらせてもいいんじゃないかとか、そういう話のためにフェアユースの議論をしたい人もいます。

1　IT機器における情報蓄積

三村　それから、IT機器の場合についての議論です。「スターデジオ事件」[37]では侵害を否定しましたけれども、視聴機器においてはデータを1回蓄積しないといけない過程というのがあります。電源を落としたら消えてしまうようなデータ蓄積は、著作権法上許される一時的固定であって、そんなものは複製ではない、という言い方でスターデジオ事件では複製権侵害を否定しました。それに、携帯電話機器の保守修理の際のデータの一時的な待避。これは、著作権法を改正して新たに47条の4という条文を設けることで、立法的に解決をしてしまったのですけれども、わたしは、こんなものは立法的に解決なんかしなくても、ユーザーが個人的な利用のために業者に頼んでやっているだけなので、私的な利用だから複製に当たるはずがないと思うのです。しかし、非常に神経質に対応して、新たな規定を作ってしまいました。そうすると、逆に言うと、あのような規定をつくってしまったことで規定のない分野については許されないというふうにも言われかねないのですが、私は、そんなことはないと思います。携帯電話の修理保守の分野できめ細かい規定があるからといって、他の分野で規定なしに柔軟な解釈が許されないということにはならないと思います。

2　インターネット関連

三村　あとはインターネット関連で、こちらの議論のほうが、今は強いですね。検索エンジンも自由につくれないのは、日本の著作権法がいけないんだという議論です。日本の著作権法のせいで、Googleのような企業が日

37　東京地判平成12・5・16判例時報1751・149。

本で育たなかったという具合です。サムネイル表示なんかもできないのはおかしいんじゃないか、ネットオークションが盛んにならないのは著作権法があるからいけないということです。聞いていれば、まるで、「不景気になったのは全部著作権法のせいだ」と言わんばかりの議論ですね（会場笑い）。要するに、これから新たな分野の企業活動を可能にして景気を回復するという視点からフェアユースを導入しようという議論です。

3　従来の裁判例における解決手法

三村　今までは、裁判所は、著作権法上の複製の概念を制限解釈したり、著作権法の除外規定を類推・拡大解釈したり、権利濫用規定を適用したりして、特に伝統的な利用形態については、苦しいかたちで紛争処理をしてきました。

特に、そういう苦しい解釈を、一生懸命頑張ってやってこられたが飯村判事です。東京地裁民事29部の裁判長のときには、「はたらくじどうしゃ事件」[38]とか「雪月花事件」[39]とかで、一生懸命なんとか権利侵害にならないようにしようと苦労しているところはありました。いずれも条文解釈としては多少苦しいところであったわけですけれども、具体的な妥当性からいうと、そういう解釈でいいのかな、と思います。「はたらくじどうしゃ事件」は、結論もあれでいいと思います。「雪月花事件」というのは、蛍光灯のメーカーが、室内に設置されている照明装置のカタログをつくったときに、その写真に写っている室内の掛け軸に『雪月花』と書いてある、ある著名な書家の掛け軸が写っていたというのです。これは、フェアユース的な観点からは侵害を否定するのは苦しい点があります。というのは、これは実は「写り込み」ではないのです。なぜかというと、確かに他社のモデルハウスで撮影させてもらっているのですけれども、そこを撮影のために借り切っているわけですから、掛かっている掛け軸に問題があるな、と思えば、雪舟とか、浮世絵とか、全然問題のない作品に取り替えればよかったんですよ。それをしないで、そのまま室内にあった掛け軸を写してしまったのです。それも商業的

---

[38]　東京地判平成13・7・25判例時報1758・137。
[39]　東京地判平成11・10・27判例時報1701・157。

な利用ですね。自社の商品のカタログなんですから。こういう点を考えると、フェアユース規定という観点からは、侵害を否定できるか疑問ということになりそうです。ただ、「あのぐらい小さいと、著作物の特徴が分からない」という点は、なかなか優れた着想だと思います。この考え方は、サムネイルとか、インターネットオークションとか、そこら辺につながっていくことができるわけでして、その意味では、高い評価ができると思います。小さいから、同一性しか分からないと。『雪月花』と書いてあるのは読めるけれど、筆のはね方とか全然分からないじゃないですかということです。そういうのは、ネットオークションで出品される場合にも当てはまります。例えばゴッホの『ひまわり』。「ああ、ゴッホの『ひまわり』だな」ということは分かるけれど、ひまわりだという以上に分からないじゃないですかと。デジタルの場合にはいくらでも拡大ができるという話になると、ちょっと違うかもしれませんけれども、普通は拡大して見ないでしょう、あんなものは。そういうことであれば、オークションをする上で、名前だけ書いたってそんなものは誰も買わないでしょうと。これがゴッホの『ひまわり』だといっても、ゴッホが描いたひまわりの絵は1枚ではないわけですし、どんな保存状態か、という点も買い手の関心の対象です。「雪月花事件」のように、文字の特定以上の細かい特徴はそこからは見て取れないからいいんだというのは、広い範囲につながっていくという点で優れた判断だと思います小さな画像だから創作的な特徴が感得できない、要するに見る人に分からないというのは、ネットオークションなどにつながっていくという点では、意味があると思っています。このように著作権法の規定を、一生懸命解釈して裁判所が苦労して妥当な結論を得ようとしているのを見るとフェアユース規定があったほうが、あまり苦しい解釈をしなくてすむ、という感じはいたしました。

4　フェアユース規定の条文のあり方

三村　ただ、フェアユース規定も、人によっては、「権利濫用はこれを許さず」と同じような条文をもう1個置く、というような人もいます。しかし、民法1条3項に、既に「権利濫用は許さない」という条文があるのに、もう1つ同じような規定を置いてもしょうがないと、わたしは思いま

す。もう少し類型的に、こういう場合と、こういう場合と、これに類する場合とか、そういう規定を設けたほうがよいだろうと思います。もっとも、あまり細かい規定にしてしまうと従来の権利制限規定に新しいものをいくつか追加したというだけのことになるので、ある程度は拡がりのある規定にする必要はあると思います。

5．判例の読み方─最高裁判例を題材に─

1 ポパイ著作権事件

三村 ここら辺で、最高裁判決の話を少しいたします。「ポパイ著作権事件」[40]というのは、民集では判決要旨が5つくらい挙げられている事件なのですけれども、ここでは著作権の保護期間がどんどん更新されていくかどうかという点を説明したいと思います。「ポパイ著作権事件」と書いたのは、これとは別に「ポパイ商標事件」[41]というのがありまして、区別するためです。最高裁ではポパイ事件は2つあるのです。商標事件と著作権事件があって、わたしが調査官として担当したのは著作権事件のほうです。

事案は法人著作にかかる漫画『ポパイ』の著作権者であるX、Xというのはキング・フィーチャーズという米国法人です。Yは、ポパイの絵柄を付したネクタイを売っている日本の会社です。XがYに対して、著作権に基づいて損害賠償を求めたというのですが、ポパイの漫画が最初に公表されたときから起算するとネクタイの販売時には著作権の保護期間が満了していました。最高裁判決は、最初の漫画の公表時から起算して保護期間が満了しているときには、それと同一の限度での創作的部分についての著作権は消滅しますということを判示しました。なぜかというと、『ポパイ』という漫画は、今も連載されています。原告側は、「一番最初の漫画の公表時からはもう保護期間が切れているかもしれないけれども、どんどん休み無しに連載しているじゃないですか」ということを言いました。最初の漫画の著作権の保護期

---

[40] 最判平成9・7・17民集51・6・2741。
[41] 最判平成2・7・20民集44・5・876。

間が切れる前に、続編の漫画を作成して発表すると、その漫画については、またそこから保護期間が起算されるので、どんどん保護期間が更新されていくと主張しました。法人著作ですから、そういうかたちになるのですね。普通の場合には、著作者が死んでから保護期間が起算されることになるのですが、法人著作の場合には公表時からということなのです。法人ですから、公表して何年たっても死なずに続編の公表を続けるという状況になるわけです。日本では法人著作による漫画というのはあまりないのですけれども、死んだ後も続編がどんどん制作されているという事案は、ご存じのとおりございます。1つは『サザエさん』、もう1つは藤子・F・不二雄の『ドラえもん』ですね。これから『クレヨンしんちゃん』がそれに続くことになりました。法人がそういうふうに続編を作り続けていれば、いつまでたっても著作権の保護期間は満了しないのか、という問題です。

　こちらが最初に発表されたポパイの漫画です。今のポパイの絵とはだいぶ違うのですけれども（笑）、まあセーラーマンだな、水兵だな、ということくらいは分かります。次にこちらが問題になったネクタイの図柄、こちらは水兵かどうかもよく分からないのですが（会場笑い）、水兵だといわれれば水兵かな、という程度です。このネクタイの絵は、「ポパイ」と書いていなければ誰もポパイと思わない。「これは原告の漫画の絵と同一ではない」と言ってしまったほうが被告としてはよかったんじゃないかとわたしは思うのですが、「ポパイだ」と言って売っている以上、自分から「ポパイでない」と言うわけにはいかなかったんだろうと思います（会場笑い）。ですから、ポパイだという点については認めるというか、同一性について争わなかったのでしょう。

　この手のものは、けっこう難しいんですね、同一性の判断については。ミッキー・マウスぐらいデフォルメしてあれば別なのですけれども、『少年アシベ』に出てくるゴマフアザラシの『ゴマちゃん』とかいうと、「ちょっと……単なるアザラシじゃん」という話になります（会場笑い）。その辺は漫画家のほうも少しは考えていまして、例えば『じゃりン子チエ』には有名なネコが2匹出てきます。小鉄は、旗本退屈男と同じように眉間に傷があるんですね。もう1つ、アントニオJr.というのも出ていますけれども、それはち

ゃんとマフラーをしている。そういうふうに、漫画の登場人物を特定するための特徴とか、小道具というものをちゃんと考えている。最近のものでは、ソフトバンクのコマーシャルのホワイト家族のお父さんがいます。お父さんについては、いろいろキャラクターグッズが出ているのですが、あれをまねされたときに、「白い犬です」と言われたときには、「犬ですね」とか言いようがないじゃないかと思いまして（会場笑い）、著作権侵害で訴訟に持っていくのはなかなか厳しいところがあるのではないかと思います。

　少し脱線しかかっていますけれども、アメリカでは漫画も法人著作に係るものが多いといわれているのですが、個人の著作に係るものもありまして、有名なところでは、『スヌーピー』がそうです。アメリカでも、やはり、最初の作品が公表された時から保護期間が満了したらダメだよ、という議論があるようです。「ポパイ事件」の関係では、わたしもアメリカの文献などを調べました。『おばけのキャスパー』とかその辺はまだ分かったんですけれども、『グリーンランタン』というのが出てきまして、当時、「これは何だろう」と。グリーンランタンが何だかかんだと書いてある文献があったのですけれども、「グリーンランタンって何？」「緑のランタンだよね」、といっても、全然分かりませんでした。後になって分かったのですが、どうもこれはコミックヒーローらしいです、緑色の服を着た。これは、今Googleで検索しますと、絵まで一発で出てきます。ケーブルテレビで放送されている『ジャスティス・リーグ』というアニメ番組の登場人物として、『グリーンランタン』が出ています。緑色の服を着た中年のおじさんです（笑）。

　あと、法人著作の場合、先程申し上げましたように、著作物の公表時が保護期間の進行開始時になるのですけれども、連載漫画の場合には、一話完結方式の場合と、ストーリーが連続する場合で、公表時とされる時が違います。著作権法56条に規定がありますが、一話完結方式の場合には、各回ごとに公表時ということで、1回ごとに進行していきます。本件の場合の『ポパイ』もそうですね。あとは『サザエさん』、『ドラえもん』、これは1回ごとです。それに比べて永遠と話が続くものがあります。『ポパイ』以外は個人著作ですので、例として挙げただけです。保護期間の起算時になるわけではありません。公表時の説明のために、1話完結方式とストーリー連続方式の

例として挙げただけです。鳥山明の『ドラゴンボール』は延々と続きました。これは12年続きました。ただ、『ドラゴンボール』も1部、2部、3部とかいろいろあって、その度に完結しているといえばいえるでしょう。美内すずえの『ガラスの仮面』という漫画は、これは化け物といわれているらしいですけれども、1976年から34年間たつのに現在なお連載中という、業界では化け物といわれているような漫画なのです。

2　キャンディ・キャンディ事件

三村　「キャンディ・キャンディ事件」[42]は、わたしが1審で判決[43]をした事件です。

最高裁判決は、この事案では、漫画はストーリーの二次的著作物であると判断しています。その場合には絵を描くことについても、差止めをストーリー作者が求めることができますと判示しています。この漫画は、ご存知の方も多いと思いますけれども、いがらしゆみこという人が作画家で、ストーリーは水木杏子という人が担当しています。

漫画は制作形態によって、漫画がストーリーの二次的著作物になる場合と、ストーリー作者と作画家の共同著作物になる場合の、両方があり得るだろうと思います。ストーリー作者と画家が共同して一緒にやっていて、それでストーリーはこうだろう、絵はこうだろう、と言って、一生懸命議論しながらつくっていくのであれば、共同著作物であろうと思います。ただ、そういうかたちでない場合は、ストーリーの二次的著作物といわざるをえないということです。実際、共同著作物になりようがない漫画もあるわけです。横山光輝の『三国志』とか、井上雄彦の『バガボンド』とか、そういうのは二次的著作物にしか、なりようがないです。『三国志』は、史書としての『三国志』や読み物としての『三国志演義』が古くからあるわけです。『バガボンド』は吉川英治の『宮本武蔵』が原作ですが、「今度はこういうふうに変えたいのですが」と言っても、吉川英治氏はもう故人ですから、この人を相手に相談はできませんので、二次的著作物といわざるを得ない。

42　最判平成13・10・25判例時報1767・115。

43　東京地判平成11・2・25判例時報1673・66。

『キャンディ・キャンディ』のいがらしさんと水木さんの場合も、水木さんは原稿用紙でパーッと書いて、それをいがらしさんに渡して「あとよろしく」という感じでしたので、二次的著作物ということになったわけです。

漫画が二次的著作物に当たる場合に、絵についてストーリー作者の権利が及ぶのはおかしいじゃないか、絵については何も関与していないじゃないか、という議論は随分ありました。わたしもその議論はある程度正しいところもあるとは思います。条文上は、最高裁判決が言っているように、著作権法28条という条文があって二次的著作物については原著作物の著作者の権利が及ぶと書いてあるので、根拠はあるのですが、「絵については何の関与もしていないでしょ」という言い方は確かにある程度説得力があります。しかし、そんなことを言うと、例えば映画のブロマイド。例えば『スター・ウォーズ』を例にとりますと、『スター・ウォーズ』の場合、映画と別の原作者はいないのですけれども、いたとしましょう。いたとして、ハリソン・フォードが登場人物であるハン・ソロの格好をして映画に出るわけじゃないですか。そうすると、そのブロマイドとか、カタログが売れますね。そうすると、ブロマイド自体はハン・ソロの格好をしているから売れるのですが、それは衣装の担当者がつくったもので原作者は関与していないから「お前には一銭もカネをやらん」という話になってもいいのかというと、やはりそれは作品あってのものなので、役者さんが裸で写真に出ているのだったらともかく、原作というか、映画にのっとった格好でのブロマイドで売れているわけですから、それを衣装には関与していないから原作者には権利がない、というのはおかしいのではないかとわたしは思うわけです。やはり原作あってのものだろうと思うわけです。「キャンディ・キャンディ事件」でこういう結論にしたのは、そういう考え方もあってのことだろうと思います。

時間的にちょうどいい時間になりました。今日は、雑駁な話をさせていただきましたけれども、長い間ご清聴どうもありがとうございました。(拍手)

Ⅲ　おわりに

　高　林　三村先生、ありがとうございました。講演が始まる前に、「わたしに振らないでね」とお願いしておいたものですから、ちょうど時間一杯にお話いただきました。質疑応答の時間もとりたかったのですが、時間になってしまいましたので、質疑応答は省略させていただきたいと思います。裁判官を辞めて間がないので「知的財産訴訟の実相を語る」ということを書いてアピールしましたけれども、三村先生は裁判官のころからいつも実相を語っておったわけで、弁護士になったからそういうことを話し出したということではなく、裁判官のときから自由闊達にお話をされるので有名な裁判官でした。

　三　村　ちょっとフライングをしていたと。（会場笑い）

　高　林　現在弁護士になり、かつ大学などでも盛んにシンポジウムに参加していただけるようですから、ますます自由にご発言いただけるのではないかと期待したいと思います。今日は弁護士になって間がない、また夏休みが開けて忙しい時期でもあろうに来ていただき、非常に盛りだくさんな楽しい話をしていただきまして大変ありがとうございました。どうぞ皆さん盛大な拍手をお願いいたします。（大きな拍手）

本講のレジュメ（抄）

著作権侵害訴訟の実務上の問題点

第1　はじめに
　・著作権侵害訴訟の特色
　　他の知的財産権侵害訴訟との対比
　・著作権侵害訴訟の構造
　　訴訟手続の概観―権利の性質との関連で―
　・著作権侵害訴訟の争点
　　著作権の保護期間
　　侵害行為の主体
　　カラオケ法理、幇助者等に対する権利行使の問題点
　・フェアユース規定の導入可能性
　・判例の読み方―最高裁判例を題材に―
　　ポパイ著作権事件上告審判決
　　キャンディ・キャンディ事件上告審判決

第2　著作権侵害訴訟の特色
　・人格訴訟と経済訴訟
　・訴訟担当者
　・訴額
　・渉外事件

第3　著作権侵害訴訟の構造
　・管轄裁判所
　　プログラム著作権―民訴法6条―
　　それ以外の権利―民訴法6条の2―
　・訴訟代理人等
　・原告の権利
　　著作物性
　　著作権物に当たらないもの―アイデア、事実情報―
　・権利の帰属・権利行使の主体
　　法人著作、共同著作物
　・被告の行為
　　複製―同一性、依拠性―
　・著作権の制限規定
　　私的使用、引用等

・差止請求
　差止判決の主文例
・損害賠償請求
　侵害者の故意・過失
　賠償額
・一般不法行為との関係
・著作者人格権、著作隣接物

第4　著作権侵害訴訟の争点
・著作権の保護期間
　ポパイ事件、ローマの休日事件、シェーン事件、モダン・タイムス事件
・侵害行為の主体
　ヒットワン事件、録画ネット事件、選録見録事件、まねきTV事件、MYUTA事件、ロクラク事件
・カラオケ法理、幇助者等に対する権利行使の問題点

第5　フェアユース規定の導入可能性
・フェアユースの3ステップテスト（ベルヌ条約9条2項、TRIPS協定13条、WCT10条）
　① 特別の場合であって
　② 著作物の通常の利用を妨げず
　③ 著作者の権利を不当に害しない
・米国著作権法107条
　利用の目的及び性質（商業的利用か非営利の教育目的かを含む）
　利用された著作物の性質
　著作物全体に対する利用された部分の量及び質
　著作物の潜在的市場や価値に与える影響
・著作物利用の実情と権利制限規定の不整合
　① 伝統的利用形態
　　写り込み、企業内複製、要約引用、パロディ
　② IT機器における情報蓄積
　　スターデジオ事件（視聴機器における一時的蓄積）
　　携帯電話の保守修理（立法的解決―法47条の3）
　③ インターネット関連
　　検索エンジン、サムネイル表示、ネットオークション
・従来の裁判例における解決手法
　複製等の制限解釈、除外規定の類推・拡大解釈
　権利濫用規定の適用

・フェアユース条項の導入と著作権侵害訴訟

第6　判例の読み方―最高裁判例を題材に―
1　ポパイ著作権事件（最高裁平成4年（オ）第1443号同9年7月17日第一小法廷判決・民集51巻6号2714頁）

【事案】
　Xは、法人著作に係る漫画「ポパイ」の著作権者である。Yは、ポパイの絵柄を付したネクタイを販売。Xは、ポパイの著作権に基づき、ネクタイの販売の差止めと損害賠償を求めた。もっとも、ポパイ漫画が最初に公表された時から起算すると、ネクタイの販売時には、著作権の保護期間が満了していた。

【最高裁判決の意義】
・著作物と独立したキャラクター権を否定した。
・最初の漫画のから公表時から起算した保護期間の満了により著作権は消滅する。

〔本件図柄一〕

〔第一回作品〕

・米国では、漫画（コミック）は法人著作に係るものが多い。もっとも、スヌーピーのように個人の著作に係るものもある。
・米国における議論
　余談：グリーンランタン（Green Lantern）とは何？
・公表時（法人著作の場合は、保護期間の進行開始時）
　ポパイ、サザエさん、ドラえもん…一話完結形式

ドラゴンボール、ガラスの仮面……ストーリーが連続（逐次公表物。56条1項）

2 キャンディ・キャンディ事件（最高裁平成12年（受）第798号同13年10月25日第一小法廷判決・判例時報1767号115頁）

【事案】
　Y（作画者）は、X（ストーリー作者）の創作に係る小説形式の原稿に依拠して、連載漫画を制作した。Yが漫画の主人公を描いた画を作成し、複製して配布したところ、Xがその差止め等を求めた。

【最高裁判決の意義】
・本件連載漫画は、X作成の原稿を原著作物とする二次的著作物である。
・Xは、Yが本件漫画の主人公を描いた画を作成し、複製して配布することの差止めを求めることができる。

・連載漫画の制作形態と関与者の地位
　ストーリーと作画の分業（巨人の星、あしたのジョー、北斗の拳など）
　二次的著作物
　共同著作物
・漫画の登場人物の画についてのストーリー原作者の権利

第2回　著作権とコンテンツ流通
講師：前田哲男／ゲスト：齋藤浩貴

Ⅰ　はじめに
Ⅱ　講　義
　1．コンテンツとして想定するもの
　2．コンテンツの種類によって違いがあるか
　3．過去に製作されたコンテンツと新たに製作するコンテンツ
　4．いわゆる「ネット法」の提案について
　5．ネットに合ったコンテンツ製作の促進
　6．著作権法65条3項の規定の拡張などについて
　7．放送番組に関する権利集中を劇場用映画並みにすべきか
　8．不明権利者等の問題
Ⅲ　おわりに

Ⅰ　はじめに

前　田　皆さん、こんにちは。弁護士の前田と申します。本日の司会進行を担当させていただきます。どうぞよろしくお願いいたします。本日は「著作権とコンテンツ流通」ということをテーマといたしましてミニシンポジウムを開催したいと思います。講師として齋藤浩貴先生をお招きしております。齋藤先生は、著作権法などの知的財産権法あるいはエンターテインメントビジネスなどに関する法律実務に携わっておられる著名な弁護士でいらっしゃいます。1990年に弁護士登録をされ、現在は森・濱田松本法律実務所のパートナーでいらっしゃいます。「ネットワーク流通と著作権制度協議会」

という任意団体がございまして、その中で「コンテンツ流通促進方策に関する分科会」という分科会が設けられて、本日のテーマでありますコンテンツ流通に関する提言をまとめておられるわけですが、齋藤先生はその分科会長を務めておられます。本日「著作権とコンテンツ流通」というテーマでミニシンポジウムを開催するに当たり、齋藤先生をお招きしたのは、齋藤先生がその分科会長を務めておられることも理由の１つではありますけれども、本日は分科会長としてのご意見を伺うというよりも、齋藤先生ご自身の、個人としてのご意見を伺っていきたいと思っております。そう考える理由は、今日はインタラクティブにいろいろなご意見を伺いたいと思うからです。齋藤先生とわたくしとの間で一度だけ打ち合わせをさせていただきましたが、しかし、あまり予定通りの進行というものはつくっておりません。一応皆さんのお手元にレジュメを配布させていただいておりまして、このレジュメに沿って齋藤先生のご見解を伺っていきたいとは思っておりますけれども、この通り進むかどうか、それは必ずしもお約束の限りではございません。また、ちょっと分量も多いので、最後までご意見を伺えるかどうか、そこは時間の制約もございますので難しいかもしれませんが、ご容赦をいただければと思います。

コンテンツ流通の促進ということは、最近よく語られるテーマでございます。ブロードバンド網の普及に伴って、映像コンテンツや音楽コンテンツを好きなときにどこでも好きな方法で見たり聴いたりできることを実現するための通信インフラのほうは整っている、あるいは整いつつある。しかし、そのインフラ網に載せる肝心のコンテンツのほうが不足しているのではないか、という問題意識が指摘されることがございます。そこで既存のコンテンツである過去のテレビ番組とか映画コンテンツ、あるいは今後製作されるものも含めましてもっとインターネット経由で流通させるべきではないか。しかし、既存の著作権法上の諸権利がその妨げになっているのではないか、という指摘もなされているところであります。そのようなご意見からは、著作権法上定められている実演家等の権利を、今は許諾権、利用に対してノーと言える許諾権が定められているわけですけれども、それを引き下げて報酬請求権化、つまりつかってはダメとは言えないけれどもお金は請求できるとい

う権利にしてはどうか、という提案もございます。他方、コンテンツ流通が現状において不十分であると仮にしても、仮にと申しますのは、そもそもコンテンツ流通が不十分かどうかについても意見の分かれるところでございますので「仮に」ということにしておきますけれども、仮に不十分であるいう実態があるとしても、それが著作権制度に基づくものなのか、あるいは他の要因に基づくものなのか、という点でも意見が分かれておりますし、そもそも他人の創作の成果を利用するに当たっては権利処理をするのが当たり前であって、権利処理の手間を省いて利用できるようにするというのは乱暴ではないか、という指摘もあるところです。そういう状況の中でコンテンツ流通の促進を図る、そもそも図る必要があるのかという問題意識もあるかもしれませんけれども、仮に図るとして何らかの法改正が必要なのかどうか。あるいは、現在提言されているようないろいろな提案についてどのように考えるべきなのか。そういった点を齋藤先生に伺っていきたいと思います。すみません、わたしも座らせていただきます。

齋藤 前田先生からご紹介いただきました弁護士の齋藤です。今日はよろしくお願いいたします。「ネットワーク流通と著作権制度協議会」という任意団体があって、そこでわたしがコンテンツ流通促進方策に関する分科会の分科会長をしていることもあってこの席に呼んでいただいているということなのですが、この「ネットワーク流通と著作権制度協議会」は、今日問題として取り上げるようなコンテンツ流通促進方策も検討課題の1つにして、この春、提言書を出しております。協議会のホームページ[1]がありますので、そちらにアップロードしてあります。検索サイトで「ネットワーク流通と著作権制度協議会」と入れていただければヒットするはずですので、そちらを見ていただければ今日お話をするテーマについての、協議会としての提言内容はご覧いただけるということになります。ただ、今、前田先生のほうからご紹介いただいたように、協議会はメンバーが100名以上の有識者が集まった団体ということになるのですけれども、そこで協議した結果として

---

[1] http://www.ndcf.jp/

の提言ということになりますので、もちろんわたしの個人の意見というわけではありません。今日はそういったことで協議会とは離れた、わたしの考えをお話しさせていただくということでよろしくお願いしたいと思います。

II 講義

1．コンテンツとして想定するもの

前田 ありがとうございます。それでは、今日のテーマとする「コンテンツ」の定義を、定義というほど正確なものかどうか分かりませんけれども、こういうものを想定して齋藤先生のご意見を伺っていきたいということを明確にしておきたいと思います。レジュメの1ページの第1のところをご覧いただければと思いますが、コンテンツという言葉は非常に幅が広くて、著作物はすべてコンテンツということもできますし、著作物以外のものもコンテンツという定義には入るかもしれませんが、今日はその幅広い「コンテンツ」の中で、次の3つの要件をいずれも満たすものを想定して齋藤先生のご意見を伺いたいと思っております。その要件とは、1番目に「製作者」というものが存在し、その製作者が資金を投下して製作するものであること。2番目として、製作者と契約を締結して対価の支払を受ける複数の創作者等が製作に参加し、または自らの著作物等が利用されることを許諾することによって製作されるものであること。3番目として、創作者等から製作者に対する権利譲渡や包括的許諾、そういったものがあれば別として、特段の合意がない限りは、現行法上、完成した作品の利用には、製作者の許諾のみならず、製作者以外の創作者等の許諾がそろわないと、その作品の利用ができないものであること。こういったものをコンテンツとして想定することにいたします。コンテンツという言葉をそういう狭い意味でつかうのは適切ではないかもしれませんが、今日想定するコンテンツとしては、そういうものとさせていただきたいと思います。

具体的には劇場用映画であるとかテレビ番組、それからレコード、ゲーム

ソフト、こういったものを想定したいと思っております。つまり、例えば小説のように創作者の方が自分1人でお書きになるようなものは除外したいと思います。1人で創作する小説などの利用については、それをどのように出版するかどうかなどは、それを生み出した創作者のご意思に基づくものでなければいけない。このことに多くの方の意見が一致すると思います。しかし、おひとりの方の力で生み出したものではなくて、製作者が産業的に投資をして、多数の人の創作等を結集してつくり上げたものについては、特殊な考慮が必要なのかもしれない。本日はこういう観点から「コンテンツ」を想定したいと思います。

2．コンテンツの種類によって違いがあるか

前田 こういったコンテンツを前提としたうえで、コンテンツを製作したときには想定されていなかった新たな利用態様が出てきた場合に、その促進を図るための特別の法制度が必要なのか、ということが今問われている問題の大きな部分であると思います。この問題を考えるに当たって、まずコンテンツの種類によって違いが生ずるだろうか、ということについて、齋藤先生のお話を伺いたいと思います。コンテンツを定義してかなり狭くしたわけですけれども、しかし、その狭くしたコンテンツの中にもいろいろなものがある。その中におけるそれぞれの違いによって差が出てくるだろうか、という点です。具体的には、レコード等の場合、ワンチャンス主義が働く劇場用映画の場合、ワンチャンス主義が働かないテレビ番組の場合、こういったコンテンツの中での性格の違いから、法制度の必要性に差が出てくるだろうか、ということを伺いたいと思っています。

ここでワンチャンス主義という言葉をつかってしまいましたので、そのご説明をさせていただきたいと思います。その説明は必要ないという方もいらっしゃるかもしれませんけれども。ワンチャンス主義とは、実演家の権利の働き方に関して、現行著作権法上91条2項、あるいは92条の2第2項第2号などに規定されているものでございまして、実演の録音・録画権者の許諾を

得て映画の著作物に録音・録画された実演については、実演家の著作隣接権が働かなくなる、という原則でございます。このワンチャンス主義が適用される結果、劇場用映画のように、実演家の許諾の下でその映画の中に実演が録音・録画されますと、完成した劇場用映画の利用、例えば劇場用映画をDVD化する、あるいはネット配信をするという場合に、実演家の著作隣接権は及ばなくなる。そのことが著作権法91条2項、あるいは92条の2第2項第2号等に現に規定されております。

ところが、テレビ番組も映画の著作物の1種ではございますけれども、テレビ局が製作するテレビ番組については、通常の理解としては、今申し上げましたワンチャンス主義は働かない。なぜならば、テレビ局製作のテレビ番組については、実演家の許諾を得て映画の著作物に実演が録音・録画されているわけではないという理解があるからです。実演家は放送を許諾しただけであって、その放送の許諾には録音・録画の許諾が含まれていないので、テレビ局製作のテレビ番組についてはワンチャンス主義が働かないと。このように、同じ映画の著作物の中でも、劇場用映画とテレビ番組（特に局製作のテレビ番組）とでは現行法上の扱いに違いがある。こういったことがあるわけですが、そのような点を踏まえて、今懸案となっているコンテンツ流通の促進を図る特別な法制度が必要かどうかを考えるに当たって、コンテンツの種類による違いを考慮すべきか、あるいはどの程度考慮すべきか、という点について齋藤先生のお話を伺いたいと思います。

齋藤　コンテンツ流通の促進を図るために著作権制度の見直しが必要ではないか、という意見については、2つのレベルに分けて考えなければいけません。2つのレベルというのは、今想定しているコンテンツには、著作権法上では衣付きで製作者と呼ばれている映画製作者やレコード製作者がいるわけです。これが商業的にコンテンツを流通させて、そこから利益を上げるために投資を行っている。そういう製作者（ほとんどは会社）の権利許諾を得ないと当然コンテンツの流通はできない。そうした製作者の権利行使に何らかの制限等を課する必要があるのか、というレベルの問題が1つです。もう1つは、ここで想定しているコンテンツは、そうした製作者が投資をして

その発意の下に製作されるわけですけれども、その製作に参加している人たちで、なおかつ著作権法上の権利を持っている人たち——それは著作権者であったり、隣接権者であったりするわけですが——そういう人たちが多数います。そういう人たちの権利が、コンテンツが製作されて流通段階になってもバラバラに働くのだと、つまり、事後的に、流通の段階になってから処理しなければいけないというのだと、1つ1つの権利を処理していくのが大変で、流通が円滑にいかないといわれるわけです。もちろん、ここで挙げられている3つの種類のどのコンテンツでも、その製作者は会社、企業ですから、製作者のレベルの問題のコンテンツ毎の違いは全くないわけですけれども、参加者のレベルについては、参加者としてどういう人たちが想定され、どういう権利者が想定され、その権利が著作権法上どう働くのか、ということに違いがありますし、それからこれまで一般的に実務上の権利処理が製作段階でどう行われてきたか、ということでも違いがありますので、やはりレジュメに書いてあるとおりの3つの種類によって、利用の促進を図るような対応が必要かどうか、という検討は違ってくると思います。

　まずレコード等、つまりCDに収録されるような音楽の実演の録音物ですけれども、これについてはご承知のように、権利としては3つの権利が働きます。音楽の著作権と、レコード製作者の権利、これは原盤権といわれたりしますが、それと実演家の権利という、大きく3つの権利が働きます。このいずれの権利についても一般的には製作段階で処理がされています。あるいは、音楽の著作権については、JASRACをはじめとする管理団体が管理をしていますので、そこから許諾を得ることが事後的にも可能ですし、その許諾が、「流通」といえる範囲内で拒絶されるということはありえませんので、音楽の著作権については問題がありません。それから、レコード製作者の権利は、大体製作者自身が持つというのが一般的ですから、その権利が問題になるということもほとんどありません。さらに、実演家の権利については、実演家の権利を製作時にレコード製作者が譲り受けるのが一般的な実務になっていますし、許諾ということで処理をしたとしても包括的な許諾を受けているというのが一般的ですので、これも問題が生じることはありません。今後「問題が生じない」と言うときにその意味するところは、1つは、製作者

の下にもう権利が集中しているということです。今申し上げた例でいうと、実演家の権利はそうなっているということです。それから、もう1つは製作者の下に権利が集中しているわけではないのですが、別途著作権管理団体の下に、ほぼ間違いなく管理されている（JASRACの場合には信託譲渡）ので、そこから必ず許諾を受けられることが期待できるということがあります。これらいずれかの実態にある場合には、改めて法制度上の手当まで検討しなければいけない状況にはないということになりますので、その実態を指して、「問題がない」とこれから言っていくことになります。レコード等については、今述べたとおりの処理がなされていますので、問題ないであろうということになります。

　次にワンチャンス主義が働く劇場用映画についてですが、劇場用映画の場合、どのような方が参加してつくられるかというと、監督、これはモダンオーサーと呼ばれたりしますが、それから原作脚本の権利を持っている人たち、これはクラシカルオーサーと呼ばれたりします。それから音楽です。映画には音楽がつきものですが、これには先程言った3つの権利がかかわることになるわけです。さらに実演家が参加します。こういった人たちが参加して製作がされるわけですが、実演家についてはワンチャンス主義が働くというのは今ご説明の通りです。それから、監督については29条1項によって映画製作者が自動的に著作権の譲渡を受けて、著作権者になるということになっていますので、これも問題はほとんどないことになります。ほかのクラシカルオーサーと呼ばれる脚本家や原作者、それから音楽に関する権利については、製作時に契約によって処理しなければいけないのですけれども、その契約による処理においては、映画に関しては従来から広範に二次利用を想定しております。例えばDVD化や放送です。こういったものまで想定をして権利処理をしていることが多いです。書面によって権利処理をしているかというと、必ずしもそうではない場合があるといわれていますが、少なくとも、権利処理がされていないといって現実に問題となっている事例というのはほとんどありません。これは国内においてそう言えるということで、海外の権利まで処理されているか、とか、リメイクの権利まで処理されているか、というと、必ずしもそうではなくて、七人の侍脚本事件[2]という、リメ

イクについて許諾の範囲外としているような裁判もあります。海外やリメイクまでカバーしているかどうかはともかくとして、出来上がった映画を日本国内で流通させるという限度においては、製作時の契約によって慣行として処理がなされているといえますので、改めて何らかの著作権法上の対応が必要かというと、そういった必要性は低いと考えております。

　次に、ワンチャンス主義が働かないテレビ番組ということになると、製作に参加する基本的な参加者は劇場用映画と同じと考えていただいていいわけですが、ワンチャンス主義が働かないために――俳優等の実演家は1人とか2人ではなくて複数いらっしゃるわけですけれども――そういった複数いらっしゃる実演家の権利が放送以外の利用では改めて働いてきます。放送に参加する段階では、必ずしもそれ以降の二次的な利用について許諾はなされていないということです。放送以外の利用については改めて許諾をとらなければいけないわけです。それから、実演家だけが問題なのではなくて、やはりテレビ番組というのは日々製作されていますので、劇場用映画に比べて製作本数が圧倒的に多いために、権利処理については、放送利用についてのみ権利処理をしていくという実務対応がされていました。つまり、二次利用まで精緻に権利処理をしていたわけではないということで、先程申し上げたようなクラシカルオーサーの権利についても、必ずしも契約時に放送以外の利用について処理がされていない、という実体にあったとされています。テレビ番組については、テレビで放送する以外の利用をするとなると、改めて権利処理をしなければならず、しかも許諾を得なければいけない権利者の方々の数が多くなってしまう。それによって流通させることが困難になっているのではないか、という指摘が挙がっています。そのようなところの検討が異なってくるということで、今申し上げた通りコンテンツの種類による違いというのは影響してくるのではないかと思います。

　前　田　ありがとうございます。今のお話は、レコード等については問題がなく、また、ワンチャンス主義が働く劇場用映画については、クラシカ

2　東京地判昭和53・2・27判時880・19。

ルオーサーの問題は残るかもしれないけれども、そこは現実に問題も生じていないことから、これらに関しては特別の法制度は必要ないのではないと。もしも何らかの必要性があるとすれば、テレビ番組が検討対象になるであろうと。そういったお考えと理解してよろしいでしょうか。

齋藤　ええ、そのように考えております。

3．過去に製作されたコンテンツと新たに製作するコンテンツ

前田　ありがとうございます。次に進みたいと思いますが、もう1つの観点として、過去に製作されたコンテンツの流通を促進するために今何かすべきか、という問題と、それから、これから新たに製作されるコンテンツを想定した場合に何か特別の法制度が必要か、という問題とでは、かなり異なる面もあるようにも思うのですが、この点について、齋藤先生はどのようにお考えでしょうか。

齋藤　コンテンツの流通を促進するということを世上考えるときに、過去に製作されたコンテンツは膨大な数があることが注目されます。特にテレビ番組についてよく言われるわけですが、過去のテレビ番組は膨大なストックがあって、これは非常に有用なコンテンツであるのだけれども、先程申し上げたような多数の権利者の権利の処理をしなければいけないために、特にネット上の流通が容易に図れないということが問題として挙げられ、それに対処すべきではないか、という意見がよく聞かれます。過去のコンテンツは文化資産なわけですけから、これを見られるようにするということについて、文化を振興する面から対処をしていく必要があるのではないかということについては、賛同するのですが、ただ、それを産業振興的な観点から考えるとちょっと違った面があるのではないかと思っています。つまり、何の産業を振興するのかを考えたときに、単純に流通させるほうの産業を振興する

面だけを見れば、過去のコンテンツを流通させることの意味があるのかもしれないのですけれども、エンタテイメント産業というのはやはり新たなコンテンツを製作していって、それを同時代の人たちに楽しんでもらうことによって活性化する面があるはずです。やはりコンテンツ産業の中心は新しいコンテンツをつくっていくところだろうと思います。ところが、過去のコンテンツを楽しんでください、ということを積極的に推進すると、視聴者の方々のお財布も時間も有限なわけですから、かえってエンタテイメント産業の成長を阻害する面もあるのではないかと思います。ですので、わたしとしては過去の作品の流通を促進するよりは新しいものをつくっていく、新しいものをつくって、それが従来のメディアだけではなくてネットも含めたメディアで人々に見てもらって、あるいは聴いてもらって、そこから最大の利潤が上げられるような環境を整えていくことのほうが重要なのだろうと思います。ですので、わたしとしては、これから製作するコンテンツのほうについて積極的な手当が必要なら、そちらを実施していくことを考えた方がよいのではないかと思います。

　これは政策的な意味のことを言いましたけれども、法的には、過去のコンテンツについては、それぞれそこに働く権利を製作者以外で持っている方がいるわけです。この権利は、例えば出来上がった1本の映画について原作者の権利があるわけですけれども、原作者の権利は、その映画について既に具体的な権利として成立している権利なわけです。それが、例えば公衆送信権が許諾されていないということが明確であった場合にこれに何らかの制限をするという措置を立法的にとるということをすると、既に具体的に発生している財産権の制限ということになってしまうので憲法上の問題も当然出てくるということもあります。過去の権利を産業振興とか、そういった面だけから単純に制限するということは憲法29条からいってもそう簡単なことではないはずですので、過去のコンテンツの流通で何らかの法的対処をすることには、そういった制約もあるということだと思います。

前田　ありがとうございます。産業的にはむしろ今後のコンテンツ製作の問題のほうが重要ではないかというご指摘をいただきました。今までの

議論では、テレビ番組を中心とする過去に製作された膨大なコンテンツをどうやって流通させるかというところに焦点が当たっていたかと思いますが、それもさることながら、今後の新たな製作を促進することを中心に考える必要があるのではないか、というご指摘ではないかと思います。

齋藤　そうですね。ですので、対応としても強制的な措置で過去のコンテンツをどんどん流通できるようにするというところよりは、文化的なアクセスの社会的な保障といった意味での、公共的な目的での制限が許される範囲の制限を考える。例えば、映像図書館的なものを整備するために必要な範囲の制限をする、というようなことは考えられるかもしれません。あるいは、もちろん、そういった過去のコンテンツを流通させることも大事だ、ということのコンセンサスが広くできていけば、今NHKのアーカイブスセンターなどは地道な努力で一定の範囲で実現させているわけですけれども、例えば過去の権利についても、権利管理団体による組織化という取組みを進めたり、そのような団体による二次利用の条件の明確化をしていくといった取組みで解決を図っていくことが必要なのではないかと思っています。

4．いわゆる「ネット法」の提案について

前田　ありがとうございます。そこで次の質問が一番直接的に問題になってくるかと思います。レジュメの第2の2のところですが、コンテンツ流通の促進を図るためにこういう方策をとってはどうか、という提案がいくつかあると思いますが、そのひとつに、いわゆる「ネット法」の提案がございます[3]。ネット法の提案は、最初に発表があったときと、その後補足説明があったときとでは若干変更されている部分もあるかと思いますが、ネット法の内容として大ざっぱにわたしが理解しているところをレジュメに書かせていただきました。それは、コンテンツをネット上で配信する権利を映画製

---

[3] デジタル・コンテンツ法有識者フォーラムのウェブサイト（http://www.digitalcontent-forum.com/）に「ネット法（仮称）」の政策提言及びそれに関するQ＆Aが掲載されている。

作者、レコード製作者、放送事業者等に一元化すると。その結果、原権利者・創作者・実演家等の許諾権、すなわち流通を拒否する権利は制限される。その代わりに映画製作者・レコード製作者・放送事業者等には原権利者等へお金を配分する義務を課する。それから、原則として、ということだと思いますけれども、そのコンテンツをネット流通させたいと考える利用希望者に対する応諾義務を映画製作者等に課すると。そういう提案がなされているかと思います。わたしの理解がネット法のご提案の理解として正しいかどうかというのは少し心もとないのですが、一応こういう提案だと仮定して、これに対する齋藤先生のご意見を伺ってみたいと思います。

齋　藤　わたしもネット法の考え方を正確に理解しているかどうかというのは心もとない面もありますが、今前田先生に整理いただいたような提案と理解して意見を申し上げます。まず、製作者のところに権利を集中した後に、その製作者にネット応諾義務を課する、というところですが、これは、製作者が強大に集中した権利を強制的に持つことになるので、その権利が自由に行使できるというのではまずいだろうというところもあって応諾義務が出てきているのかもしれません。製作者に応諾義務を課するということは、要するにコンテンツが、出来上がったらどこのメディアでも流したい人は流してよいと、流通させてよいということになるのではないかと思います。しかし、それでは製作者のコンテンツの投資の意欲を削いでしまうのではないかと思います。というのは、コンテンツは、もちろんそれぞれのメディアからそれなりの報酬は得られるとしても、そのメディアを選ぶことができずに、やみくもに多チャンネルに流せばそれで最大のリターンが得られるというものではないのです。やはり計画的なメディア展開というのが非常に重要です。

　例として分かりやすいのは劇場用映画です。劇場用映画の場合には劇場で公開をまずする。劇場の公開期間にはテレビ放送もしないし、ビデオ・DVD等も一切流通させない。劇場でないと見られませんよ、ということでみんなの期待をあおる。それから劇場でかかっているということは、今話題の作品なんだということでみんなの関心をあおるということをして、まず劇

場において最大のリターンを上げる。このようにして広く認知された後で、今度はレンタルとか有料テレビで見られるようにして、家でも見たいという人たちの早期のニーズをそこで掘り起こす。もう少したつとセルのDVDが出たり地上波で放送されたりということで、積極的に見に行くというわけではない層をテレビで取り込んだり、買ってまで保管しておきたいというような人のニーズも満たしていくということをして、そういった段階的な利用をしていくことによって最大の利益を上げていく。

　これはウィンドウシステムと言われたりしますけれども、そういった戦略が必要になってくるわけです。これが、最初からテレビ放送もします、ということになってしまうと劇場に見に行くという人はほとんどいなくなってしまうのではないか。それからレンタルでいつでも見られるというのが最初からあると、いつでも見られるものは誰も見ない、というようなことが起こりかねず、しかも旬の作品というような話題性もなくなってしまうということになるので、すべてのメディアに一斉に見られるようにしてもそこから大きなリターンが得られる期待というのはないのです。これは常識と言っていいかと思います。さらにいうと、地上波にかけるときはどこかの局1局だけに一定の期間流す、というように、基本的に許諾の方法も排他的な許諾によってプレミアム感をあおっていかないと見てくれないというメディアもあります。許諾についてはやはり排他的な許諾ができるようにしないと最大のリターンが期待できなくなってしまいます。応諾義務を課すると、そういったことが全くできなくなってしまうことになります。これは当然ネットに流通させる場合でもおそらく同じで、あるサイトに行かないと、例えばユーチューブが有料化したとして、ユーチューブに行かないと見られないというプレミアム感、あるいは、iTunesでないとダウンロードできないというようなプレミアム感をあおって、そのサイトに誘引していくということがないとネット流通のビジネス展開もうまくいかないということになります。そういった排他的許諾もできなくなってしまうということなので、応諾義務は課するべきではないと思います。

　以上が応諾義務のほうの話ですが、もう1つ、特にネットについてということだと思いますが、権利集中をさせるということについてです。これは実

演家の権利だけではなくて、すべての権利者の権利、クラシカルオーサーの権利もそうするということなのだと思います。もちろん強制的に集中させるだけだと製作者だけが得をするということになってしまうので、分配義務を課する、といっているわけですけれども、この分配の割合をどうやって決めるのかという疑問があります。これは強制的にやるわけですから、誰かがこうだと言って決めてしまわないといけないわけです。一種報酬請求権化なわけですが、どういうメディアにどういう条件で流通するのかも分からず、しかもコンテンツごとに、例えば実演家にしてもどういう実演家がどういう役割で参加しているのかも類型的には分からないようないろいろなバリエーションのあるコンテンツの分配割合を、第三者——これは法的に、強制的にやろうというわけですから、基本的には国が決めざるをえないと思うのですが——国がそれを決められるのかというと、これは決められないのではないかと思います。そういうことをするのが望ましいか、という以前に、社会的コンセンサスとしてそういう分配割合を公的に決めなければいけないわけですけれども、おそらく決まらないのではないか、決めることは不可能なのではないかと思います。

　それから、なぜネットだけ特別なのかということです。その正当化根拠が不明確なところがあるのではないかと思います。流通メディアというのは、ほかにもパッケージメディアもあるわけですし、それから放送も有線放送も含めたメディアがあるのに、なぜネットだけ強制的にそういった権利が集中するのかという、正当化の根拠が不明確なところがあると思います。それはネットが新しいメディアなので、ネットに流通するようにしてネット産業というものを振興するのだということから、こういった新しいメディア、しかもこれからの国際的な各国の産業の隆盛の帰趨を決めるようなメディアなのだから振興するのだということなのかもしれませんけれども、それで果たして本当に正当化ができるのかな、というのが、わたしの意見というよりは、世上もいわれているこういった考え方に対する疑問なのだろうと思います。ただ、社会的なコンセンサスが得られる範囲では、新しいメディアについて、何らかの優遇措置というと言いすぎかもしれませんが、何らかメディアにおいて情報が流れやすいようにする。著作権法上の権利の対象になってい

るコンテンツが流れやすくすることというのはありえる対処で、実は現実に著作権法でとられてきた対処です。

5．ネットに合ったコンテンツ製作の促進

齋藤 ネット法の話と少し離れてきますけれども、テレビというのは実はそういう優遇がされているメディアです。先程みたようにワンチャンス主義が働かないというのは逆に優遇していないのではないかと思われるかもしれませんが、それはあくまでも放送以外の利用をする場合で、放送局が放送のために著作物や著作隣接権の対象物を利用する場合には、テレビというのは優遇された立場にあります。例えば放送の許諾を得れば一次固定ができるという44条の規定ですとか、商業用レコードについてはレコード製作者の権利や実演家の権利の許諾を受けずに使用することができ、ただ、報酬請求権があって報酬を払わなければいけません、ということになっていて、番組を流すということについての権利処理はやりやすくしてあげているわけです。このように、新しいメディアについて権利処理をやりやすくしてあげるという対処は、テレビについては実際になされてきたことですので、ネットについても一定の範囲で何らかの権利処理をやりやすくする著作権法上の手当をするということは考えられてもいいのかもしれません。ただ、先程言ったような分配義務という、すべての権利を集中して分配を決めておいて、それに従って分配をすればいいんだ、というところは明らかに行きすぎですし、それは機能しないだろうと思います。テレビができたときに映画産業はテレビに進出しなかったからそれ以降あまり発展しなかった、というような議論があるのですが、映画産業がその時対応すべきことは何だったかというと、映画をそのままテレビに流すということではないわけです。映画会社がテレビの製作にも進出すべきであった、というほうがむしろ正しいのです。そうすると、ネットについても、テレビ番組をそのままネットに流すということの対応が求められているというよりは、ネットに合ったコンテンツの製作に乗り出すにはどういった環境を整えればいいのかと。テレビについての優遇と

いうのも、基本的には放送のために自主製作をするというか、放送のために番組を製作していくということをやりやすくしてあげるという対処ですので、ネットにおいて流れるべき情報というのを、ネットのために製作して流していくにはどうしたらいいのか、ということに応える対処ということがむしろ考えられるべきなのではないかと思っています。

　前　田　ありがとうございます。放送については、現行法上も権利処理をしやすくするような規定が既にあって、今後も新たなメディアについて権利処理をしやすくするような方策は考える余地はあるというお話を伺ったと思いますけれども、それは過去の製作されたコンテンツに関しても、ということなのでしょうか。と申しますのは、先程先生から伺ったお話の中で、過去に製作されたコンテンツについての権利を現時点で引き下げることには憲法上の問題があるのではないか、というご指摘がありました。そうだとすれば、今先生がおっしゃった新たなメディアについて権利処理をしやすくする方策を仮に考えるとすれば、今後製作するコンテンツについて、ということになるのでしょうか。

　齋　藤　基本的には今後に製作するコンテンツについて、ということになるのだと思います。これは例えばということで、そういったことを実際に行うことがいいことなのかどうか、というところまで詰めて考えているわけではないのですけれども、先程ご紹介した通り、商業用レコードについては放送番組に使用する場合には、いちいち許諾をとらなければいけないわけではなくて、報酬請求権があるだけです。では、ネットで動画を配信するときにも同じようにできないか、ということが検討されてよいことの１つとしてあると思います。そうした場合には、今後ネット上で動画を流すときに、商業用レコードをそこにシンクロ的に利用することについて、報酬請求権化をするということを考えたときには、過去にさかのぼって過去のレコード製作者と実演家の権利まで、そういった報酬請求権化をするのかということについては、それは検討しなければいけない。つまり、さかのぼってその改正よりも前に製作された商業用レコードについてもそういった改正が適用になる

のかどうか、ということは詰めて考えなければいけない問題であろうと思います。ただ、そういった対応というのは、あくまでも過去のコンテンツをそのまま流すということに力点があるのではなくて、過去のコンテンツを利用して新しい動画配信ができるようにするというところに力点がある、ということなのだと思います。

6．著作権法65条3項の規定の拡張などについて

前田　分かりました。ありがとうございます。それでは次の質問をさせていただきたいと思いますが、レジュメの第2の2の、②-1と②-2、この2つは基本的には同じような発想ですので、これについてまとめてお聞きしたいと思います。これは実はわたし自身の意見でして（笑）、この意見について齋藤先生のご意見を伺えればと思います。

齋藤　そういうことですので、ここはむしろ役割を入れ替えたほうがよいのかもしれないのですが（笑）、まずは前田先生から考え方についてご説明をいただければと思います。

前田　はい。共有著作権に関する著作権法65条3項の規定がございます。これは1つの著作権を複数の人が共有している場合の規定でございますけれども、著作権が共有されている場合には全員の合意がないと著作物の利用ができないことが原則となっておりまして、それが65条2項によって定められているわけです。基本的には全員一致がなければいけないのだけれども、65条3項によって、各共有者は正当な理由がない限り合意の成立を妨げることはできない、ということになっていて、もちろん正当な理由があれば利用に反対することはできるわけですけれども、利用に反対する以上は何らかの正当な理由が必要であると。こういった規定が既にあります。そこで、今日想定することにしたコンテンツは、1つの著作権を複数の人が共有している場合ではありませんが、製作された1つのコンテンツを利用するに当た

っては多数の権利者の許諾がそろわないといけない、そうでないと1つの作品の利用ができないという点では、1つの著作権が共有されているケースにやや近い面があるのではないか。製作されたコンテンツというのは1つの資産なわけですから、それが死蔵されることは社会的にみてもあまり好ましいことではありませんので、そういう観点からすると、今日想定しているようなコンテンツについては、「コンテンツの製作に参加し、または自らの著作物がコンテンツに利用されることをいったん許諾した人は、正当な理由がない限り当該コンテンツの利用に反対することができないものとする」というような規定を置くことはいかがであろうかと。

　今申し上げたことは共有著作権に関する65条3項をヒントにしているわけですが、同じような発想として②-2もございまして、「コンテンツの製作に参加し、または自らの著作物等がコンテンツに利用されることを許諾した者は、当該コンテンツの利用を、通常の使用料相当額によって許諾したものと推定する」とする推定規定を置くと。その結果として、コンテンツの製作に参加したり、それに利用されることを許諾した人は、コンテンツの利用自体に対してお金は請求できるけれども、しかし、推定を覆す事情がない限り利用は拒否できない、というような規定を置くということが考えられるのではないかと、わたしとしては思うわけですが、その点について齋藤先生のご意見を伺えればと思います。

齋藤　　まず、むしろわたしからご質問していきたいのですけれども、これらの処理というのはクラシカルオーサーも想定しているのでしょうか。

前田　　はい、そのつもりです。

齋藤　　そうすると、例えば適用されるコンテンツとしては劇場用映画もテレビ番組も想定するということなのでしょうか。

前田　　はい。

齋藤　映画の著作物にも限らないということなのでしょうか。

前田　はい、限らない。

齋藤　レコードについてはここまでの対処が必要なのかな、という感じはするのですけれども、それはさておき、映画の著作物だけを考えますと、先程の整理からいって、劇場用映画とテレビ番組を分けて考えざるをえないのではないでしょうか。劇場用映画はまずワンチャンス主義があるわけですから、実演家はご提案の制度によって対処されるわけではないということはよろしいんですね？

前田　はい、おっしゃる通り実演家の権利については、もう既に現行法上で対応が終わっている問題ですし、それから先程もお話がありました監督等のモダンオーサーについても、少なくとも劇場用映画については29条1項という条文によって、既に映画製作者に権利が帰属していますので、劇場用映画についてここで想定しているのはクラシカルオーサー、具体的には原作者であり脚本家であり、それから音楽の著作物の著作権者ですね。先程齋藤先生から音楽の著作物については大部分がJASRACその他の著作権等管理事業者によって管理されているので特に対処の必要はないのではないか、というお話をいただきましたけれども、必ずしも管理事業者によって未来永劫管理されるとも限らないということもありますので、原作、脚本、音楽などのクラシカルオーサーの権利、それからテレビ番組についてはそれにプラス実演家の権利が入ってくるというイメージで想定しております。

齋藤　そうすると、2つの案とも、「コンテンツの製作に参加する」という概念が出てくるのですけれども、参加というのは現行法では監督というかモダンオーサーについて用いられている言葉で、何でモダンオーサーについて参加という言葉が使われているかというと、モダンオーサーは製作の開始時点では著作権を持たないので、権利を許諾する立場ではないために参加という言葉が使われていると思います。ここでは、もちろんモダンオーサ

ーは29条によって処理されていますから、想定しているのはそれ以外の、今ご紹介があったような権利者だと思いますけれど、そうすると、ここで「コンテンツの製作に参加し」と言っていることにどういう意味があるのかというのが、ちょっとよく分らないな、というのがあるのですが。

　前　田　ここで言っているコンテンツは必ずしも映画の著作物だけを想定しているわけではありません。映画の著作物の製作参加者の権利に関しては既に29条1項の規定が現行法上あり、この29条1項をもう少し幅広く、映画以外のいろいろなコンテンツ全般に類推適用できるとすれば、製作参加者の権利については問題の解決になると思います。しかし、必ずしも29条1項が映画以外のコンテンツに適用ないし類推適用されるかどうか分りませんし、それから後で別途お伺いする、29条1項以外の29条2項あるいは3項が適用される映画の著作物というものも存在していることから、コンテンツの製作に参加した者の権利に関する特別の規定を置く必要があるのではないか。

　それから、原作者などのクラシカルオーサーは「参加」という言葉に当たらないと思うのですけれども、わたしのイメージとしては原作者とか脚本家は、「または自らの著作物等がコンテンツに利用されることを許諾した者」というほうに含まれるという理解をしております。

　そういった参加者や自らの著作物がコンテンツに利用されることを許諾した者は、正当な利用がない限りコンテンツの利用に反対することができない。一定の対価を得ることの請求権はあるとしても、しかし正当な理由がない限り利用自体には反対することができない、というようにしてはどうかと思っています。

　齋　藤　そういうことでお考えを伺って大体理解が深まってきましたのでわたしの意見を申し上げると、まず、29条2項、3項については後ほど取り上げる通り、1項に一本化するという対応のほうがむしろストレートでいいのではないかと思います。モダンオーサーについてはそういうことなのかな、と思います。次にクラシカルオーサーあるいはそれに準じるような映画

の著作物以外の映画に利用される著作物の権利者ということなのですけれども、そういった方々については、先生のお考えだと、要するに映画化権を許諾した場合には、もちろんそれによって出来上がった作品に関する限りという趣旨だと思いますが、それに関する限りはそれ以外の権利も許諾したものと推定するなり、正当な理由がないとその許諾を拒めないとするなり、ということですね。しかし、本来は今の著作権法が想定しているのは、映画化の許諾を得るときにほかの権利の許諾も契約でしっかりとっておきましょうね、という考え方だと思います。そうしたときに、契約がない、本来それでしっかりやればいいはずのことなのだけれども、実体がそうなっていないことがあるので、そこを法改正なりで救ってあげようという発想、そういう理解でよろしいのでしょうかね？

　　前　田　そうですね。レジュメの※印のところに書かせていただいた部分ですが、わたしとしては、今特別の規定がなくても合理的な意思解釈でそう解釈できる場合があるのではないかと思います。先生がご指摘の通り、もちろん契約書が作成されていて、その契約書の中で、完成した映画の著作物のあらゆる利用を映画製作者の判断で行うことができる、その際に追加の報酬が発生するかどうかは契約で定めた条件による、というような定めがあれば、それは全く何の問題もないと思います。しかし、わたしの理解では仮にそういう契約書がなかったとしても、産業的に製作される１つのコンテンツにいろいろな方がその製作に参加する、あるいはその製作に自らの著作物が利用されることをオーケーする、そういうときの合理的な意思の解釈としては、コンテンツをマルチユースすること、すなわち、お金をかけて１つのコンテンツをつくった以上はいろいろな方法で利用していくことがある程度一般化しているとすれば――劇場用映画については既に現在一般化していると思いますが――、それが一般化して以降については、完成したコンテンツの利用にノーと言う意思ではないと合理的に解釈できるのではないか。だから、特別な規定がなくても合理的な意思解釈である程度問題の解決できるのではないか。しかし、その辺について争いが生じるのだとすると、②-1、②-2のような規定を置くことが実際上の紛争解決に資するのではないか。

先生のご指摘の通り、契約書があればもちろんそれに越したことはないけれども、契約書がなくても、事実問題としてそういう合理的意思だと理解することができるのではないか、という発想が私にはあります。

　齋藤　なるほど。ただ、やはり契約を一般的にクラシカルオーサー等との間ではしっかりしておくという慣行が成立するほうが望ましいという考え方もあると思います。そちらのほうを積極的に推進するほうがあるべき姿で、このように法律でここまで手当をしてあげるというのは、むしろ法的な意識ということがますますあいまいになっていくということで望ましくない、という考え方もありえるかとは思います。そうはいっても、日本の社会というのがそこまで行っていないときに、これは一定の範囲で権利の集中を促進しているということになると思いますが、この範囲では権利の集中を促進したほうがいい、という考え方はありえるのかもしれないと思います。ただ、さらに踏み込んでそういう手当の実際の運用を考えた場合に、1つ目の考え方の、65条3項に類する規律について考えますと、ここで言っている正当な理由というところが、現行の65条3項の解釈についても、どういうことをもって正当な理由なのかということが全く定まっていない状況があるときに、ご提案のような規定を導入してしまうと、ここのところが解釈上非常に幅があって問題にならないか、ということはいかがでしょうか。

　前田　はい、その通りなのですか、非常に幅のある概念だからこそ、いわゆる裁判外紛争処理機関（ADR）を利用した当事者間の話し合い、あるいは関係者の意見聴取等によって何らかの柔軟なルールづくりができる可能性があるのではないか。現行法の下では、ある利用にノーと言う人が一人でも出てきたら、その先、全体の利用がストップしてしまわざるをえない。その時に、何らかの裁判外紛争処理機関をつくってそこで調停を図るとしても、現行法上嫌だと言う人に対して許諾しろということは誰も強制できないと思うのです。けれども65条3項のような規定を置くことによって、ケースバイケースとは思いますけれども、客観的に業界関係者その他の人から見て「そこまでノーと言わなくていいんじゃないの」といえる場合に、嫌だと言

っている人を説得する機会ないし手段を与えることになるのではないか。何が正当な理由なのかということが漠然として分らないではないか、というご指摘は当然あると思いますけれども、だからこそ今後柔軟な慣行の形成をしていく余地がそこに生まれるのではないかと思っています。

　齋藤　それでは、2つ目についてなのですが、こちらのほうも「通常の使用料相当額」というところで同じ問題があるのかもしれないのですが、これはどのように定まるということを想定しているのでしょうか。

　前田　先程先生がネット法に対する批判の中で、分配義務を課するときに、ではいくら分配すべきかということは最終的には国が決めざるをえない、しかし、それを国が決めることは不可能であろうというご指摘をしていただいたかと思います。それと同じように、ここでの「通常の使用料相当額によって許諾したものと推定する」という、その「通常の使用料相当額」ってどうやって決めるのだ、という問題が生じますが、わたしの理解では、それは最終的には裁判所が決めることになると。少し場面は違いますけれども、著作権侵害行為があったときの損害賠償額を算定するときには最終的には使用料相当額を裁判所が認定して、それで損害賠償を命じているわけです。ですから、裁判所が「通常の使用料相当額」を認定できないということはないと思います。通常の使用料相当額が当事者間の話し合いによって合意できなければ、最終的には裁判所が相当な額を判断するという、非訟事件的な裁判所の役割ということになるのかもしれませんが、そういうことも考えられるのではないかと思います。

　話は飛びますけれども、土地建物の賃料増額あるいは減額請求訴訟が現にあるし、あるいは借地権譲渡をするときに譲渡の承諾の対価としての名義書換料を裁判所が決めるというような非訟手続があるわけですけれども、そういったこともいろいろ想定すると、最終的には裁判所が決めるということでいいのではないか、と思っております。

　齋藤　クラシカルオーサーのところについて、そこまでのあいまいさ

を含んだ規定を設けて、契約で明確でないときの処理までする現実的なニーズがあるのかどうかというところに懸かってくるのではないかという感じがしますけれども、この点についてはこのぐらいにさせていただいてよろしいでしょうか。

前田　はい。

齋藤　今、実演家とクラシカルオーサーと両方適用になる規定という前提の下にご紹介いただいていた規定の案なのですけれども、実演家については映像の関係ではテレビ番組のほうだけで問題になるということになりますので、それについては次に出てくるテレビ番組にも実演家のワンチャンス主義が働くようにする、というような考え方の是非をめぐってお話ができればと思います。

7．放送番組に関する権利集中を劇場用映画並みにすべきか

前田　はい、そうですね。レジュメの第2、2の③のところに進みたいと思います。放送番組について、製作者への権利集中の規律を劇場用映画並みにしてはどうか、という提案についてですが、先程齋藤先生からお話をいただきましたように、現状では劇場用映画と放送番組とで違いが生じている。劇場用映画については、かなりうまく行っており、ネット配信等もさほど問題がなく進められる環境にある。実際に劇場用映画の配信がどれだけ進んでいるかは別問題かもしれませんが、少なくとも著作権法上の問題がネックになって劇場用映画の配信が進まないということはおそらくないであろうと。他方、放送番組についてはいろいろ問題があるとすると、放送番組についても製作者への権利集中の規律を劇場用映画並みにしてはどうか、という提案が出てくる。

　ところで、劇場用映画と放送番組との違いが現行法上どこにあるかというと、2つあるのだと思います。

1つは、先程来何度もお話に出ている、劇場用映画については29条1項という規定があって、監督さんその他の映画の製作におけるいわゆるモダンオーサーの方々には著作権は与えられず、著作権の帰属が映画製作者に一本化されている。それに対して専ら放送事業者が放送のための技術的手段として製作する映画の著作物に関しては、29条2項によって、放送に関する権利だけが映画製作者に帰属して、それ以外の権利については一本化されていない。それから、29条3項も同じことですが、専ら有線放送事業者がその放送のための技術的手段として製作する映画については、有線放送に関する権利だけが映画製作者に集中されていますけれども、それ以外については権利集中が図られていないということがありますので、29条の2項、3項を廃止して劇場用映画のように映画製作者にすべての権利の集中を図るということが1つ考えられます。

　もう1つ、放送番組と劇場用映画の違いは、先程よりお話がでておりますワンチャンス主義の適用の有無でありまして、テレビ局製作の放送番組も映画の著作物でありますから、これについてワンチャンス主義が働かないというのはなかなか分りにくいですよね。著作権法を普通に条文だけを読んだときに、テレビ局製作の放送番組について実はワンチャンス主義が働かないということはなかなか読めない。しかし、放送番組における実演の録音・録画というのは、基本的には著作権法93条や、先程ご紹介いただいた放送のための一時的固定を定めた44条（およびそれを準用する102条1項）の条文に基づいて行われているのであって、実演家は放送することの許諾はしているけれども、その許諾には録音・録画の許諾を含んでいないためにワンチャンス主義が働かないと理解されているわけですけれども、それはまず解釈論としてどうか、という議論がありますし、仮にその解釈が正しいとしても、テレビ番組についても実演家のワンチャンス主義が働くようにしてはどうか、という提案もあるわけですが、この提案について齋藤先生はどのようにお考えでしょうか。

　齋藤　まず29条の規律についてですが、29条2項、3項で放送のための映画の著作物については、「放送のための技術的手段として製作する」という書き方がしてあるので、この規定の適用範囲というのは割と狭く解釈さ

れているのですけれども、放送番組というのは放送さえできれば、つまり放送に関する権利さえ放送事業者に集中すればいいだろう、という考え方の下に出来上がっているのですね。3項を捨象して2項だけについて述べていますけれども。そういう前提というのは、今の時代にはもう崩れてきているのではないか。つまり放送した番組というのは、放送以外にも一定の範囲でつかえるように映画製作者となるテレビ局——場合によっては制作会社かもしませんが——が、ほかの流通経路、ネットなりパッケージでもつかうということはむしろ既に一定の範囲では一般化しているし、これからどんどんそういうことは増えていく、広がっていくはずだということがあります。ですので、放送に関する権利だけ集中すればいいでしょう、という前提の2項、3項はこの際廃止して、1項に一本化したほうがいいだろうと思います。詳しくはお話ししませんけれども、既に実務としては15条の法人著作の規定の適用なり、あるいは1項が適用されるという解釈なりがあって、2項、3項というのはほとんど実務上はワークしていないという実体もありますので、やはりもうそういう時代ではないでしょうという宣言的な意味もある意味含んで、わたしは1項に一本化したほうがいいのではないかと思っています。

　それから、テレビ番組にも実演家のワンチャンス主義が働くようにするという考え方なのですけれども、ワンチャンス主義が働くというのはかなりドラスティックではあるのです。そもそもワンチャンス主義というのは報酬請求権になるということよりもさらに踏み込んでいて、ワンチャンス主義の場合は、現行規定では「録音・録画の許諾」ですけれども、テレビの場合に適用するとすると、「放送の許諾」をしたら——「出演したら」と言ったほうが実演家の場合にはしっくりくるのですけれども——それ以降は権利が一切なくなるということを意味します。「一切なくなる」というのは、必ず一切なくすという意味ではなくて、ワンチャンス主義の趣旨は、だから出演のときにちゃんとそれ以降の利用も見込んだ交渉をしてね、ということで、交渉のチャンスが1回だからワンチャンス主義というのだと思いますが、そういう制度だという前提の下に交渉する機会があればいいじゃないか、という考え方で合理性は一定の範囲であると思います。ただ、許諾権を、報酬請求権でもなく、なくしてしまうということですからドラスティックではあるわけ

です。

　そこで検討すると、映画出演の場合には広く流通するだろうという前提がありますが、なぜ放送についてワンチャンス主義が適用にならないかということについては、むしろ放送番組に出てもらいやすくするという面もあるわけです。つまり、放送局に「番組に出てください」と言われて、「いいですよ」と言って出ていれば、出ている人は、路上で勝手に撮ったとかいうのは別ですけれども、そうではないスタジオで撮っているような番組であれば当然同意して出ているわけですから、これは放送の許諾があるに決まっていて、要するにテレビに出てくださいというだけで特に細かい処理はしなくても放送のために必要な範囲の許諾がされたことになるわけです。それがほかの利用ができるということになってしまうと出演者たちは身構えてしまうおそれがあります。身構えることなく、放送は放送の範囲ですからと言ったほうが出てもらいやすくなるのではないかという、放送の範囲で番組がつくれるということを重視してこういう規律になっているのだと思います。やみくもに「ワンチャンス主義を適用しましょう」というと、かえって放送番組がつくりにくくなるのではないかという懸念があるということも忘れてはいけないわけです。ですので、ワンチャンス主義を劇場用映画に働くようなかたちで直ちにテレビ番組についても適用すべきだとは思っていません。ただ、実演家の権利について何らか、もう少しテレビ放送以外の利用もしやすくなるような手当というのは、わたしは考えてしかるべきなのではないかと思います。例えばワンチャンス主義の規定ではなくて94条という規定が現行法上あります。実演家が放送を許諾したときは放送局は録音・録画をしてよいという規定が93条にあるのですが、その後の94条では、そういう放送の録音・録画物をつかって放送事業者が一定の放送の範囲、つまり、最初に許諾したその放送局における放送だけではなくて、ほかの放送局における放送にもつかっていいよ、と規定しています。しかも、94条では２項に、94条によって実演が放送されたときは報酬請求権が実演家にありますよ、という規定があります。当面はこうした手当を放送以外の利用でも一定の範囲で考えてもいいのではないかと思います。一定の範囲がどの範囲なのかというのは、なかなかすぐに社会的なコンセンサスを得るのは難しいかもしれませんが、例え

ばテレビが流れているのと同じ時間帯に、リアルタイムでネットでも流すというようなことが考えられます。ただネットで流すだけではなくて、そこにユーザーがコメントをつけられるような機能をつけるということもあるでしょう。テレビ自体でもデジタル化した後では可能にはなるのですけれども、それだけではなくてネット上でもそういったことをする。これはソーシャルテレビなどといわれたりしますけれども、そういうことをネット上でも同時にやりましょうという利用方法です。その範囲では実演家の許諾を改めて得るということにしなくてもよいのではないか、という考え方はありえると思いますし、あるいは放送が行われた後ずっと実演家の権利が制限されたままということではないけれども、見逃し視聴に対応するような一定の期間、例えば1週間とか、そういった期間については制限されてもいいのではないか、という考え方はありえると思います。そういう意味では、今言ったような例というのは基本的にはネットの話ですので、テレビのメディアとしての、国民に広く視聴してもらう、それによって情報を伝播させるという役割があるときに、その範囲でネットを活用するような利用については94条によって手当をしていく、というような考え方もありえるのではないかと思います。これはある意味過渡的な考え方なのかもしれないのですが、そういった過渡的なところから実演家の権利について手当をしてくということは、わたしは考えてしかるべきなのではないかと思っています。

前田 ありがとうございます。最後の先生のお話を今伺っていて、わたしは、先生のお考えをこういうふうに理解したのですが、すなわち、放送そのものではないけれども放送の一環といいますか、見逃し視聴も放送の一環だと解釈すれば、その一環のところまでは94条の改正で手当をすると。現在の94条で手当ができているのは、いわゆる再放送とネット放送ですね。これについては既に手当ができているのを、今後は、放送の一環と考えられるようなものにまで拡大することは考えられるのではないかと。

齋藤 そうですね。それが放送の一環という範囲にとどまるものなのかどうか、つまり94条の考え方をさらに踏み出して、報酬請求権の範囲とい

うことで広げていくと。その広げていくのがどこまでが適切か、という議論の方向はありえると思います。ただ、やはりテレビ番組というのが、テレビだけでつかわれるものではないという社会的なコンセンサスがもっと広く出てくれば、つまり、先程言ったように、テレビに出てくださいと言って、テレビ以外につかわれると思わないという、身構えてしまうということが社会的になくなってくれば、そこでテレビ番組にも実演家のワンチャンス主義が働くようにすることも考えられます。これは規定ぶりをどうするのかというのもありますけれども、ここではそこまでお話ししないとして、そういった対処というのも将来はありえるのかもしれません。ただ、先程言ったようなソーシャルテレビのような対応などは、わたしは割と早く実現したほうがいいことだと考えていますので、それを早く実現する方策としては、一挙に実演家にワンチャンス主義が働くようにするということだと、なかなか社会的なコンセンサスが得にくい面もあると思いますので、94条に範をとったような対応の範囲を考えていくという方向性がありえるのではないかと思っています。

8．不明権利者等の問題

前田 ありがとうございます。実はレジュメはまだまだあるのですが、時間のほうがもうほとんどなくなってしまいました。今までお聞きしていたことは、複数の権利者の権利処理が必要であり、その権利者と交渉することが可能だという前提で生じる問題だと思います。しかし、そもそも多数の権利者のうちには連絡がとれない、今どこにいらっしゃるか分らないという不明権利者の問題も生じることがあります。その問題について一言だけ先生のご意見を伺えればと思います。不明権利者の問題は、平成21年著作権法改正で取り上げられておりまして、2点の改正がありました。現行法では著作権者が不明な場合に、その著作物を利用したいという場合には文化庁長官に裁定の申請をして、裁定が下りればつかってもいいという制度があるわけですけれども、1点めとして、それが現在は著作権者に限られていて、実演

家とかレコード製作者とかが不明な場合にはこの規定がつかえないという問題があった。それから2点目として、裁定が下りるまでに時間がかかって、その間はつかえないというのはちょっと困るという問題がありまして、このような2点の問題点がありました。

今回の改正では、1点目として、著作権者のみならず実演・レコード・放送・有線放送の著作隣接権者にもこの規定の準用が図られました。また2点目については、裁定の結論が下りる前であっても裁定申請中であれば文化庁長官の定める金額を供託することによって利用ができるようにするという改正がなされました。この改正が来年1月1日から施行されるわけでございます。齋藤先生にお聞きしたいのは、今回のこの改正で十分なのだろうか、これで不明権利者の問題は解決されたと考えていいのかどうか、についてのご意見を最後に伺えればと思います。

齋藤　従来の裁定の制度は利用されていない実態があったのですけれども、新しい裁定の制度というのは、これはまだ施行もされていなくて必要な政令もまだ定められていないという段階ですが、権利者不明として政令で定める場合になっていますので、政令で定める場合というのが過度に厳しいような条件になっていないというところで、要するに実務上「これならば裁定の申立てをしよう」というような政令が定められれば、それに従って運用すればうまくいく可能性はあるのだろうと思います。ですから、その運用をまずは見るということになるのかな、と思います。

前田　ありがとうございます。まだまだ取り上げたい問題がたくさんあるのですけれども時間がまいってしまいましたので、以上をもちまして本日のシンポジウムを終了させていただこうと思いますが、最後に齋藤先生から何か補足はありますでしょうか。

齋藤　それでは、1点だけ。最後に4番のところに、そのほかのコンテンツ促進策としてどのようなものが考えられるか、ということがあるのですけれども、先程からのお話で、許諾が得られないという想定の下にその対

処が必要なのではないか、というお話をずっとしてきたわけなのですが、任意の取組みというというのは進んでいるわけで、不明権利者の問題というのは、不明なんだからどうにも対処のしようがないということですが、実際権利者が分っている場合については、契約でしっかりやるという取組みですね。テレビにしても、テレビの最初の製作の段階で契約をしっかりしておく。契約をしっかりするためには契約の定型化をしていかなければいけないので、そういった契約によってしっかり処理される環境作り、それから、事後的に、これはCPRAなどが実演家の権利について管理事業を始めているわけなのですけれども、そういった管理事業による取組みで組織率が高まり、それによって必要な許諾はほぼ得られるという状況が達成されれば、法改正等を経ずに社会的な取組み、あるいは関係者による取組みによってこの問題が解決されていくことになるので、そういった取組みというのは実際進んでいるところですから、まずはその取組みをしっかり見定めなければいけないという面はある、ということは申し上げておかなければいけないと思います。

III　おわりに

前田　ありがとうございました。ほかにもいろいろお聞きしたいことが本当はあって、齋藤先生が冒頭強調されておられました、過去に製作されたコンテンツの問題というよりもむしろ今後製作するコンテンツについて、関係者が権利の集中を図りたいと思っても、今の法制度の下で契約によってすべてが実現できるのだろうか。特に、ライセンスの対抗問題、すなわち、現行法上は著作権に関するライセンスについては第三者への対抗要件を具備する手段がないという問題点も指摘されているところでございますので、そのようなところについても、お話もお伺いしたかったところなのですが、ちょうど時間になってしまいましたので、以上をもちまして「著作権とコンテンツ流通」のミニシンポジウムを終了させていただきたいと思います。齋藤先生、どうもありがとうございました。（拍手）

本講のレジュメ（抄）

著作権とコンテンツ流通

第1 「コンテンツ」として想定するもの
① 製作者が資金を投下して製作し、
② 製作者と契約を締結して対価の支払を受けた複数の創作者等が製作に参加し、又は自らの著作物等が利用されることを許諾等することによって製作される作品であって、
③ 創作者等から製作者に対する権利譲渡や包括的許諾などの特段の合意がない限り、現行法上、その作品の利用には、製作者のほか創作者等の許諾がそろうことを必要とするもの。
　※　劇場用映画、テレビ番組、レコード
　　　ゲームソフトなど

第2　コンテンツの流通促進について
1　コンテンツの製作時に想定されていなかった新たな利用の促進をはかるための特別の法制度が必要かという問題を考えるに当たって、
(1) コンテンツの種類による違いは影響するか？
① レコード等
② ワンチャンス主義が働く劇場用映画
③ ワンチャンス主義が働かないテレビ番組
(2) 過去に製作されたコンテンツを想定するのと、これから製作されるコンテンツを想定するのとでは違いがあるか？

2　コンテンツの流通促進をはかるために、次のような提案がなされることがあるが、それについては、どのように考えるか。
① いわゆる「ネット法」の提案
（コンテンツをネット上で配信する権利を、映画製作者・レコード製作者・放送事業者等に一元化し（原権利者・創作者・実演家等の許諾権を制限し）、そのかわりに、映画製作者・レコード製作者・放送事業者等には
・原権利者等への分配義務
　及び
・原則として利用希望者への応諾義務を課する。）
②-1　共有著作権に関する著作権法65条3項の規定の拡張
（コンテンツの製作に参加し、又は自らの著作物等がコンテンツに利用されることを許諾した者は、正当な理由がない限り、当該コンテンツの利用に反対することができないとする。）

②-2　同意の推定規定を置く
　　（コンテンツの製作に参加し、又は自らの著作物等がコンテンツに利用されることを許諾した者は、当該コンテンツの利用を、通常の使用料相当額によって許諾したものと推定する。）

※　あるいは、そのような同意の推定規定を置くまでもなく、事実認定の問題として、コンテンツ製作への参加契約等において、将来の利用を包括的に許諾している（あるいは権利譲渡している）との合理的意思解釈のできる場合が（もちろん具体的な当該案件における事実関係によるが）あるのではないか。

　　③　放送番組について、著作権法上の製作者への権利集中の規律を劇場用映画並みにする
　　　（・29条2項、3項を廃止して、1項に1本化する。
　　　・テレビ番組にも実演家のワンチャンス主義が働くようにする。）
　　④　裁判外紛争処理機関を充実させる
　　　（当該機関は、具体的な状況に応じて、一定の対価によってコンテンツの利用を許諾すべきことを創作者等に説得する。）

3　不明権利者等の問題
(1)　権利者の不明等の理由により連絡ができない場合
　　・平成21年の著作権法改正
　①　裁定申請中も供託により利用可とする
　②　実演、レコード、放送、有線放送に準用
　　・これで十分か？
　　　一定の要件を満たす場合には、異議の申し出があるまでは侵害ではないとする必要はないか。

4　法改正や法解釈以外の分野でのコンテンツ流通策として、どのようなものが考えられるか？

5　契約によって、製作者が全く自由に利用できる（改変・リメイクを含めて）権限を確保し、かつ、その権限を含めて自由に処分ができるようにすることは可能か？
　　ア　権限の確保
　　　二重譲渡や破産等のリスクを想定して対抗要件の具備の問題
　　　・現行法ではライセンスについて対抗要件を具備する手段がない。
　　　・どのような制度設計が考えられるか？
　　イ　改変利用に関する同一性保持権との関係
　　　・著作者人格権不行使特約は、少なくとも一定の範囲（特に著作者の客観的な名誉又は声望を害しない改変との関係において）有効と考えてよいか
　　ウ　（許諾を受けた地位の）譲渡の権限

・契約条項の必要（許諾に係る著作物を利用する権利は、著作権者の承諾を得ない限り、譲渡することができない。著作権法63条3項）
・契約条項があれば問題がないか

第3回　著作権制限規定をめぐる最近の議論について
―文化的創作活動保護の視点から―
講師：富岡英次／ゲスト：中村　稔

Ⅰ　はじめに
Ⅱ　講　義
　1．著作権等制限規定の「厳格解釈」―「理論的問題」について―
　2．著作権等制限規定の「厳格解釈」―「現実的問題」について―
　3．立法論
Ⅲ　おわりに

Ⅰ　はじめに

　富　岡　始めさせていただきます。わたしは、早稲田大学法科大学院の客員教授、弁護士の富岡英次でございます。今日は多数ご参集いただきましてありがとうございます。今日は「著作権制限規定をめぐる最近の議論について」というテーマで講師として中村稔先生をお招きして進めて参ります。

　こういう時期に中村先生においでいただいたというのは、今ITの関係、ネットワークにおける著作権の関係というのが非常に問題になっていて、立法の問題としてもフェア・ユースの一般規定を入れるか入れないかと、そういった問題がかなり業界でも学会でも問題になっている。で、昨年から、例えばネットワークに関する著作権をめぐる協議会などが弁護士を中心につくられ、それで政府立法関係者とは別の意見もどんどん出していこうという動きも結構盛んでした。そういう中で、わたしも前からお話ししていたのです

が、その関係の弁護士の方も含めて流通の関係者の方からはいろいろな声が上がっているのだけれども、なかなかクリエイターの側から声が上がることが少なかったと。もともと著作権法1条の著作権法の目的のところから考えても、やはり文化の発展というテーマを論ずるのにクリエイター側からの声が全然ないということが非常にわたしとしては懸念されていて、ほうぼうでなるべくそういう話をしようとしてきました。今の状況の中で、どうしても知的な創作、要するにクリエイターしての立場、そういうところからきちんと話ができる、しかも著作権法についても詳しいという人間にこの場で話していただかなければいけないとわたしは考えて、高林先生からはとにかく格調高いものにしてくれという話があったので、どなたをお招きするのかと考えていたときに、結局わたしは同じ事務所に勤務しているわけですけれども、中村稔先生を措いては適任者は考えられないと考えたわけです。

　もちろん中村稔先生は著名な方ですから、ほとんどの方はご存じだと思いますけれども、ご存じない方にごく簡単にご紹介申し上げます。昭和2年にお生まれになって、弁護士になられたのは昭和27年です。それ以来ずっと弁護士として法曹界で知的財産権を中心に活躍されてきた。それと同時に、それより前から詩人として文壇にデビューして数々の賞もとられてきた。お話をするときりがないのですが、ごく最近の地位ということでいくと、今は日本芸術院会員、それから財団法人日本近代文学館の名誉館長ということで、それより前に文藝家協会の理事もかなり長くされてきております。詩集は『鵜原抄』で最初に高村光太郎賞を取られて、それ以来、読売文学賞、それから『私の昭和史』、これはご自身の関連した昭和史、見られた昭和史を書かれた単行本ですが、これで朝日賞、それから毎日芸術賞その他の賞をとられています。そういう文壇での華々しいご活躍と同時に、皆さんのほうはどちらかというと法律家、知財の弁護士としてご存じなのだろうと思いますけれども、判例百選に載っている判決でも中村先生の関与された事件は多くて、例えば智恵子抄の事件[1]、漱石の復刻版の事件[2]、あるいは顔真卿事件[3]、

1　最判平成5・3・30判例時報1461・3　(判例百選第2版43事件、第3版33事件)。
2　東京地決昭和54・3・3判例タイムズ378・85　(初版85事件、第2版97事件)。
3　最判昭和59・1・20民集38・1・1　(初版1事件、第2版1事件　第4版41事件)。

壁の世紀事件[4]、近いところでは例えばスターデジオ事件[5]なども先生にご指導いただいてやったものです。ほかにもパブリシティの事件[6]等さまざまな著名な事件がありますが、それをやっているときがありませんので、とにかく先生に両方の立場、クリエイターとしての立場、それから著作権を手がけてきた弁護士としての立場から、著作権の神髄というものをいろいろな論点を通じて語っていただくと。それで、現在の議論についてある意味では辛口の批評もいただくということをお願いしたいと思っております。では、遅くなりましが中村先生、どうぞよろしくお願いいたします。

II　講　義

中　村　ご紹介いただきました中村でございます。

　最近、著作権法の改正に関連して、フェア・ユース規定を導入すべきかどうかが、議論されていると承知しています。この問題について私見を申し上げてみたいと思います。ただ、私は、昭和27年以来弁護士登録をしており、その間、かなり多くの著作権事件を取り扱ってきましたが、同時に、現代詩、文芸評論などの著作にごく若いころから従事してきましたので、文学はもちろん、文化的創造の活動一般に関心がふかいため、研究者、学者の方々、あるいは、IT産業における文化的創造の成果をもっぱら商業的に利用することを意図しておいでになる方々とは、視点が違うかもしれない、そのため、多くの点で見解を異にすることとなるかもしれない、ということをあらかじめお断りしておきたいと存じます。

　そこで、本論に入ることにいたしますが、問題提起の手がかりとして上野達弘さんが、講演なさって、「コピライト」2007年12月号（47巻560号）に掲載されている「著作権法における権利制限規定の再検討―日本版フェア・ユースの可能性―」という論文（以下「上野論文」という。）にしたがって、私の考

4　東京地判平成10・11・27判例時報1675・119（第3版5事件）。
5　東京地判平成12・5・16判例時報1751・128②事件（第4版43事件）。
6　プロ野球選手肖像事件（知財高判平成20・2・25［第4版91事件］）。

えを申し上げることにいたします。これは、この論文が網羅的に問題を採り上げていますので、私はこの論文から教えられたことが多く、興味ふかかった反面、上野さんの見解には同感できない問題も多かったので、この論文を手がかりにして、私が同感できない所以を考えてみるのが適当なのではないか、と考えたからです。

1．著作権等制限規定の「厳格解釈」
── 「理論的問題」について──

中　村　はじめに上野さんが「Ⅲ．厳格解釈の問題性」と題して意見を述べておいでになることから、始めることにいたします。ここで、上野さんは「理論的問題」を最初に論じています（上野論文6〜7頁）。ここでは、斉藤博教授の教科書にお書きになっている説明、政府委員の説明を引用した上で、従来、権利制限規定は厳格に解釈されてきた、という前提に立って、「権利制限規定の厳格解釈の背景にあるのは、著作権法の目的として、あくまで『著作者の保護を第一義とする』のが大原則だととらえ、著作者の利益というものを利用者の利益に対してあらかじめ優越的地位に置くという考え方にあったものと考えられます」。「このように、著作者の『保護』というものが著作物の『公正な利用』に対して優先するという考えをとるのであれば、たしかに権利制限規定は『例外』であるということになります」といい、上野さんは、こうした解釈に対して、「しかしながら、このような考え方は妥当なのでありましょうか」と問題提起をしています。その上で、「たしかに、一昔前のわが国におきましては、現在と比較いたしますと、著作権法が社会的にそれほど定着していなかったと考えられます。したがいまして、著作者保護を第一義とするというような基本的な立場は、現実的に妥当であったかもしれません。しかし、いまや当時と比べると著作権法も定着してきたのではないでしょうか。デジタルあるいはネットワークといった技術の発展および普及によって、従来であれば特定の企業（例えば放送局や出版社など）しか行うことができなかった著作物の利用行為（例えば複製や放送）が、

現在であれば一般の個人でも技術的にはできるような時代であります。例えば、DVDを作成したりネットで著作物を公衆送信したりということが、個人でも容易にできるようになったわけです。そのため『技術的』には個人でできるようになった行為が『法的』には禁止されるという状態が生じています」といい、続けて「その意味では、現代は『いかにして著作者の権利を保護するか』ということだけが著作権法の課題なのではなく、逆に『過剰な権利保護による弊害を除去する』ということも著作権法の課題になっていると思います」といい、明示的な調整規範なく衝突している著作者の権利および利用者の権利の衝突を調整する役割を担うのが、私法である著作権法とその解釈であると理解できるように思う、と述べ、「その意味では、著作者の権利と利用者の権利は、どちらか一方があらかじめ優越的地位に立つという関係にはないと考えられます」というのが、上野さんの立場です。

　私は、上野さんの見解について、その課題設定に疑問を持っています。つまり、上野さんは著作権の保護とこれに対する利用という2者の関係において著作権法を捉えていますが、著作権法の第1条は「この法律は、著作物並びに実演、レコード、放送及び有線放送に関し著作者の権利及びこれに隣接する権利を定め、これらの文化的所産の公平な利用に留意しつつ、著作者等の権利の保護を図り、もって文化の発展に寄与することを目的とする」と規定しています。つまり、著作者の権利保護も、著作物の公平な利用も、すべて、「文化の発展に寄与する」という目的に照らして考えなければならないのであって、著作者の権利の保護と著作物の利用とが、どちらが優越的地位に立つか、という二元論的な考え方は著作権法の目的とは齟齬しているように考えるのです。いいかえれば、著作物は利用されなければ、文化の発展に寄与することはできませんし、著作物のような文化的所産がなければ、その利用を考える余地もありません。そういう意味で、著作権の保護と利用とは対立関係にあるのではなく、「文化の発展に寄与する」という共通の目的のために、相互依存の関係にあると私は考えるのです。

　ただ、相互依存の関係に立つといっても、著作物のような文化的所産がなければ、その利用はありえないのですから、どちらが優越的地位に立つかは別として、利用の前提となるのは著作物であり、その著作物をどのように保

護し、どのように利用することが、文化の発展に寄与するために望ましいか、いいかれば、文化的創造を促すためには、著作物をどのように保護し、どのように利用するのが望ましいか、という観点が必要であると考えます。上野さんは「著作権法の目的は『著作者保護を第一義とする』点にあるというような考え方をアプリオリに前提にすることはできません」といいますが、第一義かどうかはともかくとして、文化の発展に寄与するように、著作権を保護すること、そして利用することに著作権法の目的があることは疑う余地はないと考えます。

そこで上野さんの挙げている「現実的問題」に移ることにいたします。

2．著作権等制限規定の「厳格解釈」
—「現実的問題」について—

1　著作権の各制限規定に関する議論について

中　村　上野さんは、「制限規定について」以下、各条関係を論じているので (上野論文7頁〜18頁)、これにしたがって、私見を申し上げます。

(1) 著作権法30条（私的使用）関係

① 30条は「著作権の目的となっている著作物 (以下この款においては、単に『著作物』という。) は、個人的に又は家庭内その他これに準ずる限られた範囲内において使用すること (以下『私的使用』という。) を目的とするときは、次に掲げる場合を除き、その使用する者が複製することができる」という条文です。「次に掲げる場合」として除外される場合の説明は省きますが、30条はいわゆる私的使用目的の複製を認めた条文です。この30条の関係では、上野さんは「従来の通説・判例によると、企業などの団体内部で使用するために複製が行われる場合は、複製の規模等にかかわらず私的使用に含まれないと解するのが一般的であります」と説明し、「起草者は、『会社等における内部的利用のための複製行為は、よく問題になりますけれども、著作権法上の『家庭内に準ずる限られた範囲内』での使用に該当しません』とはっきり述べております」といっています。この引用は加戸守行さんの『著作権法逐条

講義』[7]からの引用です。この著書を以下『逐条講義』ということにいたします。余計なことですが、上野さんが「起草者」と呼んでいるのは著者の加戸さんです。加戸さんは現行著作権法の立法過程でその作業の中心的な役割を果たした、立案担当者のお1人ですが、「起草者」と呼ぶのは、私はすこし抵抗感を覚えます。

　上野さんのいう「通説・判例」とは加戸さんの『逐条講義』で述べられている見解をさしているのだと思いますが、この解釈でささかも不都合はないと私は考えています。ところが、上野さんは「企業などの団体内部で使用する場合は常に30条1項の要件を満たさないという解釈も、検討の余地があるかもしれない」といいます。私の理解では、上野さんは、検討の余地があるかもしれない事例として、2つの事例を挙げているように思います。すなわち「例えば他社のウェブサイトをプリントアウトしたり、ハードディスクに保存したりすることも、社内における複製でありますから、形式的には複製権の対象となります。また、田村教授の挙げる例で申しますと、『既に部署で購入済みの書籍から現在の企画に関する部分だけをコピーして1冊のファイルにまとめる』行為や、『部署で購入済みの書籍につき遠方の会議に出席している部長からの問い合わせに答えるためにファックスで関連頁を送る行為』なども同様です」といっています。

　②　ウェブサイトについては、ウェブサイトを開いている以上、他者がそのウェブサイトを複製することは黙示的に承認があると、考えてよい、と上野さんもいっていますが、私もそのとおりであると考えます。ただ、上野さんは当該他社のサイトが他人の著作物を無断で利用している場合は、黙示の許諾では解決できないといいます。しかし、このようなことは極端に例外的な事態であって、このような極端に例外的な事態を想定して、一般論として、30条1項の解釈には検討の余地があるというのはどうでしょうか。私は適切であるとは考えません。

　私は田村教授が挙げているという事例についても同様に考えます。「既に部署で購入済みの書籍から現在の企画に関する部分だけをコピーして1冊のファイルにまとめる」行為が何故必要なのでしょうか。むしろ現在の企画書

7　加戸守行『著作権法逐条講義［5訂新版］』（社団法人著作権情報センター、2006年3月）。

を作成するさいに、企画書中に参照すべき書籍の題名、頁などを記載すれば充分であり、かつ効率的なのではないでしょうか。私にはコピーを添付する必要はないと思えるのです。また、「部署で購入済みの書籍につき遠方の会議に出席している部長からの問い合わせに答えるためにファックスで関連頁を送る行為」も、ファックスで該当頁を送るよりも、問い合わせを受けた人が該当の記載を読み、その要旨を作成し、ファックスすればよいのではないでしょうか。問い合わせを受けるからには、その方も問題をご承知の担当者だと思うのです。要は、手を省くことを奨励しているだけのことなのではありませんか。仕事のやり方を変えれば、このような違法とみられるような行為はしなくても済むのであって、しなくて済むのであれば、違法の疑いのある行為はすべきではないと思います。

　③　これより前に、上野さんは、加戸さんの『逐条講義』によれば、「会社内で新聞記事や書籍をコピーすることには同項（30条1項）が適用されず、著作権者の許諾が必要ということになり」ますが、「実際のところ、社団法人日本複写権センター等による集中管理や、権利者による個別的な権利処理によって、社内複製について包括的な許諾が与えられているという例は少なくないようです」と述べています。しかし、社団法人日本複写権センター、以下、複写権センターと略称しますが、複写権センターによる包括的処理が法的に有効かどうか、私は問題があると考えているのです。というのは、ご承知のように、出版社をコピーから守るために出版社に出版物の複写利用者に対して報酬を請求できる権利を認めるという提案がなされ、経団連の反対によってこの権利の創設が見送られたことは平成2年6月の著作権審議会第8小委員会の報告に記載されているところです[8]。このような出版社の権利がいまだに創設されていないのは、従来の経団連、現在の日本経団連が反対の姿勢を変えていないからでしょう。そのため、出版社や出版社団体、たとえば、社団法人日本書籍出版協会、いわゆる書協は、複写権センターが徴収したコピー使用料の対価の配分を受ける法律上の権利はありません。そこで、書協は出版契約書の雛形の19条に次のような規定を設けているのです[9]。

　8　社団法人著作権情報センターHP（http://www.cric.or.jp/houkoku/h2_6/h2_6.html）参照。
　9　社団法人日本書籍出版協会HP（http://www.jbpa.or.jp/pdf/publication/publication01.pdf）

「甲（著作者）は、本出版物の版面を利用する本著作物の複写（コピー）に係る権利（公衆送信権を含む）の管理を乙（出版社）に委託する。乙はかかる権利の管理を乙が指定する者に委託することができる。甲は、乙が指定した者が、かかる権利の管理をその規定において定めるところに従い再委託することについても承諾する」。

この条文を読んですんなり理解できる方があるとは思われません。この条文で甲（著作者）がまず乙（出版社）に委託し、乙（出版社）は書協に再委託し、再委託を受けた書協がさらに複写権センターに再々委託する権利を著者が出版社に与えることとしているのが、この規定なのです。つまり、書協が複写権センターから配分金を受け取る根拠をつくるための条文がこの条文なのです。そのような意味、目的だと説明できる出版社の編集者、また、そのような意味だと理解できる著者がどれだけいるか、私は疑っています。かりに、そのように理解して出版契約書に調印したとして、書協は複写権センターから分配をうけたコピーの対価をどのように出版社に配分し、著者に配分するのでしょうか。

しかも、書協がこのような出版契約書の雛形を作成していても、実情はこうした出版契約書に調印されることは決して一般的ではないのです。中小の出版社と立場の弱い著作者との間でのみこうした出版契約書が調印され、そうでなければ出版契約書が調印されないのが、実情なのです。私自身は、中小の出版社から私の著書を出版することが多いのですが、大手の出版社からもしばしば著書を出版しています。こうした出版にさいして、私は出版社と出版契約書を取り交わしたことはありません。私に限らず、私の知っている多くの作家も同様なのです。

書籍の出版でさえ、こうした実情ですから、まして、雑誌に寄稿するさいに、このような条文を含む契約書を作成することは、わが国の実情として皆無であると理解しています。そこで、雑誌に掲載された文章のコピーについて、出版社、雑誌社は複写権センターから配分をうける根拠はまったくないのです。しかも、私の承知しているところでは、コピーされるのは、書籍よ

参照。

りも雑誌の方が圧倒的に多いのです。

④　複写権センターについては別の問題もあります。かりに企業内で研修等のために私の文章が10部とか、20部とか、コピーがされた場合、私は、こうした企業内コピーは30条1項の適用を受けないと考えていますし、いまの書協の出版契約書の雛形のようなものに署名していませんから、かりに企業が複写権センターに包括的に支払いをしているからといって、私の文章をコピーすることの違法性が正当化できるものではありません。それ故、複写権センターの集中管理がどれだけ意義があるのか、私は大いに疑問をもっているのです。

⑤　さらに、上野さんはビデオライブラリーについて、加戸さんの『逐条講義』の解説によると、「たとえ個人的に鑑賞する目的であっても、家庭用のハードディスクレコーダーで大量のテレビ番組を録画して保存する行為は複製権侵害になってしまうことになります」といって、起草者は権利制限規定をその文言以上に厳格に解釈してきたのではないか、といっています。たしかに、ここまで制限規定を厳格に解釈すべきかどうか、問題はあるとは思いますが、反面では、家庭用のハードディスクレコーダーで大量のテレビ番組を録画して保存する行為はちょっと異常だと私には思われるのです。現在では、技術の発達により、ハードディスクレコーダーで大量のテレビ番組を録画して保存する、というようなこともごく容易になり、たとえば、黒澤明の映画がテレビ放映された都度、録画して、黒澤明映画コレクションをつくることは容易でしょうし、小津安二郎の作品も同じです。しかし、ここでも、この行為が文化の発展に寄与するだろうか、という観点に立ち返って、考える必要があるのではないでしょうか。その場合、黒澤明、小津安二郎の作品のDVDを買えばよいではないか、と私は考えているのです。著作権法の研究者、学者が文化の発展を阻害するおそれのある利用を奨励すべきではない、というのが私の意見であると申してもよいでしょう。

(2) 著作権法31条(図書館等における複製)関係

①　次の著作権法31条は図書館における複製の条文ですが、この条文にいう図書館資料は「図書館等の利用者の求めに応じ、その調査研究の用に供するために、公表された著作物の一部分（発行後相当期間を

経過した定期刊行物に掲載された個個の著作物にあっては、その全部）の複製物を1人につき一部提供する場合」、図書館は図書館資料の複製をすることができる、と規定されています。ここでは図書館等のコピーにさいして、特定の定期刊行物を除き、「著作物の一部分」しかコピーが認められないことを上野さんは問題にしています。加戸さんの著書では一部分とは半分以下だといいます。ですから、実際問題としては3回に分けてコピーしてもらう、というようなことも通常行われているようです。しかし、この条文の立法意図はおそらく著作物を読みたいなら全部を買って読むべきで、コピーで済ませたいなら一部だけでよいのではないか、ということかもしれませんが、立法趣旨がかなりに理解しにくいことは事実であろうと思います。私は、立法趣旨は別として、この規定はあまりに安易に抜け道があるので、不必要ではないか、と個人的には考えていますが、やはり、全部のコピーを認めるよりも、コピーは一部分だけに限るとする方が、文化の発展に寄与するように思うのです。

　この点について、上野さんは図書館から借り出してコピーすれば、全部コピーできるではないか、と言っています。図書館が書籍を貸し出すのは読んで貰うためであって、コピーをとらせるためではありません。上野さんのいうように図書館から借り出してコピーすることが流行すれば、著作権法の規定としては、整合性をとるために、図書館が貸し出しするさいは、コピーをしてはならない、といった条件をつけなければならない、という趣旨の条文が必要になるでしょう。私は図書館から借り出してコピーするというのは、明文で禁止されてはいないけれども、思想的には脱法的行為であり、道義的にも、非難されるべきだと考えています。

　これは企業内のコピーと同様、違法行為が捕捉できないから、こうした違法行為が横行するということと同じ問題です。違法行為を捕捉できないということと制限規定の解釈を厳格にする、ということは別だと思うのです。

　ともかく、現状で、違法コピーの横行により、出版界は危機的状況にあります。ことに学術書の出版が極度に困難になっているので、学術書出版社が悲鳴をあげていることは常識でしょう。自由にコピーできる範囲を広げるよりも、書籍そのものを買ってもらいたい、そうでなければ、出版が年々困難

になり、書籍の定価が高くなり、発行部数は減少することになる。これでは文化の発展は期待できないと思うのです。

② 上野さんは、ここでウェブ・アーカイブをとりあげています。アメリカでWayback Machineというウェブ・アーカイブがあり、「個人的には大変便利なものであると思います」が、「フェア・ユース規定のないわが国で同様のウェブ・アーカイブを行いますと、複製権侵害や公衆送信権侵害になってしまうのではないか」、と指摘しています。これはそのとおりだと思いますが、上野さんの見解は、使って便利なものは適法とみたい、あるいは適法と解釈したい、または立法化したいということのようにみえるのです。しかし、それこそ、文化の発展に寄与するのかどうか、という観点からウェブ・アーカイブは考えるべきだと私には思われます。上野さんの見解は社会的に有用であれば、必要に応じて何らかの法的検討がなされてもいいのではないか、ということであろうと思いますが、社会的な有用性と文化的寄与による社会の発展とを充分に比較衡量すべきではないでしょうか。

(3) 著作権法32条(引用)関係　① 次は著作権法32条の「引用」の規定に関する問題です。上野さんは、この項でまず、パロディ―モンタージュ第一次上告審判決[10]の二要件説[11]について、これは旧法の判断だから現行法の文言に立ち返って検討すべきだというお考えのようです。

まず、上野さんはCDに収録された音楽や演奏を批評する目的でウェブサイトに文章を書くとき、そのCDのジャケット写真を掲載するのはよく見かけることで、こうした利用は「公正な慣行に合致」し、「正当な範囲で行なわれるもの」とみてよいのではないか、というご意見のようです。

私はジャケット写真を掲載するのは批評とはまったく関係のないことであり、たんに読者の関心を惹きつけるために利用されているのだと考えます。それ故、これが「公正な慣行」だとは思いませんし、「正当な範囲」の引用とは思いません。むしろジャケット製作者の権利を尊重すべきであろうと思

10　最判昭和55・3・28民集34・3・244。
11　①明瞭区別性（引用側と被引用側が明瞭に区別されていること）と、②主従関係（引用側が主、被引用側が従の関係にあること）の２要件（上野論文中の要約による。）。

います。

　②　次に、上野さんはパロディについて論じています。私も著作権法上の制限の限定列挙の中に、パロディが挙げられていないのは、立法上の欠点であると考えています。そういう意味でフォト・モンタージュ事件の最初の控訴審判決（東京高裁昭和51年五月19日判決　判例時報815号20頁）が問題の写真をパロディと見て、適法と判断した見識、勇気には大いに敬意を払っています。ただ、パロディに対しては著作権の効力が及ばないということを、権利制限の列挙規定に加えるにしても、フェア・ユースの一態様としてパロディは適法とみることとしても、パロディとは何か、を十分に検討する必要があると思います。

　そこで、パロディについて考えてみることにしますが、パロディのつもりで書いても、複製の域を出ない、複製の域は出ているとしても、翻案の域を出ない、ということもあるかもしれませんし、複製でもないし、翻案でもない、ということもあるかもしれません。私はわが国の近代文学、現代文学について、ここにおいでの皆さんに比べれば、よほど広汎な知識を持っているつもりですが、生憎これがパロディの見本ですといってお示しできるような作品を知りません。歌謡曲の替え歌のようなもので、パロディといえるような歌を聞いた記憶がありますが、一過性のもので、私の知識の範囲内では、書籍などに記録されているものは存在しないのです。ですから、パロディを保護するといっても、実際は保護されるべき作品がないので、ことさら議論する必要がないのかもしれないのです。ただ、パロディは保護されるべきだという立場から、問題の理解の助けになるかもしれませんので、宮沢賢治の「雨ニモマケズ」のパロディのつもりで冗談半分に私自身が試作してみたものを、お目にかけます（資料1参照）。

　これは私としては、「雨ニモマケズ」からその枠組みと若干の表現を借りているけれども、表現も思想もまるで違いますから、公表しても、複製でもない、翻案でもない、それ故、宮沢賢治の著作権がかりに存続していると仮定しても、彼の著作権の侵害にはならない、と考えているのですが、私の事務所の吉田和彦弁護士は、これは翻案である、という意見です。吉田弁護士は、後に話題になる「血液型と性格」事件を担当して勝訴していますが、私

がもっとも信頼する同僚の一人です。吉田弁護士は、翻案だという意見ですから、かりに宮沢賢治の著作権が存続していると仮定したばあい、パロディを救済するような権利制限規定あるいはフェア・ユースの一態様として適法とみるような解釈が一般的でない限り、私が試みに制作した作品は宮沢賢治の著作権の侵害になる、という意見でした。彼の意見によれば、私の作品からも宮沢賢治の原作からも同じ「表現上の本質的特徴を直接感得すること」ができるので、翻案とみられる、ということでした。「表現上の本質的特徴を直接感得すること」ができるかどうか、という基準は「江差追分」事件で最高裁が平成13年6月28日の判決（民集55巻4号837頁）で示した「翻案」についての基準です。

しかし、考えてみればみるほど、翻案について、この「表現上の本質的特徴を直接感得すること」が何を意味するか、私には理解が難しいのです。いったい、「雨ニモマケズ」の「表現の本質的特徴」をどこにみるのか、そしてそれを「感得」するとはどういう意味に理解するかによって、意見が変わることになると思います。

「表現の本質的特徴」を「雨ニモマケズ」のどこにみるかが問題であるとすると、これはこの作品をどう読むかという文学的理解の問題のように思われますし、そうではなくて、文学的理解とは関係ない、社会的良識で判断すべき問題であるのかもしれません。

第二は「直接感得」とは何か、ということも問題です。「感得」は『新明解国語辞典』では「何かのきっかけで、真理などを悟ること、（得がたい物を）何かの縁で手に入れること」とあり、『広辞苑』では「感じて会得すること、幽玄な道理などを悟り知ること、信心が神仏に通じて願がかなうこと」といった意味であると記載しています。それ故、感じて悟る、あるいは、感じて会得する、というのが通常の意味のようです。つまり、まず「感じ」、その上で会得し、悟る、ということでれば、「感得」というのは感覚的に感じ取ることに要点があり、理性的に解釈して理解することではないのかもしれません。吉田弁護士は感覚的に私の作品も宮沢賢治の原作も「本質的特徴」が同じだと感じ取ったのかもしれません。私自身は「本質的特徴」を会得するには直感だけでなく、どうしても理性的な解釈が必要であろうと考えていま

す。この「感得」という言葉の理解でも私と吉田弁護士は解釈が違うのかもしれません。

　そのように考えると、「表現上の本質的特徴を直接感得すること」という基準はかなりに多義的な、不明確な基準のように思われます。そのために、このような意見の違いが生じるのであり、こうした意見の違いは、たぶん、パロディを考えるばあいにつねに生じるのではないでしょうか。

　もう一篇、ドイツの詩人ブレヒトが書いたパロディをお目にかけます（資料2参照）。これは「雨ニモマケズ」のパロディのつもりで私が試みたものとは違って、たいへん深刻、痛切なパロディです。「ホルスト・ヴィッセルの歌」という、ナチスの党の公式の党歌ではありませんが、いわばナチスの党歌のように扱われ、ナチスの時代のドイツで誰一人知らないものはない、というほどポピュラーだった歌を踏まえたパロディです。ホルスト・ヴィッセルは、たしかナチスの親衛隊員で、ナチスに反対する左翼の人々との闘争の過程で殺されたので、ナチスとしては殉教者のようにあがめられていた人物だったはずです。「ホルスト・ヴィッセルの歌」では、ホルスト・ヴィッセルの霊魂がナチス党員の行進の列に加わって、一緒に進む、ということをきわめて高揚した気分で歌い上げているのです。これに対して、ナチスに批判的だった近代ドイツの代表的詩人であったブレヒトはナチスの党員の行進は屠殺場に向かっている仔牛たちの行進だ。仔牛たちは屠殺場でその皮を剥がれ、剥がれた皮で作った太鼓の音に合わせて行進するのだ。屠殺場でその皮を剥がれて殺された仔牛たちは霊魂になって一緒に進むのだ、というほどの意味だろうと思います。私はこのブレヒトの詩は確かに「ホルスト・ヴィッセルの歌」を踏まえた作品であり、若干の詩句も同じですが、全体として、「ホルスト・ヴィッセルの歌」とは表現も違い、思想ももちろん違うので、表現上の本質的特徴において異なりますから、「ホルスト・ヴィッセルの歌」の複製でもないし、翻案でもない、と考えていますが、私の意見は、理性的に解釈した結果の意見であって、直感的に感じ取れば表現上の本質的特徴は同じだから、私の意見には反対だという方もおいでになるかもしれません。

　現行著作権法の下で、パロディとして書かれた作品が複製ないし翻案にあ

たるか、複製にも翻案にもあたらないか、ということは、このような難しい問題を含んでいます。それでも、かりに権利制限規定にパロディは適法だ、ということとしたばあい、あるいはフェア・ユース規定によって、パロディなら違法ではないとみるとしたばあい、パロディとは何かを厳密に考えておく必要があるでしょう。

　『新明解国語辞典』によると、パロディとは、「有名な作品の文体・韻律・曲をこっけいにまねたもの。諷刺と文明批評の要素を多く持つ」と定義しています。私は、パロディというためには、パロディで揶揄、批判の対象になった作品が人口に膾炙したものでなければならない、と思います。『新明解国語辞典』にいう「有名な作品」を対象としたものでなければならない。そういう意味でフォト・モンタージュ事件は原作の白川義員の作品である風景写真が白川の作品として決して著名なわけではありませんから、パロディというのは無理ではないか、と私は考えていました。もちろん、土門拳のような写真作家の著名な仏像写真がありますから、そうした作品をパロディにするということは考えられないわけではありません。

　さらにパロディとして保護されるのは、パロディとして救済しなければ複製ないし翻案として著作権侵害になる、というようなものでなければならないのではないか、と思います。そうすると、同じ「表現上の本質的特徴を直接感得」するかどうか、かなりに難しい判断を必要とします。しかも、パロディとして救済しなければならない作品は、本来であれば「複製」または「翻案」として著作権侵害になるのだけれども、諷刺あるいは文明批評、社会批評として、読者に読まれる価値を持つものだから、適法とみるような作品でなければならないのではないか、いいかえれば、パロディとは、諷刺あるいは文明批評、社会批評としての社会的価値をもつものでなければならないのではないか。そうとすると、裁判所がパロディとして社会的に存在価値があるかどうかを判断することになるわけですが、これは裁判所の役割を超え、能力を超えるのではないか。私はそのような危惧を持っています。私は、基本的にパロディは保護されるべきだと考えていますが、いま申しましたような理由で、パロディを限定列挙のリストに加えるばあいでも、また、フェア・ユースとして適法と見てよいとするばあいでも、パロディの保護に

ついては慎重な検討が必要であろうと思います。

　③　次に上野さんはネットオークションをとりあげています。絵を競売にかけるときその画像を掲載できなければ、サイトを見た人がどういう絵が出品されているか分からない、というのですが、ネットオークションはそんなに奨励すべきことか、私は疑問に思います。私が信頼している方から譲り受けるばあいは別ですが、5万円、10万円も払うならもちろんですが、1万円の絵でもじかに見なければ、私は買うつもりはありません。ネットオークションに出品される作品は真贋もはっきりしないでしょうし、出所、来歴もはっきりしないのではないでしょうか。私がかりに5万円の絵を買うのであれば、然るべき画商の店にでかけて、掘り出し物を探すでしょうし、数十万円もの絵を買うのであれば、よほど慎重に調査した上で買うでしょう。ネットオークションで絵が売買されても、絵画なり、美術の発展に資するとは思われません。ネットオークションを開設する業者を儲けさせ、不要になった絵を処分させる機会を与えるだけのことです。こういうことに問題を感じること自体が私には理解できないのです。これはネットオークションというような商売をする人の利益を考え、画家の作品を正当に評価しない発想によるとしか思われないのです。

(4)　著作権法41条(時事の事件の報道)関係

　①　次は41条ですが、これは「写真、映画、放送その他の方法によって時事の事件を報道する場合には、当該事件を構成し、又は当該事件の過程において見られ、若しくは聞かれる著作物は、報道の目的上正当な範囲内において、複製し、及び当該事件の報道に伴って利用することができる」という規定です。

　ここで上野さんが採り上げているのは「背景的利用」の問題です。加戸さんの『逐条講義』に「応接間での有名人のインタビューに際しその人の背景に絵画作品が架かっているとすると、テレビ番組あるいは写真の中にそれが必然的に入ってくる」というケースについて「主要な被写体の背景に何か絵らしきものが写っているという程度のものは、著作物の実質的利用というには足りず、著作権がそもそも働かないジャンルのものであります」とか「バックにちょっと出てくる程度の目立たない存在のものについては、そもそも

著作物を利用している実態はないと考えられるわけであります」とあるのに対して、「著作物を利用している実態はない」とか「実質的利用というには足りない」とかいう理屈は法律構成が全く不明だと批判しています。一方で同じ『逐条講義』に「その背景絵画を意識してピントをそちらに合わせるとすれば、話は別であります」といっていることをとらえて、「このような見解の背景にある価値判断というかバランス感覚は何なのだろうか」という疑問を提起しています。

　私は加戸さんの解釈が決して不都合、不合理ではないと考えるのです。たとえば、私のオフィスの壁には、白洲正子の書、バーナード・リーチの素描、長谷川潔の銅版画、青山熊二の油絵などが架かっています。私に対するインタビューで、これらをかりに写すとすれば、これらが私のオフィスの壁に架かっているということは、私の趣味、私の芸術作品の好みの表現であり、いわば私の人格の説明の役割を果たすのです。ですから、背景写真は無視してよいとは私には到底考えられないのです。いうまでもなく、加戸さんがいわれるとおり、何か絵らしきものが写っているという程度のものであれば、著作物の利用ということはできませんから、著作権がそもそも働かない、といって差し支えないでしょう。

　②　この背景的利用の問題について、上野さんは「書と照明器具カタログ」事件控訴審判決[12]を引用しています。「これも照明器具カタログに原告の書が写っていることは確かなのですが、しかしそれは大変小さいものでありますし、また背景的なものにすぎない」といい、判決は、本件書が有する「創作的な表現部分」すなわち「墨色の冴えと変化、筆の勢いといった美的要素を直接感得することは困難である」という理由で権利侵害を否定していると紹介しています。その上で「外国法においては、こうした背景的利用について権利侵害を否定する明文の規定を有する立法例も見られます」といい、「わが国にはそういう条文がないために、形式的には著作権侵害となってしまう」といい、このような背景的な利用は著作権侵害にはならない、という立場を明快に述べています。

---

[12] 東京高判平成14・2・18判例時報1786・136。

背景的利用だからといって、著作権侵害にならないという立場に私が賛成できないことは、すでに申しましたとおりですが、まず、外国の立法例をみると、上野さんの注によれば、ドイツ著作権法57条は「重要でない付随的著作物」といい、イギリス著作権法31条は「著作物の付随的挿入」といっているそうです。あくまで「付随的」ということが要件であり、かつドイツ法では「重要でない」といっているので、背景的利用がすべてこの条文の適用をうけるとは思われないのです。書と照明器具カタログ」事件控訴審判決では「書を写真により再製した場合に、その行為が美術の著作物としての書の複製といえるためには、一般人の通常の注意力を基準とした上、当該書の写真において、上記表現形式を通じ、単に字体や書体が再現されているにとどまらず、文字の形の独創性、線の美しさと微妙さ、文字群と余白の構成美、運筆の緩急と抑揚、墨色の冴えと変化、筆の勢いといった上記の美的要素を直接感得することができる程度に再現がされていることを要するものというべきである」と判示しています。こういう見解に立って、原告（控訴人）の請求を斥けているのですが、実際問題とすると、書道全集というような題名で、中国、日本の名筆といわれるような書家の書の写真を掲載した書籍が世の中に出回っていますが、運筆の緩急と抑揚、墨色の冴えと変化、筆の勢いといったものまで、写真で再現することなど到底不可能なのです。線の美しさと微妙さも、再現は非常に難しいでしょう。書の写真というものは、とてもそんな精妙な再現を可能にするものではないのです。ですから、書道全集のような書籍が判決のいうような複製の要件を満たしていることなどはありえないのです。例外的には臨書の手本にするような法帖とか法書とかいわれる冊子がかろうじて裁判所のいう条件を満足するかどうか、といった感じがします。こんな苛酷な要件を設定して、著作権侵害を否定するのは、私には書の複製の実情とはかけ離れているように思われます。

　私は、この照明器具のカタログの作成者は作成にさいして、「雪月花」という3文字の軸を配置するのが座敷の風格にふさわしいと考え、かつ、この書の書体等が照明器具、座敷にマッチする、という考えで、意識的にこの書を選んだものと思います。どんな書でもいいわけではない、この書は個性的な書ではありませんが、穏やかで、気品のある、きっちりした書だと思いま

す。だから、この書を使おう、という選択が働いたのであって、いいかえれば、カタログの作成者はこの書の利用から利益を得ているのです。このような場合、複製権の侵害を認めて差し支えない、というのが私の意見です。私の考えでは、これは決して、ドイツ法やイギリス法にいう「付随的」な使用ではないのです。

(5) 著作権法43条(翻訳、翻案等による利用)関係　　① 著作権法43条は、翻訳、翻案等による利用が許されるばあいも規定した条文ですが、ここで上野さんが問題にしているのはこういうことです。「例えば、非営利かつ無料の演奏は38条1項によって許されますので、学園祭で無料コンサートをする際に他人の著作物を公に演奏することは許されるわけですが、この38条1項という条文は、43条において言及されておりません。そのため、学園祭で他人の音楽著作物を非営利かつ無料で演奏する際には『編曲』してはいけないということになります」といって、これが問題であるとしているのです。38条1項が43条で言及されていない、と上野さんがいうのは、43条の適用により翻訳、翻案等による利用が許される除外条文に38条1項が規定されていない、ということです。

上野さんは続けて、加戸さんの『逐条講義』を引用して「起草者自身が述べているものをよく読みますと、『音楽の著作物、特に軽音楽のたぐいになりますと、原作品のままではなく、相当程度にアレンジして演奏することがございますが、場合によっては、第27条の編曲権が問題となることも考えられます』」という言い方からみて、「音楽著作物の非営利演奏に関しては、むしろ原則として権利侵害が否定されるという解釈を示しているようにも読めます」といっています。しかも、「おそらく結論はこれでいいと思うのでありますが、ここでも起草者は法律構成を全く示していない」といっています。

私には加戸さんの『逐条講義』の説明は上野さんのように解釈できないと思われます。「場合によっては」というのは「アレンジ」の程度によっては、些細なアレンジであれば、権利侵害が否定されることがあり、実質的なアレンジであれば、権利侵害になる、ということを述べている、そう些細なこと

まで権利侵害として採り上げなくてもよいではないか、といったごく常識的なことを言っていると、私は解釈するのです。上野さんのように解釈すると理論構成を示す必要があるかもしれませんが、私のように常識的に解釈すると、理論構成など示す必要はないことになるでしょう。

私はここでも上野さんは原作曲者の権利を軽視しているようにみえます。みだりに他人が編曲することは原作曲者にとって不快であり、まして、学園祭のような場所でアマチュアの学生が編曲すれば、原曲の趣旨をまったく損ねるものになりかねません。そういう方向を奨励することは音楽文化の発展を阻害すると私は考えるのです。

それにしても学園祭の演奏のようなごく例外的なことを引き合いにだして、問題提起をすることには私はかなりに抵抗感を覚えます。

② 次に上野さんが採り上げているのが要約引用の問題です。東京地裁平成10年10月30日言渡しの「血液型と性格」事件（判例時報1674号132頁）に言及し、43条2号には、「翻案の一態様である要約によって利用する場合を含むと解するのが相当である」と判断したことを捉えて「こうした解釈は43条の文言からすると苦しいところがあります」と言っていますが、本当に苦しいでしょうか。たとえば、著作権法43条の3号には「第三十七条の二　翻案（要約に限る）」とありますから、著作権法では要約を翻案の一態様と見ていることははっきりしていると思います。また、同号には明確に「要約に限る」と規定されているのに対し、43条2号には「翻訳」とあるだけで、これに限定すると規定されてはいません。さらに判決のいうとおり、要約による引用は、翻訳による引用よりも一面では原著作物に近いのです。したがって、この解釈が苦しいとは私には思われないのです。

(6) 著作権法45・46条（美術の著作物等の利用）関係

45条は美術の著作物の原作品の所有者による展示の条文であり、46条は公開の美術の著作物等の利用の条文です。ここで上野さんがとりあげているのは、車体に絵画が描かれた路線バスが写真撮影され、これが絵本に掲載された事件（いわゆる市バスの車体事件）について、東京地裁平成13年7月25日言渡しの判決（判例時報1758号137頁）が「屋外の場所に恒常的に設置されているもの」に該当するとした判断です。上野さ

んはバスに描かれた絵は「恒常的に設置」されたものではないのではないか、「設置」というからには「ある程度地面に固定されている状態をイメージするのが通常」といい、判決が「恒常的に設置」したという判断が46条の類推適用でなく、46条をそのまま適用したことに疑問を呈しているようです。「ここで議論すべき問題として重要なのは、『恒常的に設置』という文言に合致するかどうかではなく、裁判官（飯村敏明裁判長）がどのような価値判断あるいは政策的思考で結論的に権利侵害を否定すべきと考えるに至ったか、という点なのではないかと思います」といっています。

　私には何故、裁判長の価値判断、政策的思考が問題であるのか、理解できません。裁判所の判断は判決がすべてであって、判決に示された判断に至った価値判断、政策的思考などを論じることにはいかなる価値もないと私は考えています。私は加戸さんのいわれるとおり、「恒常的に設置されている」というのは「常時継続して公衆の観覧に供されるような状態におくこと」と解釈しています。「設置」は『新明解国語辞典』では、機械・設備などを備えつけること、とあって、非常ベルを設置する、という例があげてあり、『広辞苑』では、もうけおくこと、とあって、コピー機を設置する、という例を示しています。そう解釈した場合、バスの車体の絵も常時継続して公衆の観覧に供されるような状態におかれていることに違いはないので、この判決は加戸さんの解説とも同じ解釈を採用しているのです。上野さんは、「設置」という言葉から「ある程度地面に固定されているというイメージ」をお持ちになっているようですが、地面に固定というのは上野さんの思い違いでしょう。この事件の絵は車体に常時固定されて公衆の閲覧に供されているのです。問題はバスが移動するという点にあるだけで、だからといって、この絵はバスに固定された状態で設置されているといえるのですから、そういう観点から見ても、46条を適用し、類推適用しなかったことについて、ことさら裁判官の価値判断あるいは政策的思考を聞く必要もないのです。

(7) 著作権法49条（複製物の目的外使用等）関係　49条は複製物の目的外使用の規定です。私は、この条文の関係で上野さんが問題にしていることについて議論することに意義があるとは思われません。第一の例は、「個人的に楽しむために私的にコピ

ーしていた楽譜を見ながら非営利無料のコンサートで演奏したという場合、これは複製権侵害になる」ということです。第二は、「名盤レコードを聴く」という非営利無料のコンサートを開催しようとしてところ、会場に行ってみると、レコードを再生する機会が故障していて、たまたま私的にダビングしていたMDがあったので、これを使って再生したという場合、これは目的外使用として複製権侵害になる、という事例です。こういう実際問題としてはありえないような、極端に例外的な状況を想定して、一般化した議論の基礎とし、いかにも著作権法の権利制限条項に不備、欠点があるかのようにいったり、解釈が厳格にすぎるという主張をしたりすることが適切なのか、私は疑問に思います。

付け加えて言えば、私としては楽譜など安いものだから買えばよいではないか、と思いますし、たまたま私的にダビングしていたMDがあったといいますが、「名盤レコードを聴く」のとそのMDを聴くのとでは違いがあるのではないか、と思います。私には、区別できませんが、レコード針で機械的にレコード盤に刻まれた音を拾って再生するのとMDによるエレクトロニクス的な再生とは違うことが区別できる聴覚にすぐれた方々がおいでになるので、だからこそ、名盤レコードを聴くという催しも成り立つのではないか、と思います。そうであれば、MDを聴いたのでは名盤レコードを聴いたのとは同じではないので、この事例も適切ではないと思います。

第三の例として上野さんが想定しているのは、「昔付き合っていた彼女から以前もらった名画のカラーコピーが、最近になって押し入れの中から見付かったとします。これはなかなかいい絵だ、みんなにも見てもらいたいと考えて、研究室の扉に貼っておいたという場合、これは他人によって私的複製された美術の複製物について、事後的に『当該複製物によって当該著作物を公衆に提示した』ことになりますので、複製権侵害となります」というのです。これもひどく極端な例を想定したものだと、想像力の豊かさを痛感しました。これも想定している例が非現実的としか思われないので、こういう例を一般的な議論の基礎にするのはどうか、と私は思います。

(8) その他

① 記念写真に著作物が写っている場合、ウェブサイトやブログに掲載すると、公衆送信権侵害になる、という例を

挙げています。個人が開設しているウェブサイトでも他人の権利を尊重するのは、私としては当然のことで、許されるべきではないと思います。上野さんが、何故黙示的許諾とか32条1項の引用にあたるとかいって、こういう行為が許されるという議論を組み立てようとするのか、私には理解できません。

② 上野さんは、次に検索エンジンについて問題を指摘しています。検索エンジンン等は有用だと言うことは間違いないでしょう。しかし、形式的には、これは複製権、公衆送信権の侵害になるが、黙示的許諾として適法とみられる場合があるのではないか、という説をとっているようです。しかし、これは立法的に検討すべき問題であろうと思いますので、とくに意見は申しません。

③ 上野さんは第3に「研究目的」の使用について権利制限規定には研究目的にかかわるものが少なくない、と指摘しています。たしかに研究目的で、権利制限規定からみると違法とされるような複製も必要なのではないか、という点では私も同感ですが、どこまでが研究目的で、どこから先が研究目的でないか、その限界を定めるのは容易ではないと考えます。著作権関連の研究をするのは、学者、研究者、法律家に限らず、およそ文化の創造にかかわる人々の中で、著作権法に関心をもち、研究する意志がある方々はじつに数多く、アマチュアだから研究目的ではないとはいえないし、そうなると私的利用と区別もつけにくいのではないでしょうか。

２ 著作者人格権の制限規定について

中　村　この項で、上野さんは「同一性保持権の適用除外を定めている20条2項は『例外』規定として徹底的に厳格解釈されてまいりました。とくに同項4号の規定は事実上凍結されてきたに等しいように思います」といっています（上野論文18頁）。

20条は同一性保持権の規定で、その2項は同一性保持権にかかわらず改変が許されるばあいを規定しており、その4号は「前三号に掲げるもののほか、著作物の性質並びにその利用の目的及び態様にてらしやむを得ないと認められる改変」とあります。

正直な話、上野さんのような理解は本当に正しいのか、私には疑問なのです。私が理解した限り、上野さんのいっていることは、加戸さんの『逐条講義』の解説が厳格だということであり、しかも、さまざまな改変について結論として同一性保持権の侵害が否定されているけれども、その法律構成は明らかにされていない、ということを批判しているのであろうと思います。

　上野さんは「このように通説・判例によりますと、同条2項、とりわけ同項4号は『きわめて厳格』に解釈されてきました」とありますが、上野さんが引用されている、判決をみると、「スウイートホーム事件」[13]も、「俳句の添削事件」[14]も「やっぱりブスが好き事件」[15]も、すべて、同一性保持権の侵害を主張する原告の主張を斥けているのであって、判例が20条2項を厳格に適用してきたということは事実に反するように思われるのです。

　確かに条文をみれば、著作者の「意に反する」改変はすべて同一性保持権の侵害になると読むのが当然ですから、厳格かもしれませんが、これは条文の規定が厳格なのであって、解釈が厳格なのではありません。むしろ、実情は、条文を現実に適したように運用してきたので、訴訟事件も少なかったし、訴訟になっても、同一性保持権の侵害が認められることがなかったと見るべきではないでしょうか。

　じつは「俳句の添削事件」は、控訴審だけを私が被控訴人代理人として関与したのですが、この事件をはじめて聞いたとき、どうしてこんなことが問題になるのか、と私は奇異に感じました。私はここにおいでの皆さんよりも俳句に詳しいので、そう感じたのでしょうが、私からみると、この原告の非常識に呆れはてたほど、俳句の添削ということは、それこそ高裁判決が認定したように「事実たる慣習」として江戸時代から明治、大正、昭和を通じて、連綿として受け入れられてきた伝統なのです。なお、上野さんは、黙示的承諾を推認して原告の請求を棄却した、この事件の一審判決にここで言及していますが、この事件の原告（控訴人）は、俳句を雑誌等に投稿したばあ

---

[13] 東京地判平成7・7・31。

[14] 一審判決：東京地判平成9・8・29判例時報1616・148、控訴審判決：東京高判平成10・8・4判例時報1667・131。

[15] 東京地判平成8・2・23判例時報1561・123。

い、必要に応じ、選者が添削して雑誌に掲載することが慣行になっているということをまったく知らなかったのです。そのために自分の作品を選者が添削し、添削された句が雑誌に掲載されたことに憤慨して訴訟を提起したのですから、この事件のばあい、黙示的承諾があったという事実認定には無理があると私は考えています。

このような判例の流れからみると、条文の表現は厳格ではあるけれども、私には「著作者人格権の制限規定」に問題があるとは思われないのです。

上野さんは「どのような場合に同一性保持権の侵害になるのかという判断基準を可能な限り明確にするために、法律構成として同条における侵害判断をできるだけ活用すべきではないかということを私は主張してまいりました。とりわけ同条2項4号は『著作物の性質』や『利用の目的及び態様』という考慮要素を掲げる一般条項的な規定でありますので、同号の厳格解釈を見直して、著作者と利用者との調整を行うためにこれを活用することを議論したほうがいいのではないかと述べてきた次第」だといっています（上野論文19頁）。私には、どうして20条2項4号の厳格解釈を見直さなければならないのか、まして、これを著作者と利用者との調整に活用するというのはどういうことか、まったく理解できません。20条2項4号を裁判所が健全な社会常識にしたがって解釈すれば、問題はないのではないでしょうか。

3　解決の方向性

(1) 解釈論（拡大解釈・類推解釈）

中村　上野さんは、「起草者および従来の伝統的通説は、そうした権利制限規定を、しばしばその文言以上に厳格に解釈してきました。その結果、形式的に見れば権利侵害と言わざるを得ないケースを多数生み出してきた」という立場から、「限定列挙された権利制限規定に該当しないという形式的な理由だけで権利侵害を肯定して事足れりとするのは十分でない」として、あり得べき解釈論をまず、論じています（上野論文19～22頁）。

そこで第一に拡大解釈、類推解釈をとりあげているのですが、拡大解釈の例として、「市バスの車体」事件と「血液型と性格」事件をとりあげています。しかし、この2つの事件は拡大解釈ではなく、文言どおりの解釈と解し

て差し支えないことはすでに申したとおりです。

　その上で、上野さんは拡大解釈がいいのなら類推適用による解釈も可能ではないか、と述べ、従来の裁判例では類推適用の例は見あたらないけれども、建築物の増築に関する20条2項2号を「庭園」に類推適用した例がある、と指摘しています。もちろん、私も類推適用によって、妥当な結論を導き得るばあいがあることには同感です。

　この項の末尾では、制限規定を文字どおり解釈することも有効な解釈論の一つではないか、といい、「自宅にホーム・ライブラリーを作る」のは30条1項を文字どおり解釈すれば、「私的使用を目的とする限りにおいては、たとえ複製の規模が大きくなっても同項の適用が否定されるものではないはず」だといっています。私は、これは、本質的には、ホーム・ライブラリーの性格によることであり、どれだけ、著作者の著作権保護を重視するか、いいかえれば、どの程度までなら、文化の発展を阻害しないか、が問題であろうと考えます。

(2) 本質的特徴の直接感得論

　上野さんはついで、本質的特徴の直接的感得ができるか、できないか、という基準を「書と照明器具カタログ」事件を例にして述べ、これをパロディについても許容すべきであるという見解があることを紹介しています。私が「書と照明器具カタログ」事件の判断に反対であることはすでに申しましたが、そもそも著作物において、表現の本質的特徴をどうみるのか、それを直接感得するとはどういうことか、その判断が非常に困難であることを、パロディに関連して、ご説明したとおりです。私は、この議論は解決の方向性を与えるものではない、と考えます。

(3) 黙示的許諾

　上野さんは「俳句の添削事件」の第一審判決の「黙示的許諾」に言及し、また、ウェブサイトをクロールして複製、公衆送信することには、ウェブサイト開設者の黙示的許諾があると解釈できるばあいもあるだろうが、黙示的許諾論だけでは解決できず、なお検討の余地がある、といっています。私もたぶんそのとおりであろうと思いますが、ウェブサイトの開設者は複製については黙示的に許諾しているとみてよいと思うのですが、何故、これを公衆送信する必要があるのか、上野さ

(4) 権利濫用　　上野さんは第四に権利濫用をあげています。時に権利濫用を適用するのが妥当な事案があることは事実ですが、権利濫用論ですべての問題が解決しないことはいうまでもありません。

　　(5) その他　　上野さんは「その他」として①解釈論上のフェア・ユースの抗弁、②利用行為に当たらないとする解釈論、③権利の対象にならないとする解釈論を挙げていますが、これらについては私の意見は特にありません。こうした議論が妥当なこともあれば、そうでないこともある、と私は考えています。

3．立法論

　中村　上野さんは立法論について詳細に論じています（上野論文22～25頁）。その前提は、現行法の権利制限規定は厳格にすぎて、実情に合わない、ということであろうと思います。

　ただ、私は上野さんが問題があるとする事案の判断について問題を感じないので、フェア・ユースの規定は必要ではない、というのが私の結論的な見解であると申し上げたいと思います。

　上野さんは、フェア・ユースを規定するばあいに、どのような表現にするか等も論じておいでになりますが、フェア・ユース規定は不必要という立場ですから、上野さんの議論に対する意見を申し上げることは差し控えることにいたします。

　ただ、実務的には、フェア・ユースを規定したばあい、フェア・ユースに該当するから適法だと主張するのは著作物の利用者であり、企業だと思います。これに対して、フェア・ユースに該当しないから、違法な複製であると主張するのは著作者、多くは個人の著作者であろうと思います。フェア・ユースに該当するかしないか、裁判所の判断を聞くまでははっきりしませんから、こうした訴訟では個人の著作者に過大な負担を課することになるので、そういう意味からも私はフェア・ユースを規定することには反対です。

III　おわりに

富岡　中村先生、長時間どうもありがとうございました。最後に拍手をもう一度お願いします（拍手）。今日はもう時間がないので、ここであんまり締めの言葉をやっている時間がないので、最後ですが、要するに、いろいろ盛りだくさんであったのですが、まだまだ議論が足りないところがあると。で、どちらかというと勉強している人間にとって当たり前のような感覚のところが、実際にはクリエイター側からみたら、そもそもその感覚自体が間違っているんだよというところがいくらでもあるということが、かなり今日出てきていると思います。上野先生の論文というのはどちらかというと温厚な感じのものだとわたしは思っているのですけれども、それがだいぶいろいろ問題になっていましたから、まだまだいろいろ議論すべきところがあるのだと。そういうことを承知で今後勉強していただければと思います。それでは長時間ご苦労さまでした。

資料1

雨ニモマケズ　　　　　宮沢賢治　　　戯作・雨ニモマケズ　　　中村　稔

雨ニモマケズ　　　　　　　　　　　　雨ニモマケズ
風ニモマケズ　　　　　　　　　　　　風ニモマケズ
雪ニモ夏ノ暑サニモマケヌ　　　　　　冬ノ寒サニモ夏ノ暑サニモマケヌ
丈夫ナカラダヲモチ　　　　　　　　　丈夫ナカラダヲモチ
慾ハナク　　　　　　　　　　　　　　慾アリ
決シテ瞋ラズ　　　　　　　　　　　　イヤミモ笑ミモ
イツモシヅカニワラッテヰル　　　　　イツモ横柄ニシベッテヰル
一日ニ玄米四合ト　　　　　　　　　　毎日ウマイ料理ト
味噌ト少シノ野菜ヲタベ　　　　　　　デザートト上等ノ酒ヲノミ
アラユルコトヲ　　　　　　　　　　　アラユルコトヲ
ジブンヲカンジョウニ入レズニ　　　　ジブンガ偉ヰニナルヨウニ考ヘ
ヨクミキキシワカリ　　　　　　　　　ソシテトクトクトシャベリ
ソシテワスレズ　　　　　　　　　　　ソシテワスレズ
野原ノ松ノ林ノ陰ノ　　　　　　　　　都心ノ閑静ナ住宅地ニ
小サナ萱ブキノ小屋ニヰテ　　　　　　豪勢ナ邸宅ヲモチ
東ニ病気ノコドモアレバ　　　　　　　東ニ病気ノコドモアレバ
行ッテ看病シテヤリ　　　　　　　　　治療費ヲモラッテヤラシ
西ニツカレタ母アレバ　　　　　　　　西ニツカレタ母アレバ
行ッテソノ稲ノ束ヲ負ヒ　　　　　　　手伝ヲ差シムケ後援委員ニ
南ニ死ニソウナ人アレバ　　　　　　　南ニ死ニソウナ人アレバ
行ッテコハガラナクテモイイトイヒ　　葬儀ニ花輪ヲ届ケテヤリ
北ニケンクヮヤソショウガアレバ　　　北ニケンクヮヤソショウガアレバ
ツマラナイカラヤメロトイヒ　　　　　アッセンシテ仲介料ヲイタダキ
ヒデリノトキハナミダヲナガシ　　　　ヒデリノトキハ水ヲ撒キ
サムサノナツハオロオロアルキ　　　　サムサノ夏ニハアフウニフランヌ
ミンナニデクノボートヨバレ　　　　　ミンナニエラヰ政治家トヨバレ
ホメラレモセズ　　　　　　　　　　　ホメラレ少シハ漠然トナキ
クニモサレズ　　　　　　　　　　　　クローズアップサレタクカンジテヰル
サウイフモノニ　　　　　　　　　　　サウイフモノニ
ワタシハナリタイ　　　　　　　　　　ワタシハナリタイ

資料2

ホルスト・ヴェッセルの歌（「ナチス党歌」）
　　　　　　　　　　　　　　（中村朝子訳）

1．
旗を高く！
列はしっかりと詰めて！
突撃隊は行進する
勇敢でたしかな足取りで

赤色戦線と反動勢力に
撃ち殺された同志たちは
霊となって我々の列に入り
ともに行進している。

2．
道を空けよ
褐色の大隊に
道を空けよ
突撃隊員たちに！

見上げているのだ　鉤十字を
希望に満ちたもう何百万の人々が
自由とパンのための日が
始まる！

3．
最後の
点呼の角笛が吹き鳴らされる！
闘いの
準備は我々はすでに皆できている！

間もなく翻るのだ　ヒトラーの旗が
すべての道のうえに
奴隷状態は
残るところもうわずかだ！

4．
旗を高く！
列はしっかりと詰めて！
突撃隊は行進する
勇敢でたしかな足取りで

赤色戦線と反動勢力に
撃ち殺された同志たちは
霊となって我々の列に入り
ともに行進している。

太鼓の後について（「牛たちの行進」）
　　　　　　　　　ベルトルト・ブレヒト
　　　　　　　　　　　　　（中村朝子訳）

太鼓の後について
牛たちはまだまだよく歩く
太鼓の皮は
彼ら自身が提供するのだ。
　屠殺人が叫ぶ。目をしっかりと開いて
　牛は落ち着いたしかな足取りで行進する。
　もうすでに屠殺場に目を流した牛たち
　彼らは霊となって列に入りともに進む。

彼らは両手を高くかかげる
彼らはそれをよじり見せる
それはもうすでに自由にされている
もっとも未だに国の形だ。
　屠殺人が叫ぶ。目をしっかりと開いて
　牛は落ち着いたしかな足取りで行進する。
　もうすでに屠殺場に目を流した牛たち
　彼らは霊となって列に入りともに進む。

彼らは先頭に十字をかかげる
血のなかに赤う旗の上
その十字は哀れな男のために
大きな鉤を持っている。
　屠殺人が叫ぶ。目をしっかりと開いて
　牛は落ち着いたしかな足取りで行進する
　もうすでに屠殺場に目を流した牛たち
　彼らは霊となって列に入りともに進む。

第4回　著作権法およびその他の知的財産法におけるプロダクト・デザインの保護

コーディネーター：竹中俊子＝駒田泰土

ゲスト：Yves Reboul

Ⅰ　はじめに
Ⅱ　講　義
　1．フランス知的財産法の沿革
　2．フランス法における意匠保護の特色―美の一体性理論―
　3．意匠と著作権の関係
　4．意匠権と商標権の関係
Ⅲ　コメント―日本法の観点から―
Ⅳ　コメント―アメリカ法の観点から―
Ⅴ　おわりに

Ⅰ　はじめに

竹中　ワシントン大学の竹中です。通常は特許のプログラムでRCLIPのセミナーに参加することが多いのですが、今回は珍しく著作権のセミナーに参加します。そのため、たいへん、緊張しております。しかしながら、私にとって非常に親しい友人であります、Yves Reboul先生と一緒に素晴らしいシンポジウムを行うことができるということは、私にとってとてもうれしいことであります。また、滞在中の1週間の最初に、大阪でセミナーをなさった後、両先生方は京都に行き、日本の文化にも触れていただく機会があったようです。本当に日仏交流のいい機会になったのではないかと思います。

それでは先生の経歴をご紹介させていただきます。Reboul先生はストラスブール大学の教授であられまして、長らく、フランスで最も有名な知財のプ

ログラムであるCEIPI（ストラスブール大学の知的財産研究センター）の所長を務めていらっしゃいました。昨年、所長の職からは引退なさいましたが、現在も知的財産法、特に商標法、更に契約法や特許権のライセンス契約の講義を担当し、教鞭を執っていらっしゃいます。また、これらの分野で盛んに研究を続けていらっしゃいます。今回は先生が長年研究の重点としてきたテーマであるデザインの保護、それもプロダクト・デザインの保護について講演して頂きます。著作権に限らず各種知的財産権による保護、即ち、トレードドレスとしての商標の保護や特許の保護、更に意匠としての保護の可能性、及びこれらの工業所有権と著作権の保護関係について、非常に哲学的な見地も含めてご紹介していただきます。それでは、先生、よろしくお願いいたします。

Reboul　竹中俊子さん、ありがとうございました。そして親愛なる友人の方々、同僚の方々、ありがとうございました。パリ第１大学（パンテオン＝ソルボンヌ）のFrédéric Pollaud-Dulian先生も、また私も、非常にうれしく思いまして、今回の招待を受けました。温かいおもてなしを受けております。早稲田大学の方々のご招待に加えて、大阪工業大学のセミナーにも参加しました。それからそちらでもたいへんな歓迎を受けまして、日本文化の中心、すなわち京都を見学する時間も得られました。本当に日本に来ることは、私にとって素晴らしい夢であり、そしてそれが実現したのです。美しい国日本を訪問するというのは夢であったのです。従って、今回、来日する機会を頂いたことについて御礼申し上げます。竹中先生と早稲田大学の高林先生に去年ストラスブールをご訪問頂いたことは、大変な名誉でございました。御礼申し上げたいと思います。それから、ここにいらっしゃいます駒田先生、大変な知財の専門家であられるというふうにお伺いしておりますが、セミナーに参加してくださいましてありがとうございました。難しい質問が出るのではないかと、少々心配しております。

II 講　義

1．フランス知的財産法の沿革

　Reboul　では、皆さま方、私、素晴らしいテーマについて、きょうはお話しすることができます。しかしながら難しいテーマでもございます。法律家は、そしてヨーロッパでは皆が情熱を抱くテーマでございますが、いわゆるどのぐらいに著作権を拡張できるかという問題であります。著作権をほかの知的財産権と交錯して、どのように拡張できるかという問題であります。フランスの意匠法に関する実定法を理解し、その内容と様々な著作権との関係、また商標権との関係を理解するためには、まず簡単に歴史的な背景を理解しないといけないかと思います。

　最初の大きな法律、重要な法律といたしましては、いわゆるリベラルなインスピレーション、あるいは個人主義的なインスピレーションに基づいて行われた知財の重要な最初の法律というのが発効されたのは、まさしくフランス革命のときでありました[1]。1791年、そして1793年のことであります。そしてそのときにできたそれらの法律が、重要な原則を定めました。これをわざわざ申し上げるのは、現在それがとても重要なことだからであります。所有権の中で最も重要で聖なるもの、それは著作物（oeuvre de l'esprit）に係る所有権であります。人類の精神が作ったもの、これはわれわれの歴史、文明に所属するものであります。こういった創作物、クリエーション、これは何よりもまず保護されるべきだと思っているのです。なぜならば、これは神聖なものとも見なせるものだからであります。19世紀には新しく知財の法律が定められました。そして20世紀の前半でも、それは同様であります。

　この19世紀から20世紀までの期間において、私は1806年という年に注目したいと思います。この年、1つの法律が公布されました。それはフランスの絹織物産業の創作物を保護するものであります[2]。日本の方にも関係します

---

[1]　1791年発明特許法・1793文芸的・美術的所有権法（les lois de 1791 et 1793 sur les brevets d'invention et la propriété littéraire et artistique）。

ね。いわゆる最初の意匠権の法律でありました。この意匠権に関する法律は１世紀続きまして、その後、また1909年に新しい意匠に関する法律ができました[3]。さまざまな商標だとか、著作権だとか、いろいろな知的財産権の法律がその後も発効されましたが、現在フランスの知的所有権に関する実定法というのは、１つの法典となっております。知的財産法であります[4]。現在施行されているすべての知的財産権に関する法律を一つにまとめたものあります。フランス国内法に関して、それからEU法に関して、それからまた国際的な知財に関するさまざまな条文が集められております。

2．フランス法における意匠保護の特色──美の一体性理論──

Reboul　フランスの法律の最も特徴的な点としては、特にこの意匠の分野に関しては、フランスにおける工業意匠制度がほかの国の制度と大きな違いがあることが挙げられます。意匠について、特にドイツ及びイタリア、その他のヨーロッパの国々の制度と異なる取り扱いがされています。というのも、われわれの制度というは１つの法理論を、すなわち美の一体性の理論という理論を採用しているからであります。この美の一体性の理論を採用したということで、フランスにおきましては、もちろん法律家による考え方についてですが、いわゆる純粋美術、文芸でも音楽でも美術でも何でもいいのですけど、純粋美術と、それから応用美術、すなわち装飾品など工業製品に応用される美術を区別しないのです。

　その結果がどうなるかとなりますと、著作権、本来は純粋美術を保護するものですが、この著作権が工業意匠も保護できるということであります。これはフランス法におきましては、知的財産権による二重の保護と呼ばれております。前半、私はこの点についてお話したいと思います。すなわち、意匠の著作権と意匠権の重複保護についてです。他方で、フランスの意匠の保護

---

[2]　1806年フランス意匠法（1806 sur les dessins et modèles industriels）。
[3]　1909年フランス意匠法。
[4]　フランス知的財産法（le code de la propriété intellectuelle promulgué le 1er juillet 1992）。

は、欧州共同体商標制度も関係してきます。意匠の中には、自他商品識別力を持ち、標識的な標章として機能するものがあります。即ち、意匠の付された商品の形態、あるいはその梱包、あるいはその梱包や包装に付されたデザイン、あるいは商品そのものに付された図柄なども入ってきます。つまり商品の形態、あるいはその梱包や包装の形状といったものが、フランスで意匠権によって保護されているとすれば、自動的に著作権によっても保護されることになり、これに加えて、意匠が識別標識を構成するのであれば商標権によっても保護されうるわけです。もちろん、一定の商標に関する保護要件を具備することが条件とされるわけですが。

3．意匠と著作権の関係

1　意匠の保護対象

Reboul　意匠の保護については複数の知的所有権の競合が問題になりますので、まず意匠権と著作権の関係がどうなるかについてお話ししたいと思います。意匠権と特許権・実用新案権がどのように重なり合うか、どのように競合するかについても検討していきたいと思います。最初に、この法律的なメカニズムを理解するために2つの観点に注目してみましょう。第一に、意匠の領域とは何かという観点です。知的成果物としての意匠の領域は何であるかということを検討してみましょう。それからまたフランスの意匠、即ち、工業的な物品に応用される意匠の保護に関して、フランスにどのような法的制度があるかという観点を検討していきたいと思います。

まず、知的成果物としての意匠の領域という観点についてお話ししたいと思います。意匠の領域を理解して、そして定義するために、まずその意匠の保護対象についてお話ししたいと思います。その後、非常に重要なことですけれども、意匠の機能、ファンクションについてお話ししたいと思います。

では、意匠の対象として何があるかについて検討します。ここで簡単に、知的所有権法の条文を読んでおきたいと思います。次のように書いてあります。「1つの製品、または1つの製品の部分の外観であって、とりわけその

製品の線、輪郭、色彩、形状、構造、または素材により特徴付けられる外観は、意匠として保護の対象となることができる。これらの特徴は、製品自体の特徴であっても、あるいは製品の装飾の特徴であってもよい[5]。つまり製品上の特徴とか、あるいは包装等の特徴でもよいということであります。このように工業上の物品、または工芸品で、美感としての装飾的効果を与える形象、または形状が意匠を構成しているのです。

例えばバッグ、女性用のハンドバッグ、あるいはシャワーノズルの形、あるいはランプの形、あるいは三輪車とか、あるいは乗用車の形とか、そういったものが意匠の例になるわけです。靴の形でもいいでしょう。それから下着の形でも意匠の例となります。あるいは香水の瓶の形、眼鏡の形、あるいは香水の容器のケースを飾るための図柄でもいいですし、腕時計の形でもいいわけです。もう何千という意匠の例があると思います。というのは、すべての工業製品、われわれが日常的に使っているこういった工業製品といったもの、家で使っていたり職場で使っていたりするものはすべて美的な側面あるいは装飾的な側面があれば、意匠権によって保護され得るのです。たとえそれが工業製品であってもそうなのです。

ここで、2つの点を指摘しておきたいと思います。第一に、そういった意匠を構成する、例えば図柄とか形状などの着想に係るアイデアは保護されないという点です。表現結果としての形だけが、形状だけが保護されて、その着想源のアイデアは保護されません。第二に、フランスの意匠権というのは、1つの物品の形だけを保護するのであって、意匠をジャンル又はカテゴリーとして保護するわけではありません。具体的な例を挙げましょう。ランプがあったとします。ランプがパゴダのように、たくさんの屋根の形をしていたとします。そうすると、フランスの意匠法がカバーするのは、この特殊な形状を持つ特定のランプです。そのパゴダ、仏塔の形をしているその特定のランプの形だけが保護されるのであって、同じように仏塔ないしパゴダの

---

5 前記フランス知的財産法第L 511-1条第1項。
 《Peut être protégée à titre de dessin ou modèle l'apparence d'un produit ou d'une partie de produit, caractérisée en particulier par ses lignes, ses contours, ses couleurs, sa forme, sa texture ou ses matériaux; Ces caractéristiques peuvent être celles du produit lui-même ou de son ornementation》.

ように、たくさんの屋根の形を付けた意匠であっても、別のランプがすべて保護されることにはなりません。つまりその特殊な、対象となる物品のフォルムと、そのフォルムが帰属するジャンル全体とを分けて考えなくてはいけないのです。ジャンル全体を保護することはできないのです。

2 意匠の機能

Reboul では、第二の要素に入りましょう。フランス法における意匠の領域を画定するために、最初に保護対象を検討しましたが、今度は2つ目の観点、機能についてもお話ししたいと思います。意匠というのは、応用美術に属しているものであります。そして工業上の物品に対して、装飾的な、美的な外観を与えることを目的としています。従って、フランスにおいてはこういった図柄とか形というのは、美的な機能を持っているのです。あくまでも美的な機能だけであります。ですから次のこととよく混同されるんですけど、混同しないでください。フランスの意匠と、それからドイツの実用新案は別です。ドイツや日本の実用新案というのは、これはフォルムを持っている発明でありますが、技術的な性格を持っております。そういった実用新案とは違うのです。ですから、ここでは美的な機能と、工業製品の技術的な機能を区別しなくてはいけません。前者は工業上の物品の図柄や形を特徴とするものでありますが、後者の技術的な側面は、フランスの意匠法では保護できません。その理由については、後でご説明いたします。

しかしそこで2つのケースが考えられます。最初のケースですけれども、デザイナー、まあ、フランス的な言い方でしたらクリエーター、創作者というよりも、デザイナーでありましょう。デザイナーが、既存の工業上の物品でこれに係る特許権の存続期間が満了したものに美的な外観を与えたというケース。もう1つのケースは、工業上の物品に関する発明をしたと同時に美感も与えたというケースです。その発明に関するものと美的な側面は切り離せるものであるという、この2つの例を考えましょう。非常にはっきりとした例があるのです。

ルービックキューブの判例をまず検討しましょう[6]。私の優秀な同僚

---

[6] CA Paris 25 juin 1987, PiBD 1987, N° 420, III, 402.

Pollaud-Dulian先生が引用しているものですけど、ルービックキューブってご存じですね。今、ご覧いただいているような、このゲームですけれども（スライド1）。このルービックキューブというゲームは、これは1つの発明物であります。というのも、どうやってこのいろいろなキューブを組み合わせるかということ、構成要素のキューブをどのように組み合わせるかということで、いろんな結果が生まれるわけですから。しかしながら、装飾面だけ見てみましょう。その装飾的なもの、美的なものを見ていきますと、いろんなカラーがあります。そして四角い形状。白とか青とか緑とか黄色など、いろいろなカラーによって、非常に装飾的な側面が生まれます。美的なものであります。このオブジェに装飾的な美しさが出てきます。これはこのオブジェの装飾的な特徴は技術的な機能からは区別できるものであります。ですから一方には発明という技術的なもの、これは特許によって保護されるものです。実際にこれは特許で保護されています。しかし美的な側面、つまり装飾的なこの物品の外観は、パズルの発明とは切り離せるものであり、従ってこの装飾的な側面は、フランスの意匠法の下で保護され得るものなのです。

　もう1件、対照的な判例を検討しましょう[7]。これはレゴに関する判決です。このブロックゲーム、ご存じでしょうか。スウェーデンのメーカーのものですけど、レゴは特殊な形をしたプラスチックのブロックです。（スライド2）このブロックで遊ぶ人たちは、いろいろなブロックを集めて、組み合わせ

スライド1　ルービックキューブ

---

[7] CA Paris 12 février 1999, PiBD 1999 N° 679, III, 290（pourvoi rejeté par: Cass. com., 26 février 2002, PiBD 2002 N° 743, III, 253).

第4回 著作権法およびその他の知的財産法におけるプロダクト・デザインの保護　　119

て、人物や道具、家等を作ることができるわけです。車やその他いろいろなものを作ることができます。では、このレゴブロックは発明だろうか、それとも意匠だろうか。確かに注意深く見てみると、特定の形状をしております。しかしながらこのフォルム、この形状というのは、あくまでも機能的なものであります。なぜならば、このように作られたこの形状というのは、いろいろなレゴを集めて1つのオブジェを作るためのものだからです。ですからこのフォルムは、あくまでも技術的機能に基づくものなのです。ただ、色だけが装飾的なもの。フォルムそのものは美的なものではありません。ということで、このような場合に保護を求めることができるのは、特許の保護に限られます。実際、そのようにフランスの裁判所は判断しました。ということで、レゴの会社は、このフォルムも意匠として保護してほしかったのですけれども、この請求は斥けられました。繰り返しますが、レゴのフォルムは技術的機能に基づくものでしかないと裁判所によって判断されたからであります。

　しかしながら、もっと複雑な状況もあります。つまり1つの技術的効果を達成するために、幾つもの形状が可能な場合というのもあります。それがこのフィリップスの剃刀の案件で、まさしくそういう状況に陥りました[8]。フ

スライド2　レゴ

---

[8] フィリップス剃刀のトレードドレスとしての保護の可否については、欧州共同体司法裁判所が判断を下している。*Konnklijke Philips Electronics NV v. Remington Consumer Products Ltd* Case C-299/99 *Philips*〔2002〕ECR I-5475.

ィリップスは、このスライドにある3枚刃の剃刀を発明したわけですね。（スライド3）3つの剃刀、円い形の剃刀があります。もちろんそこには発明があります。円形状の剃刀の刃に発明の要素があります。しかしフィリップスは、こういった剃刀の形状を商標として登録したのです。もっとも、同じ剃刀としての効果を得るために、つまりひげをそるためには、いろいろな形状があり得ます。そこで問題が生じました。いろいろな形状が可能である、技術的に同じ作用効果を得るためにいろいろな形状があり得るとすれば、このフォルム、形状は美的なものであろうか、それとも技術的思想としての発明であろうかという問題が生じたのです。後でお話ししますが、フランスの破毀院（最高裁）は、この商標法に基づく保護を否定しました[9]。その理由は、多くの似たような形状があるからといって、保護のカテゴリーを変えるべきではないというものでした。その同じ成果を得るために幾つもの形状があったとしても、この創造物の性質はあくまでも機能的な性質、技術的な性質であり、複数の形状の選択肢が存するという事実は、当該性質そのものを変えるものではないということであったのです。

3　意匠保護制度—フランス国内法—

Reboul　では、次の点に入りたいと思います。意匠制度に関するお話をいたします。意匠というのはフランスの法律では美的創造物であって、そ

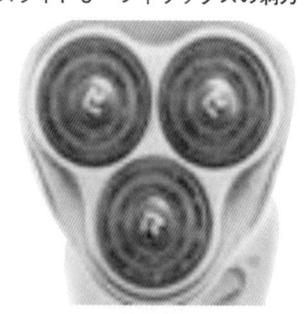

スライド3　フィリップスの剃刀

---

[9] *Philips c/Remington* du 30 mai 2007, PiBD 2007, N° 857, III, 511.

れが工業上の物品に応用されたものであるという定義がなされています。そしてフランスの法律、そしてフランスの判例法が150年来取っている立場の特徴はどういうものでしょうか。それは知的な成果物の保護に当たって、その美的な質を問うべきではないという考え方です[10]。また、法律でも判例法でも、工業上の物品であるか、意匠がどのような媒体に施されたものであるかを考慮する必要はないという考えを取っています。法律の目的というのは、その媒体の表面に施された美的な外観を保護するということにあるからです。創作者の思想・感情を表現しているものは純粋な美術であり、それが施された媒体がたまたま実用的なものであった場合には、応用美術になるという立場をとっています。ですから、裁判官が美術的なレベル、美術的な質を問うということはしないという考え方なのです。裁判官が判断すべきなのは、その問題となっている物品に創作者の人格が表現されているかどうかという点に限られるということですね。人格、個性を表現しているものであれば、保護の対象になるという考え方なのです。ですから装飾的な美観をもたらすものであれば、これは重要な点ですが、その使用目的を問いません。この使用目的を問わず、装飾的美観を持つ形状が創作者の知的な営みによる結果であれば、意匠法の保護の対象となるという点が重要なポイントであります。

例えば、あるデザイナーに香水瓶のデザインを頼んだと仮定します。あるいはそのパッケージのデザインを依頼するとします。そうすると瓶・容器やパッケージは、美観をもたらすものになります。結果として、その作品の美観においてこそ、そのデザイナーの個性が表れるようになります。それで瓶・容器やパッケージは保護されるわけです。それがその美しさにおいてどのように素晴らしいかということは全く問わないということです。

皆さんもご存じだと思いますけれども、ロレアルというフランスの化粧品会社のグループがあります。世界一の化粧品会社グループですけれども、そのロレアルが出していた製品ラインがありまして、その容器がモンドリアンという、ヨーロッパではよく知られたオランダ人の画家のモチーフを使いま

10　フランス知的所有権法第L 112-1条。

した。

　ここは日本ですので、着物の話をいたしましょうか。着物の柄をデザインするとします。これは美術作品です。そしてフランス人にとっては、着物の柄をデザインするということは、美術を創造するのと同じ意味となります。例えば美術館に飾るような絵画を描くことと、着物の柄をデザインするということは、法律上は同じこととみなされているわけです。

　例えば素晴らしいオリエントの絨毯があります。絨毯はもともと床に敷くために使われたわけですね。その上で食事をしたり、座ったり、眠ったりするためのものです。現在は、家の壁かけとして装飾物として飾られている、あるいは博物館に作品として展示されている。それは前者の場合は、かつては実用品だった。そして現在では純粋な美術作品とみなされている。しかしそれはどちらであっても、権利保護の対象になるというのがフランスの考え方なわけです。従って、その媒体が絵画のためのキャンバスであっても、工業製品用の布地等であっても、その表面に施されたデザインという意味では同じだというふうに考えるわけです。

　次に、保護の要件についてお話しします。登録を受けるためにはまず新規性と独自性（un caractère propre）、即ち個性があるという2つが要件の充足が必要となります[11]。その意匠が、それまでにあったもの、あるいはパブリック・ドメインにあるものとは違う、その違いがはっきりと分かるということが重要であります[12]。例えば、保護を受けるために意匠として出願するという方法もありますけれども、その方法をとらずに著作権を主張するということも可能です。意匠としての出願・登録が認められなくても、著作権は主張できるわけです。フランスでは、意匠法上の保護期間は最大25年です。その意匠保護の期間が切れた後に、なお著作権による保護を主張することができ

---

[11] 知的所有権法第L 511-2条。
[12] 知的所有権法第L 511-4条に独自性の定義が規定される。
　「意匠にあっては、当該意匠が経験豊かな観察者の心理にもたらす全体的な視覚印象が、登録出願書の提出日以前もしくは主張されている優先日以前に公表されている意匠によってもたらされる全体的な視覚印象と異なるときに、当該意匠が独自性を有する《Un dessin ou modèle a un caractère propre lorsque l'impression visuelle d'ensemble qu'il suscite chez l'observateur averti diffère de celle produite par tout dessin ou modèle divulgué avant la date de dépôt de la demande d'enregistrement ou avant la date de priorité revendiquée》」

ます。つまりその両方の保護を重複して受けることができるというわけです。

　手続的要件としましては、フランスのINPI（工業所有権庁）に出願する必要があります[13]。フランスの意匠登録出願で重要なのは、創作日です。いつ創作が行われたかを証明するということです。その作品の創作者であるということを証明する上で、いつ創作がなされたかという証拠が非常に重要視されます。

4　意匠保護制度——欧州共同体法——

　Reboul　今、フランスの法律についてお話ししましたけれども、ヨーロッパの場合は、欧州共同体の枠組み、EU法も重要であります。例えば日本の方がEUで何か意匠を保護してほしいという場合には、欧州共同体意匠規則に基づき、アリカンテにあります欧州共同体商標意匠庁に出願をすることができます[14]。登録されますと、EU圏内で意匠が保護されるということになります[15]。つまり加盟国27カ国で保護されるということになります。要件はフランスの国内法と同じです。すなわち新規性と独自性（Individual Character）が問われます[16]。すなわち創作者の人格を表現するものであることということが必要になるわけです。

　それからもう1つ、登録によらない保護も可能です[17]。その場合、意匠は公表された時点から3年間保護されます。その場合も公表日、あるいは創作日の証明が必要になります。

　それではそのEUの意匠権を享有しているとします。27カ国で保護される資格を有しているとします。その場合、フランスのように美の一体性の理論を採用している国であれば、二重の保護を主張することができます。つまりEU意匠権の保護とフランス著作権の保護を両方享受することができます。欧州意匠規則96条というのがありまして、そこで美の一体性理論がうたわれ

13　知的所有権法第L 511-9条。
14　欧州共同体意匠理事会規則（2006年12月18日の理事会規則（EC）No.1891/2006により改正された、共同体意匠に関する2001年12月12日の理事会規則No.6/2002）。
15　欧州共同体意匠理事会規則27条。
16　欧州共同体意匠理事会規則5条6条。
17　2001年欧州規則11条。

ています[18]。フランス以外でも美の一体性理論を採用している国であれば、EU意匠権とそれぞれその各国レベルの著作権、両方の保護を主張できるということであります。そして保護期間に関しては、まず25年、それからフランスにおける著作権が消滅するまでの間、保護を受けることができるわけです。

4. 意匠権と商標権の関係

1　意匠権・商標権の共存

Reboul　以上、著作権と意匠権についてお話しいたしました。そして美の一体性理論が、フランス法の特徴であるということもお話ししました。最初に申し上げたとおり、立体商標につきましては、物品ないしパッケージによって、その商品が自他商品識別力を発揮できるということが必要になります。そうしますと、意匠権と商標権、この2つも重複して主張することができるというケースがあります。ここでは、第一に、この2種類の知的所有権を両方主張するための条件、そして第二に、その影響についてお話をしていきたいと思います。

　まず共存の条件ですね。意匠権と商標権が共存するための条件です。フランス、そしてEUの商標についても同じですけれども、立体商標として出願できるのは、引用しますと、「商標は、視覚的に表現できるいかなる標識からも、とくに人名を含む語、デザイン、文字、数字、商品の形状又はその包装により、構成することができる。ただし、その標識は、ある事業に係る商品若しくはサービスを他の事業に係る商品若しくはサービスから識別することができるものに限る」となっています[19]。立体商標として保護されるための形状が満たすべき重要な条件というのは、その形状によって他人の商品との識別が可能になるということです。つまりその形状があることによって、そのユーザーないしエンドユーザーが、競合他社の類似商品と商標権者の商

18　欧州共同体意匠理事会規則96条：国内法を基礎とする他の保護方式との関係。
19　知的所有権法第L 711-1条および商標に関する1988年欧州指令の第2条（2008年の改正によってフランス国内法に法制化）。

品を区別できる、識別することができるということですね。それからもう1つ重要な点ですが、その形状があることによって、どの事業者がそれを製造したのかということが識別できるということも重要になります。その形状が商品に付されていることによって、どの事業者が製造したか、あるいは下請けに出している場合は、その事業者の合意を得て下請け会社が製造しているわけですから、商品の出所としてその事業者を識別できるということが重要になります。

　フランスでは、立体商標の形状が一般的ではない、慣用的でない、記述的でもない場合に識別力を持つと定義されており、この識別力を持つことが保護の条件とされます。フランス法でもEU法でも、特徴的な、そして識別可能なデザインの形状であるということは、その製品の性質や機能とはかかわりのないものでなければならないと考えられています[20]。具体的に言いますと、例えば立体的なパッケージの場合、ありふれていて、あちこちで使われているようなものは認められないということです。例えばお肉の切れ端、ヒレの形状とか、あるいはチーズの形状とか、あるいは普通の容器の形ですね。飲み物が入ったボトル容器。液体を入れるボトル。これはごくありふれていますし、どんなメーカーでも同じやり方で包装したり、容器詰めをしたりしているわけです。従って、そういったものは識別力を持たない。出所となるメーカーを特定することができないので、商標としては認められないということになります。

　まあ、一言で言うと、ありふれたデザインは識別力を持たないということですね。それからもう1つ、その製品の機能にかかわるデザイン、これも商標としては認められません。その機能上の必要性によって形が決まってくるもの、そういうのは識別力を持たないとみなされるわけです。どんな企業でも同じ目的を達成するためには、同じ形状を採用するからです。そして意匠としても保護されない。まとめますと、裁判所は、今言ったような要件を充足しないものの出願は拒絶すべき、あるいはすでに登録されている場合は登録を取り消すべきであるとしています。

20　知的所有権法第L 711-2条、商標に関する欧州指令の第3条e) 第1項。

特に有名な例を2つ取り上げますと、1つは先ほどのフィリップスの電気剃刀ですね[21]。この事件では、これは非常にありふれた形である。そして当該商品の機能に基づいて決まる形であると判断されました。ですから、例えばレミントンの電気剃刀製品との区別を可能にするデザインではないというふうに判断されたわけです。まあ、レミントンというのは、この事件の原告だったわけですけれども。結局、商標としては認められなかったというわけです。レゴも同じですね[22]。

ですから、商品の機能に関し技術的な必要性によって形状が決まってくる場合、そのような形状は立体商標としての保護は認められないわけです。特殊な美観を備えていて、消費者がそのメーカーを特定できるということが要件になるのですね。機能上必要とされる形であれば、それはどんなメーカーであってもそれを使うだろう、同じような形の商標を使うことがあり得るだろう。

ちょっと時間が押していますので、先を急ぎたいと思いますけれども、このEUの裁判所が出すいろいろな判決というのは、非常にホットな話題になっています。フランスではなくてルクセンブルクにある欧州司法裁判所において、これは欧州での最高裁判所になりますが、EU商標法、EU意匠法の解釈を行います。その事件数が非常に増えています。お分かりになったかと思いますけれども、商標というのはグローバル化しています。そのため、文字を使用したものが減ってきていますね。どの国においても分かるように、文字ではなくてデザインに係る商標を選定するところが増えています。だからこそ、デザインに関する知的財産権の紛争が増えているわけです。世界中どこにいっても消費者によって認識できるようなものというと、やはり形状的、具象的なデザインになるわけです。例えばラコステのワニのマーク、ご存じですよね。世界中どこにいっても通用します。あるいはルイヴィトンのモノグラム、これは意匠としても商標としても保護されています。以上で、商標の保護要件についてお話ししました。

---

21 前掲注8 欧州司法裁判所判決 *Konnklijke Philips Electronics NV v. Remington Consumer Products Ltd.*。
22 前掲注7パリ控訴院判決。

先行商標がある場合、すなわち有効な商標権をすでに保有している者は、第三者が先行登録商標の商標権者の許可を得ずに類似意匠を商標として登録した場合に、その登録を取り消させることができます。それは伝統的商標の標章でも立体商標の形状でも同じです。

　非常にありふれた形状の例を挙げます。例えば、フランスのフォアグラのメーカーの商標登録について、その立体商標の形状はあまりにも一般的でありふれているということで、商標権は無効とされました[23]。それからキャンディーの包装の形状ですね。キャンディーの包装の形状を商標登録出願しているところがありましたけれども、これもありふれていて、特別な美的特徴を持たないということで出願を拒絶したのは正当であるとされました[24]。

　それからもう1つ大切な例ですけれども、薬の形状です[25]。製薬会社は、その特許権の存続期間が満了した後も、顧客をキープしなければなりませんね。で、薬そのものはもうパブリック・ドメインに帰したわけですが、顧客をキープするために、その薬の形状を何かちょっと特別なものにしようということを思いついたわけです。それによって顧客を自己の下にとどめおこうとした。その問題になった薬の形状は、3つのパーツに分割できるものだった。朝3分の1飲む、昼3分の1飲む、そして夜3分の1飲むということができるように、お医者さんの処方に合わせて飲めるように、1つの薬を複数個に分割できる形状を考えたわけです。しかしこれは患者が3回に分けて、処方に忠実に飲めるようにするためのものですから、機能的な形状だとみなされて、デザインとしては認められませんでした。

　商標は識別力を持たなければならないというお話をしました。商標として選んだ美観についてもお話をしました。そして最後に、非常に重要な点に触れたいと思います。これは美的な機能と識別機能の違いです。装飾的なもの、美的なもの、すなわち意匠は、意匠法によって保護されます。また、先

---

[23] TGI Paris, 3ᵉ ch, 3ᵉ sect. 30 mai 2007 aff. TRAMA c. FAUCHON sas, PiBD 2007 N° 858-1111 -542.

[24] CJCE 22 juin 2006, affaire C-25/05 P. August Storck Kg c.OHMI, voir not.Considérants N° 25 à 35.

[25] Cass. com. 21 janvier 2004, Bull. civ. IV, N° 14; D. 2004, p. 1015, note Schahl et Bresson; sur renvoi, CA Versailles, 27 septembre 2005: Prop. intell. 2006, N° 19, p. 215, obs. Buffet Delmas.

ほどお話ししたように、知的所有権の拡張ということで、著作権によっても保護され得る、また同時に商標としても保護され得るのです。

それでは意匠として保護され得るものは、すべて商標としても保護され得るか。例えばこれは万年筆ですね。キャップに３つのリングがあります。これは美的な形状ですね。非常に美的なクリエーション、創作物であります。この部分を有効な商標として保護することができるか。また別の例を挙げましょう。

もう１つ、BICのライター。皆さん、BICというブランドはご存じでしょうか。これは卵状の、非常に独特の形をしています。楕円形です。ところでBIC社は、「BIC」という名前の商標をずっと守ってきました。しかしこのライターの形状については、積極的に保護を求めてこなかったのです。ですから、問題点はお分かりになるでしょう。このBICのフォルムは、現在保護することが可能かどうか。もしそれが機能的なものでしたら、保護することはできません。しかし美的なものであったら、保護することが可能になります。ただし条件が１つあります。つまりそこに存する商標の機能は、美的な機能と独立していなくてはならないということです。商品のデッサン、図柄、形状が有効な商標たりうるためには美的でなくてはいけませんが、それだけでなく、また識別力を有するものでなくてはいけないわけです。そのような識別力があるというためには、新規性がなくてはいけない。

もうちょっと説明いたしましょう。誰も今日まで、こういったペンの装飾としてこの３つのリングを使ったことがなかったとします。その場合、商標登録を受けることができます。というのも、市場に当該ペンを流通させれば、消費者は「この会社がこのペンの出所である」ということが分かるでしょう。BICのライターについても同じことが言えます。ただ、問題は、もう何年も前から、いろんな競合他社もこういう形状のライターを作っている場合です。このBICのライターによく似たライターを、競合他社が既に製造販売しているのです。ということで、この美的形状というのは、必要条件ではありますが、十分条件ではありません。通常、競合他社がすでに使ったものであれば、その形状の識別力、商標としての識別力という要件は充足されないと解されます。BIC商標の有効性、あるいはその商品形状における商標の

有効性について概ねこのようなことを述べた、非常に興味深い欧州共同体第一審裁判所の判決が出ています[26]。

例えば、バング＆オルフセンという、よく知られたスピーカーのブランドがあります。欧州共同体第1審裁判所は、当該スピーカーの形状に係る商標登録は有効であると言いました[27]。私は、登録が認められたのは当該スピーカーの形状に新規性があったからだと思います。ちょうどひっくり返ったペンのような形をしていました。この形状がまず美的であった。これにより商標としての保護の可能性が開かれます。それでなおかつ新規性があるとなりますと、商標としての条件はすべて満足される。識別力があるからです。その会社が初めて当該商品をそういった形状の商品を発売したわけですから、消費者のほうでも、あ、この企業がこの新製品を出したんだなということを、認知することができるわけです。ということで、ある程度の限界はあるわけです。つまり、どんな美的形状でも、商標として登録することはできない。講演は以上で終了します。ご静聴に対して御礼申し上げたいと思います。（一同拍手）

Ⅲ　コメント―日本法の観点から―

竹中　Reboul先生、本当にありがとうございました。それでは、日米知的財産権法との比較法の観点による分析を始めたいと思います。それでは最初に、日本法の観点からコメントしていただきますのは駒田泰土先生です。駒田先生は、上智大学の法学部准教授でいらっしゃいます。知財、特に著作権を中心に研究していらっしゃいます。フランス語が堪能であり、フランス法の観点から、比較法によって日本の著作権法を研究していらっしゃいます。また、国際私法の分野においても、研究を行い、講義も担当してらっしゃいます。きょうはいろいろ、先生の研究に基づいて、Reboul先生の講演についてコメントしていただきたいと思います。それでは駒田先生、よろし

---

[26]　欧州共同体第一審裁判所2005年12月15日、T-263/04, BIC c. OHMI。
[27]　欧州共同体第一審裁判所2007年10月10日、T-460/05, Bang & Olufsen c. OHMI。

くお願いいたします。

　駒　田　はい、ご紹介にあずかりました駒田でございます。Reboul先生のために日本法の話をまずしまして[28]、それから日仏の比較ということで、Reboul先生に幾つか質問をしてみたいと思います。扱っているテーマが大きいので、ポイントを絞ってお話ししたいと思います。

　まず1つ目は、応用美術の保護ですね。日本の著作権法の2条1項1号に、著作物とは、「文芸、学術、美術または音楽の範囲に属するものをいう」と、このように定義されています。ところで美術に関しては、ほかの分野に比べて非常に狭く解する傾向がございます。それはどうしてかといいますと、著作権法の適用範囲を広げてしまうと、意匠法の存在意義に疑義が生じてしまうから、というのですね。加えて、最近、無方式でデザインを保護するために、不正競争防止法の改正も行われました。ですから、著作権法が頑張る必要はないわけです。著作権法の保護を広げてしまうと、意匠登録出願をするインセンティブが減少してしまう。それはどうしてかと言えば、著作権の存続期間というのは非常に長いからです。また著作者の人格を保護する制度というものも、著作権法の中に含まれております。

　そういった理由から、日本の裁判所は美術の著作物の認定というのを極めて厳格にやっております。すなわち、応用美術に属するもののうち純粋美術と同視し得るものは、美術の著作物として保護しましょうと。こういうことが基本的にいわれている。では、どうやって純粋美術と同視しうる性質を認定するか。これには大きく2つのアプローチがあります。1つは、高度の美術性というものを要求するアプローチですね。で、そういう観点から著作物性について判断した幾つかの裁判例がございます。例えばこれらは仏壇彫刻ですけれども、これらは高度の美術性があるといって、著作物性があると認められました。他方で、この木目化粧紙。こういうものは高度の芸術性がないということで、著作物ではないと判断されました。それから、これは漁網の結び目の構造ですね。それから、ファービー人形という電子人形。これら

---

[28] 本コメントにおいて引用した判例等の書誌は後掲のレジュメを参照。

も著作物ではないと判断されました。もう1つのアプローチが、物品の実用面・機能面を離れて感得しうる完結した美術作品性、つまりその物品の機能から美的な要素が分離できるかどうかを問題にする、というアプローチです。例えば佐賀錦袋帯のデザインは、分離可能性の基準に基づいて著作物ではないとされました。

　ちょっと時間がないので立体商標のほうにいきたいと思います。日本法では、立体商標は「商品の形状」ということになりますが、その形状が「普通に用いられる方法で表示する標章のみからなる」ものだとすると、その場合は、商標登録できないという規定が商標法の3条1項3号にあります。ただし、その3条1項3号に当たるものでも、当該商標を使用した結果、出所識別力を獲得した場合は登録され得るという規定もあります。3条2項です。

　特許庁の審査基準の説明は省略します。幾つか裁判例を紹介しますと、例えば、このゴルフのスコアカードに記入するための筆記具。これは普通の形をしているということで、3条1項3号が適用されるというふうに裁判所は言っております。で、このヤクルトの容器。ヤクルトってご存じかどうか分かりませんけど。これも普通の形をしているというふうに、裁判所は言った[29]。それからこのウイスキーの角瓶。これも普通の形をしていると、3条1項3号が適用されると、裁判所は言っております。

　最近、知財高裁が、一連の判決で態度をかなり厳格化させました。何て言ったらいいんでしょうか、ここに書いてあるんですけれども、普通に美観を追求した場合は、基本的にこれは駄目だと。商標登録できない。何か、特段の事情がないといけないというんですね。それから、機能を追求するというのも駄目だと。そういう形状も駄目である。そうなると、日本で登録可能なものというのは、使用の結果出所識別力を備えたものを除けば、相当に奇抜な、普通の人はそういう形状を採用しないだろうという、選択しないだろうという、そういうものだけが、この3条1項3号のハードルをクリアできることになります。例えば、トロフィーであれば、サッカーのワールドカップ

---

[29] 本講演後、知財高裁は、ヤクルトの容器に関して使用による識別力の獲得を認め、商標法3条2項の適用を否定した特許庁の審決を取り消す旨の判決をしている。知財高判平成22年11月16日平成2年（行ケ）10169号。

のトロフィーみたいなものぐらいしか、3条1項3号のハードルをクリアできないんじゃないかといわれているのですね。

さて、質問なんですけれど、フランスみたいに応用美術を著作権法で広く保護してしまうと、保護が強すぎるんじゃないかという懸念が、日本ではあります。そのような懸念に対して、フランス法ではどのように対応しているのか。それから、立体商標の登録に関する日本の立場というのは、EU法およびフランス法とそんなに違うものなのかどうかですね。その点を確認したいと思います。よろしくお願いします。

Reboul では、これからお話ししますが、しかし、Pollaud-Dulianさんのほうからもアドバイスをお願いしたいと思います。幾つか彼からも追加的な話があると思います。この美術の問題というのは、確かにいろいろ、今でも、ヨーロッパでも論争が続いております。なぜか。まずヨーロッパというのは、EUというのは、ご存じのガリアの村のようでありまして。漫画で、ガリア人の漫画をご存じでしょうか。つまり他のいろいろな法律制度によって包囲を受けている。例えばイタリアの制度、また特にドイツの制度などから包囲を受けているというような状況なんです。そこでは限定的な範囲で純粋美術と応用美術の区別をしているんだと思いますけど。他方、フランスでは、美の一体性の理論を支持する人間がいます。やはり私もそうであります。それからここにいるもう1人も同様であります。これは主観的な理論、立場ではありません。まあ、合理的にデカルト的に考えまして、やはりこの美の一体性の理論というのは、非常に合理的なものであり、正当化できるものであると考えているからであります。しかし、駒田先生がまさしくそうおっしゃったように、確かに過保護がある、保護の行き過ぎがあるかもしれません。著作権の保護範囲が大きすぎるということはあるかもしれません。少しここについてご説明したいと思います。

考えられる困難としては、とりわけ著作者人格権に起因するものがあげられると思います。というのも、著作権制度を工業意匠に開放すると、意匠の創作者であるデザイナーは、その著作者人格権を行使して、自分が創作したデザインをほかの人が修正したり、変更することを禁止できてしまうわけで

す。さらに長期の保護期間という問題があります。それからまた、修正・撤回権というのがありますけど、これは、まあ、理論的なもので、実際にはあまり行使されていません。ただ、私はこの著作者人格権というのが、それほど大きな問題になると思いません。もちろん、そうだとしても保護期間の問題が残されますが。ただ、次のことを申し上げたい。

つまり、クリエーション、創作物、意匠にはいろいろなものがありますが、実際作られたときは全然ヒットしない、商業的に成功しないということがあります。それは、ひょっとしたらクリエーターが、当時の消費者よりもずっと先をいくセンスを持っていたからかもしれません。10年後、20年後、全然ヒットしなかったその創作物が、大変な商業的人気を博すということもあり得ます。あるいは、いったんは非常にヒットした。しかしその後人気がなくなった。しかしまたその人気が戻るということもあるでしょう。これは例えばカルティエの時計なんかで、そんな例がありました。となりますと、なぜ同じ保護を与えてはいけないか。つまり非常に実用的なものを創作した者も、やはり著作権で保護したっていいんじゃないか。美術館で展示されるオブジェ、美術品と同じように、そういった商業的なもののデザインに対してだって著作権の保護を与えたっていいのではないかと思うのです。

それから、著作権の保護というのは非常に効果的ですが、また限定的なものでもあるのです。というのも著作権が保護しているもの、これはフォルム、形状なのです。ですから、少し形を変えれば模造品ではないということがあり得るわけです。日本、ほかの国もそうだと思いますけれども、そういった逃げ道といったものはあるわけです。アメリカでの状況は非常に不確定ですし、あまり満足できる状況ではない。イタリアとドイツの制度も私の目から見ると、知的に見て、あまり賢く合理性があるとも思えません。はっきりそういうふうに申し上げますのは、私の確信からなのです。

ちょっと具体的な例を挙げてお話しいたしましょう。皆さんは、ピカソのお皿と呼ばれているもの、あるいはピカソの水差しと呼ばれているものをご存知ですね。ピカソが署名したものです。まあ、これらは普通の実用的なものですね。実用的なオブジェ。そういったものが、美術品の競売場でも売られているんです。ピカソのサインがあるからです。昔、昔といってもたった

50年前には単なる実用品だったものが、今では美術品になったのです。それらは、高度な美術的価値のゆえに著作権で保護されるのでしょうか。そうではないでしょう。しかし、人はそうではないということが言えるんでしょうか。やはり判事が、美術品の評価をするというのは難しいことです。

例えば無名の人間の作品があったとします。いいですか？ ここに少し絵を描いてしまっても。ここにいろんなストライプというか、線がいっぱいあるんです。何かタコみたいですね。仮にこれにReboul、私の名前のサインが付いていたとします。そしたら何になるでしょうか。一体、何になるでしょうか（別に何にもならないでしょう）。しかし、フィリップ・スタルクという、フランスの有名デザイナーの名前が付いていたとすれば、フランスではこれは著作権とか意匠権で保護されるのです。ではドイツでは、この意匠を著作物と認めてもらえるでしょうか。サインを変えるだけで、一方では25年の保護期間、もう一方ではその創作者の生存間プラス70年の保護期間があるわけですね。しかしながら、法律的に一体どういう基準をもってすれば、この２つを区別することができるんでしょうか。この２つを区別できる法的な基準なんて本当にあるんでしょうか。

もう１つ、またショッキングなことを申し上げましょう。100年かかって、フランスの判事は美の一体性の理論を認めたんですが、その経緯をお話ししましょう。1920年とか1930年ごろに、こういったサラダかごがあったんです。こんな感じのものでした。ここに手が付いているんですね。ここには柵みたいな形のネットがある。これは要するにサラダの水切り用ボールですね。これは意匠権で保護されていました。これは商業的にとてもヒットしたものだったんですけれども、ただ、創作者はその意匠登録の更新をするのを忘れてしまいました。ということで、模造品がいっぱい出たんです。で、模造品業者に対して訴訟を起こしたんです。そのときは、意匠権はすでに消滅してしまったので、著作権に基づいて訴訟を提起したのです。そうしましたらフランスの判事たちは、これは応用美術の作品であり、しかし、なおかつ美術の著作物でもあり得ると。したがって著作権で保護されうるという結論が出たんです[30]。では、そろそろ私の同僚のほうからも何かきっと付け加えたいことがあると思いますので。

Pollaud-Dulian　　いや、私もいつものとおり、全く賛成です。1つ、2つだけ、コメントしたいと思います。駒田先生のお話を伺っていて思い付いたことです。美的要素が物品から分離できるものでなければいけないというのは、かつてのイタリアにおける考え方ですね。そのイタリア法というのは、かなりひどい状況なんですよね。でも、デザイン的にはすごく優れた国なのでとても奇妙なんですけれども、法律的に見ると、もうカタストロフというべき状態なんですよね。

　それからドイツ法の状況は全く公正を欠いています。Reboul先生がおっしゃったとおりですね。著作物と単なる意匠をどのように区別するのか、ドイツのほうでは本当に裁判官の主観に委ねられているわけですね。裁判官が美しいと思うから芸術作品として認められる、美しいと思わなければ認められないという状況なわけです。それを公正とは言いません。やはり裁判官というのは公正さを求められるものだと思うんですね。ですから自分の好みとか、美しさに対する自分の感性というものを反映させるべきではないと思うのです。芸術的な価値云々という基準を認めてしまうと、裁判官の主観が問われることになってしまいます。裁判官というのはアーティストではありませんし、個々の裁判官の趣味も法律の解釈には全く関係がありません。裁判官の趣味が、ほかの人たちの感性と一致するとも限りません。

　で、2つ目の問題ですけれども、やはり保護しすぎるということを恐れてはいけないと思います。というのも、やはり前提があると思うのです。一体何をしたいかという意図の問題があります。デザインをきちんと保護したいかどうか。これは政策決定の問題ですね。産業を発展させるために、貿易を発展させるために厚く保護するかどうか。これは国によるわけです。フランスとかイタリアというのはデザインの国です。まあ、日本も確かデザインの国ではないかと思いますが、そうした国である日仏伊は、やはりデザインをきちんと保護するほうが国にとってもいいわけです。もし、きちんと保護したいということでしたら、二重保護はいい方法だと思います。

　ですから、先ほど懸念があるというふうにおっしゃいましたけれども、フ

30　Cass. crim., 2 mai 1961, JCP G 1961, II, 12242.

ランスでの実務や判例を見ますと、この二重保護を採用しておりますので、デザイナー、あるいは工業メーカーの人たちは、意匠権をよく使うのです。決してマージナルな権利ではないのです。数多くの意匠登録出願がされております。著作権によって、意匠権が非常にマージナルなものになってしまったということはありません。この両方は共存して互いに補完しあっており、意匠登録出願も数多くあります。著作権には必ずしもないメリットが、意匠権にはあるのです。意匠権と著作権、それぞれメリットとデメリットがお互いに異なるのです。

それからもう1つコメントしたかったんですけれども、Yvesさんはなぜ答えなかったのか分からないんですけれども、商標に関して……

Reboul ああ、はいはいはい。忘れていました。でも、じゃあ、後ほど話しましょう。

Pollaud-Dulian 立体商標に関してなんですけど、ちょっと日本のシステムをよく理解できたかどうか分からないんですけれども、非常に特別な形状をしたものしか保護されないということだったと思いますが、先ほどはコカコーラの例を挙げられましたね。フランスでは、あのボトルは保護されています。私たちは決してその形状に、特別の、美的な、本当に美しいという特徴があることは求めていません。ただ、第一義的にはその形状に識別力があるということ。ほかと区別できるということ。つまり全く平凡、どうしようもなく平凡ではないということ。それからまた、顕著に通常の形とは異なる、他の通常の製品とは異なるということ。それからまた、需要者や取引者が出所を他のブランドと混同しないことという条件があるわけです。まあ、非常に恣意的な性格なんです。つまり一般大衆が、その商品の形状に識別力があると認めればよいということです。

どうも日本とは随分違うようですけれども、フランスでは確かに、ボトルの形状でもって構成される商標があります。ベネディクト派の修道士が作っているコアントローという酒とか、ペリエとか、あるいはコカコーラのボトルもそうです。われわれにとっては、商標として非常に成り立つものなんで

す。形状が通常とはちょっと違います。決して機能的な形ではありません。そして消費者はこのボトルを見て、これが誰の商品かということが分かるわけです。

　先ほど、エビアンの水のボトルが見えましたね。エビアンというのはとてもいい製品です。このエビアンのボトルはとても興味深いものです。というのは、2つの側面を集めているからです。非常に近くから見ますと、これは特殊な形なんです。このボトルのフォルムには、非常にでこぼこがあります。それはまさしくアルプスの山を、それなりに表現しているんです。何しろエビアンはアルプスの山の水ですから。しかしこのボトルというのは、美しいものであるから意匠あるいは商標に該当するというだけでなく、機能性もあるのです。実はこのフォルムは、使用後に上からぎゅっと押しつぶして小さくすることができるんです。ごみが非常に小さな形に圧縮できるという、テクニカルな側面もあるわけです。ということは、エビアンのフォルムは、意匠権の保護も、また恐らく商標権の保護も、そしてまた特許権の保護も可能な、そういうボトルのフォルムなんです。ですからわれわれにとっては、立体商標は日本よりも簡単に登録を認める。いわゆる美的な要素というのはそれほど重要ではありません。

　Reboul　では、私のほうからも一言。非常に適切なコメントだったと思います。先生の指摘は非常に適切で、EUのいろんな判例を勉強なさっているということがよく分かりました。というのも、今、数多くの共同体商標登録の出願が行われていますが、少なくとも私が見る限り、しばしば欧州第1審裁判所は、そういった立体商標の有効性を否定しています。識別力がないからということがその理由になっているんです。EU法の下では、名前であろうと図形であろうと立体形状であろうと、識別力がなくてはいけないとされているのですが、ただそこで大きな問題なのは、Frédéricが言ったように、フォルムを通じて消費者が、それがどの企業のものかということを認識できなくてはいけないわけです。出所識別力、これが基本的に重要なわけです。確かに、一体どういう形状がそうした条件を満たし、あるいは満たさないのかという問題はあると思いますけれども、しかし私はフランスの制度の

ほうが受け入れやすい、つまりフォルムの識別力を非常に容易に認める傾向があると思います。

で、先ほどもちょっと触れましたけれども、当該フォルムはすでに競合他社が使用したものかどうかという点を見なければいけません。もし数多くの会社がすでにこのフォルムを使用していた場合は、たとえその形状そのものが平凡ではなかったとしても、もはや立体商標として使えないわけです。

で、名前の標章よりもフォルムの標章のほうが出所識別が困難です。EUのほうではしばしばフォルムの出願を拒絶しておりますけれども、当該フォルムが機能的なものでなく、今まで一度も商品として使用されたことがなければ、商標登録の対象となり得ます。というのも、初めて市場にそれを打ち出すからであり、消費者はその新しいフォルムによって、当該企業を識別できるからです。非常に抽象的な言い方なんですけれども、それが説明じゃないかと思います。

ですからBICなどの例は非常に適切だと思うんですけど、現在の傾向といたしまして、まず名前の商標を出す。ミカドなんて、いい例でしょうか。ビスケットでは、すごくよく知られたブランドなんです。ミカドはもう世界的によく知られた商標、名前なんですけれども、ここではポッキーっていうんですか。こういう細い形のものがある。で、その先がチョコレートになっている。20年、または30年の間、これをミカドという名前で売ったとします。そうするともう一般消費者の中で、非常に知名度を獲得します。ミカド、イコールこのポッキーという形になるわけですね。するとポッキーを見ますと、その知名度から、すぐミカドだと思うわけです。ミカドという会社はとてもマーケティングに優れた会社だったので、このフォルムも今度は商標登録出願しようということになったわけです。これが認められると、競合他社は別の名前を使わないといけないだけでなく、こういったものを出すときには別の形状を使わなくてはいけない。しかしそこで問題があります。もし競合他社が、こういったポッキーすなわち同じ形のお菓子をすでに売っていたとすれば、もはやこのフォルムは、この商品に共通のフォルムであるから、識別力のある商標としては受け入れられません。ただ、このポッキーというのが、あまりにもミカドと結び付けられているから、これは保護できるので

はないかという議論もあるのですが、しかし私は、それは商標の逸脱行為ではないかと、個人的には思います。まあ、でもそれがどうなるかは、これはまだ仮定の案件ですので、どうなるかは今後の問題といたしましょう。

駒田 ありがとうございました。応用美術の保護に関しましては、私は基本的に両先生の立場に賛成しているんです。私は、数少ない、日本における美の一体性の理論の支持者ですね。次に、商標のトピックに関しましては、先生方のお話を聞いていて、フランス法では立体商標は割と認められやすいのかなと。そうは言っても、使用による識別力の獲得というところでは、何か厳しく見ているみたいで。厳格に新規性というのを要求しているようですので、そこは日本と少し違うのかなという印象を持ちました。なお、コカコーラボトルは、日本でも使用による識別力の獲得が認められ、立体商標として保護されています。まあ、時間も押しておりますので、私のコメントはこれで、以上にしたいと思います。

Ⅳ　コメント―アメリカ法の観点から―

竹中 どうもありがとうございました。それでは、アメリカ法の観点から、Reboul先生の講演について、コメントをさせていただきます。先ほどReboul先生から、アメリカ法は複雑だというお話がありましたけれども、日本と比べますと、アメリカ法はフランス法に近い制度であると考えられます。美の一体理論というような、哲学的な名前はありませんが、アメリカ法の下でも実用品に対するデザインも著作権の対象となります。

機能を持つ製品に対するデザインであっても、著作権の保護対象となることは、1954年の*Mazer v. Stein*[31]という事件で明らかにされております。ただし、保護には条件があり、これもReboul先生がフランス法に関しおっしゃったのと同じような考え方に基づき、デザインと機能が区別できなくてはな

31　*Mazer v. Stein*, 347 U. S. 201（1954）.

りません。判例に基づく英語の表現は、Conceptually Separable、すなわち観念的に機能と区別されることが著作権で保護される条件となります。

製品の機能との区別が問題となった一番有名な事件は、この自転車のラックが問題になったものです（スライド5）[32]。このデザインは、もともと現代美術の彫刻として作られ、作者の自宅に飾ってありました。その後、作者はこのデザインを自転車ラックに応用しました。ただし、問題は、このデザインは、もともと彫刻として作られた時点では、著作権の対象であったとしても、自転車を固定する機能と融合して使われる場合に、著作権の対象となるかどうかが問題となりました。この自転車ラックの事件は、1987年の控訴審の判例です。第7巡回区連邦控訴裁判所は、ラックの機能とデザインの美の部分が一体不可分となり、観念的に区別できないので、著作権の保護対象とならないと判断しました。著作権法に詳しい方は聞いたことがあるかと思いますが、マージ論（Merger Doctrine）[33]といいまして、機能とかアイデアと表現としてのデザインが一体化している場合に、著作権による保護を禁止する考え方です。言葉は違いますが、フランスの法律と非常によく似ていると私は感じました。

先ほど、複数の知的財産権による保護が可能であるというフランス法の紹介がありましたが、アメリカでも複数の保護が、同じ客体に対して請求可能

スライド5

---

[32] *Brandir International, Inc. v. Cascade Pacific Lumber Co.* 834 F.2d 1142（2d. Cir. 1987）.
[33] *Baker v. Selden*, 101 U. S. 99（1879）.

であります。まず著作権については、Conceptually Separableであれば、保護が可能です。実用特許（Utility Patent）、すなわち日本で言うところの特許については、Reboul先生が講演されたように、機能的な構成を保護するものです。これに対して著作権や意匠特許（Design Patent）、日本では意匠権になりますけれども、そして商標法におけるトレードドレスの保護は、機能、すなわち技術的機能とは異なる美的な表現、または識別力を保護するものであります。意匠特許の保護対象は、装飾的デザインであると米国特許法171条に規定されています[34]。判例により、装飾的デザインとは機能によってのみ選択されたものではないデザインの装飾的特徴と解釈されています[35]。従って、後で説明するトレードドレスの機能性（Functionality）とは違った表現で定義されています。装飾性については、Ornamental Featuresという表現を使っていますが、判例のほかの表現には、心地よいような美的な外観（Pleasing Aesthetic Appearance）というものもあります[36]。これらの定義が意味するところは、技術的な機能、装置なら装置、または製品ならその製品の機能と異なる、機能によって必須ではなく恣意的に選ばれた装飾的な構成ということです。

　アメリカにおいても機能性（Functionality）の定義が問題となっています。アメリカの場合は、判例法国ですので、最高裁の判決が法源となって定義が明確にされていきます。しかしながら、商標の保護条件に関し米国連邦最高裁が使う機能性の定義に、幾つかある判決の中で、離齬があるようにみうけられます。即ち、同じ機能を達成するのに同じくらい有効な代替可能な構成がある場合、機能性に基づき、トレードドレスとしての保護が否定されるかという点について、連邦最高裁判例の間に離齬があるようです[37]。そのため、訴訟において、機能性に関しトレードドレスの保護が可能かどうかについて争点となることが多いようです。このような問題はフランスにもあるの

---

[34] 35 U. S. C. §171.

[35] *Best Lock Corp. v. Ilco Unican Corp.*, 94 F.3d 1563, 40 U. S. P. Q. 2d 1048（Fed. Cir. 1996）.

[36] *Bisscraft of Hollywood v. United Plastics Co.*, 294 F. 2d 694, 131 USPQ2d 55（2n Cir. 1961）.

[37] 最新の判例では機能性の判断に代替形状の存在は考慮されないとする。*TrafFix Devices, Inc. v. Marketing Displays, Inc.*, 532 U. S. 23（2001）. 市場での競争で不利にならない代替形状の有無を考慮する先例もある。*Qualitex Co. v. Jacobson Prods. Co.*, 514 U. S. 159（1995）.

でしょうか？

　次に、同一の客体に対する複数の保護についてですが、アメリカでは、著作権と商標権、意匠権と商標権による複数の知的財産権の保護が可能です[38]。ただ、問題となりますのは、アメリカの知財制度は、憲法の著作権特許条項に基づいております[39]。その条項の中で、科学や実用技術の発展を奨励するために、限られた期間の独占権を与えるということがうたわれています。この文言との関係で、例えば、意匠権が消滅した後に、使用される限り永遠に保護が続く商標権の保護を請求できるかということが問題となります。ただし、その争点についてきちんと判断した判例はございません。古い判決の中には、選択理論（Election Doctrine）を採用し、著作権の保護と意匠の保護が両方可能だけれども、権利者は、どちらかを選ばなくてはいけないとしたものがあります[40]。すなわち、この理論では、あるデザインに、著作権を登録した後は、意匠権を取得することができなくなるわけです。

　ただし、特許とトレードドレスの保護につきましては、2001年の最高裁判決で、重複保護が明確に禁止されました[41]。この判決で、特許が切れた後に、特許の対象となった発明の構成要素については、たとえ自他商品識別力を持っていても、トレードドレスの保護を求めることはできないことが確認されました。

　また、意匠権の保護期間が終わった後に、トレードドレスの保護ができるかということにつきましては、最高裁による明確な判断は示されていません。但し、2000年の*Wal-Mart v. Samara*最高裁判決の中で、製品自体のデザインについては、固有の識別性（Inherently Distinctive）が認められないという判断がなされました[42]。従って、トレードドレスの保護を取得するためには、使用による二次的識別力（Secondary Meaning）、すなわち使用による識別

38　欧米主要国におけるデザインの重複保護については20 Fordham Intell. Prop. Media & Entertainment L. J. 783, *Symposium: Panel II: The Global Contours of IP Protection for Trade Dress, Industrial Design, Applied Art, and Product Configuration*（2010）を参照。
39　"The Constitution of the United States," Article I, Section 8, Clause 8.
40　*Louis De Jonge & Co. v. Breuker & Kessler Co.*, 182 F. 150（E. D. Pa. 1910), aff'd on other grounds, 191 F. 35（3rd Cir. 1911), aff'd 235 U. S. 33（1914）.
41　前掲注37, *TrafFix Devices, Inc. v. Marketing Displays, Inc.*.
42　*Wal-Mart Stores Inc. v. Samara Bros. Inc.*, 529 U. S. 205（2000）.

力の獲得を立証することが必要となります。従って、一定期間使わなければトレードドレスの保護を請求できないということです。最高裁は、Wal-Mart判決の中で、二次的識別力を獲得するまでは意匠権の保護が可能であると示唆しています。そのことから、意匠権とトレードマークの保護は重複可能であると考えられます。

　先ほど、ルービックキューブの例をReboul先生に示していただきました。これを例に、アメリカで各種知的財産権の保護が可能であるか考えて見ましょう。ルービックキューブについて、フランスの裁判所はパズルの機能とそのデザインや色の選択が区別できると判断したということでした。その事実認定が正しいとしたら、恐らくアメリカでも保護されることになるでしょう。但し、アメリカの裁判所は区別できないと認定する可能性が高いように思われます。アメリカの裁判所は、各面に使われる色と、ルービックキューブの機能、すなわち色を合わせるということとの間を、観念的に区別することはできないと判断するのではないかと思います。そうであれば、マージ理論によってトレードドレスの保護を否定すると思います。また、選択された色自体が非常に平凡な色であるということで、創作性の要件を充たすことも難しいのではないかという印象を持ちました。

　意匠特許については、アメリカ法では、通常の実用特許と同じく、新規性に加えて非自明性を要求しております。非常に低い著作権の創作性の基準さえも充足が難しいような状況ですので、恐らく非自明性は認められないのではないかと思います。

　トレードドレスの保護はどうかというと、あの色の配列等はその製品のパッケージではなく製品の構成自体です。そのためにWal-Mart判決に基づき固有の自他商品識別性は無いということになります。従って、二次的識別性を立証しなくてはいけなくなります。ただし、先ほども申し上げましたように、色の選択配列は機能に必須であり機能性の問題が起こるように思われます。さらに、複数の色の面を持つ立方体のデザイン以外に、ルービックキューブを表現する方法がありません。そのために、被疑侵害者は、このデザイン自体が、普通名称化（Generisize）しているとする抗弁を主張することが可能かもしれません。

アメリカ法の観点から興味がありますのは、フィリップスの事件[43]のような場合に、同じ機能を達成する代替的構成があった場合には、ヨーロッパではトレードドレスの保護が許されるのかという質問です。フィリップス事件は、私の理解では、米国連邦最高裁のTrafFix事件[44]の考え方とよく似ているようでした。この考え方によると、たとえほかの代替的構成があったとしても、その構成自体が機能に基づいて選択されたと判断された場合には、商標としての保護ができなくなります。フィリップス事件でも、このような考え方に基づいてトレードドレスの保護が否定されたのであれば、非常に最近のアメリカ最高裁判例の機能性テストに似た機能性の解釈だと思います。このような理解で正しいかどうか、お答えいただければ幸いです。

Reboul 私はアメリカの法律はよくわからないんですけれども。ヨーロッパ人から見るととても複雑なんですね。トレードドレスとか意匠特許というのは、複雑に見えます。フィリップス事件ですが、面白いし、とても複雑なケースです。私はフィリップス、じゃなくて、レミントンのほうに関係していました。昨日まで知らなかったんですが、Pollaud-Dulian先生はフィリップスのほうを、弁護士としてではなくて顧問としてですけれども、フィリップスのほうに関係していたんですね。フィリップス事件は、商標に関する紛争でした。商品の形状に関する紛争ですね。フィリップスは問題となった商品について、すでにたくさんの特許を取っていました。そしてその後で、商標としてその形状を出願しようとしたわけですね。ですから商標としてこれは認められるかどうかというのは、ここに識別力があるかどうかということによって判断されるわけです。消費者が当該標章を見たときに、あ、これはフィリップス社の製品だと分かるかどうかということですね。ですから、ある形状を商標権によって保護するかどうかということが問題になったわけです。

で、この商標に関しては、例えばこのヘッドが2つしかないということが

---

43 前掲注8 欧州司法裁判所判決 *Konnklijke Philips Electronics NV v. Remington Consumer Products Ltd*。

44 前掲注37 *TrafFix Devices, Inc. v. Marketing Displays, Inc.*

あるわけですね。あるいは3つのヘッドが平行して並んでいるという、そういうケースもあり得るわけです。で、もし機能的にどうしてもこういう形でなければならないのであれば、それは特許の分野になるわけです。そして20年間、その特許で保護されるけれども、その後、著作権によってその保護を延長するということはできなくなります。で、これが発明ではないとします。そして美的な創造であるとします。その場合は、この保護の重複が可能です。つまり商標として出願できる。そして意匠としても出願できるということです。ですから、ある商標があると。それはいろんな形が考えられるという場合ですね。そしてそれが機能的必要から決まってくる形であれば、それは発明である。そうすると商標としては認められないということです。その特許の保護は、著作権や商標権によって実質的に延長することはできないのです。でもいろいろな代替的形状が存在し、特定の機能を達成するためにいろいろな形、形状があり得るとしたら、そこには美的な要素が入ってくるわけですね。つまり、もし、いろんな形があり得る中から、フィリップスがあえてその中から特定の形を選んだのであれば、やはりそこには美的な要素というのが入ってくるわけですね。

　結局のところ、裁判所は、これは機能的な理由から決まった形状である。従って、商標権の保護は認められないという判決を下しました。ですから、こういった形状が問題になるときには、それが創作物かどうかということが問題になると私は思います。人間というのは創作する動物です。それは応用美術と純粋美術、両方の分野で行われます。これは機能的に見れば意味がない、純粋に美的な理由によって形が決められたと、そういう場合は保護されるんですね。

　それからウインドサーフィンの形状に関するケースがあるんです[45]。フランスでは、これは純粋に機能的であるということで、意匠としては認められませんでした。水をかき分けて進む上で最適な形を追求すると、必然的にもうその形状しかないと、そういうものだと判断されたわけですね。ですからこれはテクニカルな、つまり技術的な機能を持ったものであると判断された

---

[45] CA Paris, 26 février 1979, D 1980, p. 528.

ということです。で、もしこれを何らかの形で保護しようとしたら、それは特許によって保護するしかないわけです。これは発明として保護するしかない。ですから創作者は、特許の保護が満了すると、もうそれ以降、ほかの権利では保護されなくなるわけです。

Ⅴ　おわりに

　竹　中　今のお答えを聞くと、フランスの機能性の考え方はアメリカと同じであるように思われます。議論はつきませんが、ここで短い休憩を取らせて頂きます。最後に、講演者の駒田先生およびReboul先生に、盛大な拍手をお願いします。（一同拍手）

本講のレジュメ（抄）

I　はじめに

II　講　義
1. フランス知的財産法の沿革
   - 1791年・1793年フランス革命法
   - 1806年・1909年フランス意匠法
   - 現行フランス知的財産法
2. フランス法における意匠保護の特色：芸術の一体性理論
   - 純粋美術と応用美術の無差別
   - 意匠の重複保護：意匠権・著作権・商標権
3. 意匠権と著作権の関係
   - 意匠法の保護対象
     - 意匠の定義：工業上の物品、または工芸品で、美感としての装飾的効果を与える形象、または形状
     - 具体例
     - アイデア・デザインカテゴリー・ジャンル保護の禁止
   - 意匠の機能
     - 装飾的機能：実用新案の技術的機能との区別
     - 装飾的機能と技術的機能が区別可能な場合：ルービックキューブ
     - 装飾的機能と技術的機能が区別不可能な場合：レゴブロック・フィリップス3枚刃剃刀
   - 意匠の保護制度：フランス国内法
     - 保護対象：意匠制度における芸術の一体性理論
       ◇ 美的・装飾的外観における創作者の人格の表現
       ◇ 著作権との重複保護
     - フランス工業所有権庁への出願
     - 新規性と独自性
   - 意匠の保護制度：欧州共同体法
     - 欧州共同体法加盟27カ国での保護
     - 欧州共同体法商標意匠庁への出願
     - 新規性と独自性
     - 国内法との関係：著作権との二重保護の容認
4. 意匠権と商標権の関係
   - 意匠権・商標権の共存
     - 商標保護の条件
       ◇ 識別力

➢ 意匠保護の条件

Ⅲ コメント：日本法の観点から
1. 応用美術
(1) 問題の所在

著作権法2条1項1号〜著作物とは「文芸、学術、美術又は音楽の範囲に属するもの」。ひとり「美術」のみが狭く解される傾向（プロダクト・デザインは「美術」性を肯定されにくい）。

その主な理由〜意匠法、不正競争防止法（2条1項3号）との調整。

(2) わが国の裁判例

著作権法2条2項〜創設規定か確認規定か？ 裁判例の大勢は確認的な規定とみなしている。

メインルール：著作権法にいう「美術」とは、原則として「純粋美術」をいう。ただし、例外的に「純粋美術と同視しうる」応用美術も同法にいう美術の範疇に含まれる。

サブルール1：美的特性の基準（高度の芸術性・審美性等、美的価値に焦点を合わせる基準〜神戸地姫路支判昭54［1979］・7・9無体例集11巻2号371頁［仏壇彫刻］、東京高判平3［1991］・12・17知的裁集23巻3号808頁［木目化粧紙］、名古屋高判平9［1997］・12・25判タ981号263頁［漁網の結節構造］、仙台高判平14［2002］・7・9判時1813号145頁［ファービー］等）。

サブルール2：分離可能性の基準（美的表現が、物品の実用面・機能面を離れて感得しうるか否か（実用面から来る制約を受けていないか）等に焦点を合わせる基準〜京都地判平元［1989］・6・15判時1327号123頁［佐賀錦袋帯］。東京地判昭56［1981］・4・20判時1007号91頁［ティーシャツ］、東京高判平4［1992］・9・30平4（ネ）434［装飾窓格子］、大阪高判平13［2001］・1・23平12（ネ）2393［装飾街路灯］等。なお「美術工芸品」に関して、大阪高判平2［1990］・2・14平元（ネ）2249［ニーチェア2審］、最判平3［1991］・3・28平2（オ）706［同上告審］）。

(3) わが国の学説

フランス的「美の一体性」に肯定的な議論（少数説）

・純粋美術と同視しうるか否かを判断しようとして高度の芸術性というサブルールを導いているにもかかわらず、そのような芸術的内容は、当の純粋美術品についてはそもそも保護の要件とされていない。そもそも「純粋美術」と「応用美術」を截然と区別することは不可能である。

・地図や電話帳（編集著作物）等、他類型の創作物に関しては、実用面や機能面に影響されていることの一事をもってしては、保護は否定されない。

フランス的「美の一体性」に否定的な議論（多数説）

・意匠法制等の存在意義を失わせるべきではない。

- 著作権法は過剰な保護をもたらすため、デザインの改良・発展が阻害され、産業界に混乱を生じさせる。
- 応用美術品は著作権法におけるようにその複製を広範に禁圧する必要はなく、業としての製造等を規制すれば十分。
- ひとたび著作物性が認められれば、その創作的表現が写真・映画・放送番組等の中に付随的に撮影された場合であっても、日本法の下では（形式的には）著作権の侵害が成立してしまう。

(4) 質問

わが国の多数説が指摘する諸懸念に対して、フランス法はどのように対応し、解決しているのであろうか。この点をReboul先生にお聞きしたい。

2. 商品・包装の形状に係る立体商標

(1) 問題の所在

指定商品の形状に係る立体商標の登録制度～当該商品形状に係る半永久的な独占権？（意匠法・不正競争防止法の保護は時間的に有限）。

事業者間の健全な競争を阻害しない運用の必要性。

(2) 日本特許庁の審査基準等

わが国は登録主義を採用～未使用の立体商標であっても登録は可能。

- 商標法3条1項3号～「商品の形状」及びその「包装の形状」を「普通に用いられる方法で表示する標章のみからなる商標」は不登録。ただし、使用の結果、出所識別力を獲得するに至ったものについては、商標法3条1項3号に該当するものであっても登録可能（同法3条2項。例：知財高判平20［2008］・5・29判時2006号36頁［コカコーラボトル］）。

審査基準～「需要者が指定商品の形状そのものの範囲を出ないと認識する形状のみからなる立体商標」は不登録（第1五(6)）。商標審査便覧の解説（「立体商標の識別力の審査に関する運用について」）～「例えば、商標登録出願に係る指定商品が『カメラ』の場合、出願に係る立体商標が、被写体を撮るために必要な機能である一定のボデーとレンズ等の形状の組合せを有してなるものであれば、需要者は指定商品『カメラ』が採用し得る立体的形状を表してなるもの、すなわち『カメラ』であると認識すると考えられるので識別力を有しないものとする」「商標登録出願に係る指定商品が『自動車』である場合において、出願に係る立体的形状には同種の商品とは相違する特徴的な変更、装飾等が施されていたとしても、例えば需要者がそのような変更、装飾等は単に美感を向上させるために施されたものと認識するに止まるものである場合には、そのような立体商標は結局、指定商品である『自動車』の形状の範囲を出ないものと認識されるので、識別力を有しないものとする」。

(3) わが国の裁判例

需要者が指定商品の立体形状であるとの認識を出ないかぎり不登録～指定商品の用途、機能からは予測しがたい特異な形態や特別な印象を与える立体形状に限って登録（東京高判平12［2000］・12・21判時1746号129頁［ゴルフスコアカード記入用

筆記具]、東京高判平13［2001］・7・17判時1769号98頁［ヤクルト容器]、東京高判平15［2003］・8・29平14（行ケ）581号［角瓶])。

「商品等の機能又は美感とは関係のない特異な形状」のものに商標登録を認める（東京高判平14［2002］・7・18平13（行ケ）446号、447号［フェラガモガンチーニ])。

商品の美感を追求する目的により選択された形状は「特段の事情」がない限り不登録、需要者が予測しえないような斬新な形状の商品でも、それが商品の機能向上の観点から選択されたものであるときは、「特段の事情」には当たらない（知財高判平19［2007］・6・27判時1984号3頁［ミニマグライト]、前掲知財高判平20［2008］・5・29［コカコーラボトル]、知財高判平20［2008］・6・24平19（行ケ）10405号［ZEMAITISギター6弦の弦楽器用駒])。※商標法4条1項18号
・商品の機能保護法としての特許法・実用新案法、美感保護法としての意匠法における権利の存続期間制度に配慮。

チョコレートバーの形状に関して、「新規」かつ「個性的」（知財高判平20［2008］・6・30平19（行ケ）10293号［ギリアンチョコレート])。

(4) 質問

わが国の趨勢というべき考え方は、商品としての美感追求は商標法の領分においては原則として自由とされるべきで、そのような追求をしていない、まさに通常人であれば追求しないような奇抜な形状こそが、商標法3条1項3号のハードルをクリアできるとするもののようである。他方、Reboul先生から事前にいただいたペーパーでは、欧州法及びフランス法においては意匠的な美感がなければ商標は存在しえないが、有効な商標と認めるためには、さらにこれに識別力が必要であると説明されている。果たしてわが国の法制と欧州法・フランス法の間には顕著な相違があるのだろうか。

Ⅳ　コメント：アメリカ法の観点から
1. 美の一体性理論
2. 意匠特許権と著作権の共存
 ➤ 機能との観念的区別
3. 意匠特許権と商標権の共存
4. 識別力
 ➤ 機能性

Ⅴ　終わりに

第5回　フランスにおける著作権の制限について
コーディネーター：竹中俊子＝駒田泰土
ゲスト：Frédéric Pollaud-Dulian

Ⅰ　はじめに
Ⅱ　講　義
　1．フランス著作権法の哲学及び背景
　2．フランス法における著作権の制限—総論—
　3．フランス法における著作権の制限—各論—
Ⅲ　コメント—日本法の観点から—
Ⅳ　コメント—アメリカ法の観点から—
Ⅴ　おわりに

Ⅰ　はじめに

　竹　中　ワシントン大学の竹中です。最初に本日の講演者であるPollaud-Dulian先生をご紹介します。Pollaud-Dulian先生は、現在、パリ、ソルボンヌ大学で、知的財産権を教えていらっしゃるとともに、民法を含め、広い分野で研究および教育に携わっていらっしゃいます。先生はこの分野の、特に著作権分野のヨーロッパの第一人者でいらっしゃいます。今回、非常に立派な10センチくらいの厚さの著作権の本をいただきました。ぜひ、皆さんも、フランス語ではありますが、図書館のほうに入りますので、挑戦して読んでみてください。
　きょうは、先生にお願いするテーマは、著作権保護の広がり過ぎによる弊害を防止する制限についてです。著作権の保護が広がり過ぎた場合には、排他権の例外という形で、一般公衆の利益も保護していかなくてはいけませ

ん。その意味で、フランス法の下ではどのように著作権の例外が規定されているかについて、これからご講義していただきます。

II 講義

1. フランス著作権法の哲学及び背景

1 Droit d'auteurとCopyright

Pollaud-Dulian　ありがとうございます。きょうは早稲田大学にお迎えくださいまして、どうもありがとうございます。とても温かくお迎えいただいて、大変感謝しております。Yves Reboulさんもおっしゃっていましたけれども、とても感動しております。外国にいって、こんなに温く迎えられたことはありません。

では私のほうから、いくつかのフランス著作権における制限について、お話ししなくてはいけないんですけど、その前に、やはり冒頭に幾つかお話ししておきたいことがございます。世界にはさまざまな著作権制度がございます。そしてしばしば、それを2つのファミリーに分けています。つまりcopyrightの国と、それからdroit d'auteur（著作者の権利）の国と、このように二分することがあります。フランスは、もちろんdroit d'auteurの国であります。それに対立するのが、いわゆるcopyrightの国といわれているものでありますね。そのうちの筆頭がアメリカ合衆国ということでしょう。しかしまあ、そうはいっても、この2つのファミリーの各々に属する国々の制度も、やはり非常に複雑であります。ですから、この2つに分けるというのも、かなりカリカチュア的なところがございます。まあ、もっともっと微妙な、デリケートな問題があります。

しかしながら、フランスの著作権制度は恐らくあまりご存じないと思いますので、フランスの著作権制度がどんなものかご想像をつけていただくためにまず申し上げますと、ちょうどいろんな基本的なところで、copyrightの法制度と対照的であるというふうに申し上げておきたいと思います。アメリ

カのcopyrightで一番重要なのは、やはり実用主義的な部分、まあ、哲学的な意味での功利主義であります。copyrightは社会のためにあり、有用な学芸を促進するためのものだと。これはもう特許と同じようなものであります。したがいまして著作物は、それを利用するためのものとして保護されているのです。つまり著作物についての権利であるcopyrightは、それを一番よく利用する人のために保護を与えるのです。それは集合的利益のための制度であります。先ほども竹中先生がおっしゃいましたように、やはり著作物はいつか、できるだけ早くパブリックドメインに帰するようにしならなくてはいけない。そうすれば集合的な利益が、よりよく満足されるだろうというのであります。

ところがdroit d'auteurの国、特にフランスにおいては、ビジョンが全く違うのです。もちろんこれは非常に要約した言い方になりますが、フランスでの著作権というのは自然権なのです。作ったもの、クリエートしたもの、これには自然権が成立する、当然自分が作ったものに関する権利がある。この人が存在しなければそのものはできないわけですから、そのものに関する権利は、その創作をした者にある。著作権というのは社会のためにある権利ではありません。社会の利益のために存続する権利ではなく、クリエーター、創作者、作家、著作者のための権利として、著作権が位置付けられております。

で、著作権は何を保護しているのかというと、創作者と著作物との間の親子関係を保護するものであります。ちょうど親と子、あるいは父と子、母と子の関係と同じようなものです。つまりフランスでは、著作者とその著作物の間には、親子のような非常に緊密な関係があると見ているわけです。ですからその関係を保護するのであって、有用な学芸の進歩とか、そういったものを目的としているわけではないのです。これが第一に重要な点だと思います。

2つ目に、冒頭のコメントとして申し上げたいことは、droit d'auteurであろうとcopyrightであろうと、これに対する制限があればあるほど著作者が自分の著作物に対して有する支配権原が小さくなるわけです。そして当然、著作物の無断利用の可能性があるわけです。権利の制限があればあるほど、

壁にいろんな穴が開くようなものであり、そこから模倣品が出てくる。つまり権利の制限があればあるほど、そういった制限を盾にして何もお金を払わないで、他人の著作物を利用することができるわけです。逆のこともまた言えます。

2　EUにおける法調和

Pollaud-Dulian　最後のコメントですが、これでさっき申し上げたことがよりよく理解していただけると思うのですけれども、フランスはEUのメンバーです。そしてEUは段階的に、加盟国の法律を一本化しようとしています。さまざまな加盟国の法制度を調和させようとしており、著作権に関しても、調和に向けた流れが進んでおります。完全にハーモナイズされているわけではありませんけど、数多くの著作権の側面がハーモナイズされております。つまり加盟27カ国において、多少とも非常に似たルールになってきているわけです。その結果、いくつかの成果があります。今後もまだ変化は出てくるでしょうが、特にこれからお話しする面に関しましては、多くの成果が出てきています。つまり権利制限に関しましては、すでにもはやハーモナイズされている、調和されていると言えるのです。

というのも、EUの指令[1]があります。EUの指令がこの権利制限を扱っているのです。ただしかし、この欧州の著作権の制限に関する指令は、かなりの自由裁量を加盟国に与えています。加盟国にはかなりの選択の余地がある。つまり、EU法では、権利制限のリストが作られたのです。その権利制限のリストから、加盟国はそれぞれ好きなものを選べるのです。ただ、そのリストにない権利制限を新たに作ることはできません。EUが提示している権利制限のリストは網羅的なものであり、加盟国はその中から好きなものを選べばいい。つまり、EUが提示しているすべての権利制限を採用する必要はないのです。リストにない権利制限を新たに作ることはできないのですが、しかしまた同時に、リストにあるものすべてを採用しなくてもいいのです。と

1　Directive 2001/29/EC of the European Parliament and of the Council of 22 May 2001 on the harmonisation of certain aspects of copyright and related rights in the information society, OJL 167 22. 6. 2001 pp. 10–19.

いうことで、ハーモナイゼーションは進んでいますが、完全なハーモナイズが達成されたわけではありません。

2．フランス法における著作権の制限——総論——

1　歴史的展開

Pollaud-Dulian　では、この調和に向けた動きにもかかわらず、かなり特殊性を残しているフランスの制度において、例えばどんな権利制限の原則があるかということについてお話し、その後、時間があれば、実定法の中における権利制限のリストを少しだけ取り上げて説明していきたいと思います。その後は、判例についてお話したいと思います。ということで、まずフランスにおける権利制限への取り組みについてお話したいと思います。

簡単に過去の変遷についてお話します。著作権の制限は、随分と変わってきました。別にEUレベルの調和に向けた動きがあったからだけではありません。フランスではじめて近代的な著作権制度を確立した法律である1791年法と1793年法におきましては、元々権利制限に関する規定などはありませんでした。これらの法律の中にはそういうことは書いてありませんでした。ただその後、判例によって幾つかの権利制限が承認されてきたのであります。判例は、いろんな著作物の利用について、慣習とか公正な慣行を参酌して著作権を制限してきたのです。

こうした判例法を、また再度、立法府のほうが1957年の法律の中に取り込んでいます。この1957年の著作権法が、現行法である知的所有権法典（Code de la propriété intellectuelle）の基盤となっている法律であります。そのような次第で、1957年法はそれまでの判例を取り込んだというだけであって、決して新しい類の革新的な法律ではありませんでした。1957年法は、フランス革命からの流れをくむものであり、別に集合的な利益を追求するためのものではなく、冒頭申し上げましたように、著作者とその著作物との関係を保護するための法律でありました。つまりいろいろなクリエーター、創作者たちの権利を保護したわけであります。一般公衆の利益というのは、どちらかとい

うとマージナルな形で、二次的な形でしか配慮されてないのです。創作者の利益よりも一般公衆の利益のほうが優位であるということはないのです。ただマージナルな形で、二次的な形で、一般公衆の利益にも法律は配慮しております。まあ、すべての国の法律がそうしているように、例えば著作権（財産的権利）について存続期間が設定されています。そしてまた、幾つかの権利制限も設けられたというわけであります。しかし立法者はあくまでも、著作者にとっての損害を惹起しないよう、最小限の範囲で権利を制限しようとしております。

　そのような次第で、1957年法におきましては、権利制限規定の数は非常に少ないものでした。そして、こういった権利制限は元々著作者に対してあまり影響がないし、経済的な損害も与えないものでした。そしてこれらの権利制限は著作者人格権の前には無力でした。いずれにせよ著作物を利用する以上は、著作者に無断で公表してはいけませんし、著作者の氏名表示をしてその父性を明らかにしなければなりませんでしたし、著作物の同一性を保持する必要がありました。ともあれ、1957年法では、権利制限は非常に限定的なものでありました。

　ところが最近、特に過去10年間なのですけれども、権利制限が非常に多くなってきました。これはフランスだけでなくほかの国でもそうですね。それだけでなく、また多くの陳情がなされています。つまり、できるだけ現行法で認められている権利制限以外の制限も認めてくれというような陳情がされております。1つのカテゴリーに関する利益といったものが主張されるようになりました。そして、できるだけ新しい権利制限を設けてくれという圧力が高まってきたわけです。こういったカテゴリーの利益、これを守る人たちはさまざまな手法を使っています。

2　人権の衝突？

Pollaud-Dulian　第一に、裁判官に対して、著作権保護の例外を要求するという手法が用いられました。特に人権法などがよく使われました。西洋では基本的人権の考え方はとても普及しております。まあ、日本でもそうでしょうが、結構なことであります。人権というのはあいまいなんですね。だ

からいろんなふうに活用できる。ということで、人権法を駆使して、現在ある権利制限を越えて、何らかの形で著作権の保護から逃れようという試みがありました。しかし、フランスの最高裁である破毀院は、できるだけ裁判官たちがそのような形で譲歩しないように目を光らせております。これはアメリカ合衆国でも見られる傾向でもあります。

フランスでは、まあ、ヨーロッパ全体でもそうであるといえますが、著作権そのものは、ある意味で人権 (droit de l'homme) であるとみなされています。従って、この著作権という人権がほかの人権よりも弱いものであるとみなされる根拠はないといわれております。著作者の権利は、財産的な意味でも人格的な意味でも人権であると考えられています。1948年の世界人権宣言、あるいはニューヨークで署名された国際人権規約はもとより、欧州人権条約並びにフランス憲法などで人権は重視されています。フランス憲法では、著作権という言葉は使われておりませんが、いずれにせよ人権の保護が保障されていますので、そこからまた著作権も間接的には守られているわけです。

他方で、各国の、あるいはいずれかのEU法において、プライバシーを守る権利が著作権に対抗するものとしてときに援用されています。なぜプライバシー権が援用されているのでしょうか。例えば、インターネットによる違法なダウンロードなどの不正行為の問題があるからなんです。つまりこういった侵害者たちは、インターネット上でのプライバシー権を盾にして、著作権者が自分たちの身元やアドレスにアクセスすることを阻止しているのです。誰がインターネット上で侵害行為を行っているかということを特定しなければ、裁判所に訴えることもできません。それがまず第1のコメント。

3 活発化するロビー活動

Pollaud-Dulian 第2のコメントなんですけれども。現在、著作権制度はハーモナイズされているというふうに申し上げました。このEUにおけるハーモナイズというのは、非常に高い保護水準の下で進められていると、少なくともEUの高官たちは言っております。しかしながら、EUの当局は、実際にはさまざまなロビー活動に結構センシティブであります。ということで、

いろいろな種類の利益、場合によっては両立不能な利益の間で調整を図ります。その結果、著作者とか製作者とか実演家等、権利者の利益が、必ずしも一番優遇されるとは限らないのです。このロビー活動なんですが、フランスでもかなりあります。まあ、フランスでは結構新しい現象なんですけれども。

つまり、破毀院が非常に厳密であり、できるだけ著作権を保護しようと厳格な法の運用を考えていたとしていても、立法府、すなわち議員たちのほうはそれほど厳密ではありません。議員たちは、ロビー活動に関して非常に耳を傾けます。ところがそういった中で、著作者、製作者、実演家たちのロビーというのは、小さな組織であり、決してそんなに強いロビー活動はできません。やはり有権者の数としても、数が少ないです。他方、消費者とかインターネットを利用するユーザ、それから、ラジオ局やテレビ局等の放送事業者のロビー活動というのは、当然、強く効果的であり、彼らの活動に対して政治家もとても耳を傾けます。

ということで、最近、一部のカテゴリー、すなわち強烈なロビー活動を行っている人たちのために新しい法律を作って、それまでの判例を破棄するということもありました。つまり人によっては、これまでの判例が著作者にあまりにも有利すぎるから、このような判例は破棄して新しい規定を設けるというのです。そうしたわけで、新しいEU指令を国内法に移し替えるたびに、いろいろなロビー活動が行われます。そして、できるだけ国内実施する過程の中で、自分たちのグループに有利な法令が作られるように頑張ります。

今、申し上げたのは非常に暗い状況かもしれませんが、しかしながらフランスはそれでも著作者に対して有利な国であります。ということで、権利制限規定の数もかなり少ない国であります。特に申し上げたいんですけれども、フランスの裁判官は、できるだけ法律を著作権又は知的財産権の保有者にとって有利なように解釈しようとしています。もちろん侵害行為を行っている人たちよりもです。では、著作権の制限に関する一番主要な原理とは何か、次にこの点についてお話しましょう。

4 著作権の制限の法的性質

Pollaud-Dulian　最初の問題として、権利制限の法的性質はどのような

ものでしょうか。著作権の制限は、それにより利益を受ける者にとっての権利なのでしょうか。例えば、私的複製についての制限がありますが、これは1つの権利として主張できるものなのでしょうか。もし、こういった制限が主観的な権利（権利：droit subjectif）だとしますと、著作権者に対して、自分は私的複製を行う権利があるのだと主張できることになります。また、権利制限は1つの権利ではなく、ただ司法の場での自らを擁護するための抗弁だとしましょう。そうだとすると、私は権利制限の恩恵を受けているわけですから、著作権者は私に対して何らかの請求をすることはできません。しかしながら、私は、そういった権利制限の恩恵を享受する権利があると主張することはできないのです。

　具体的にお話ししましょう。例えば私的複製は、あくまでも複製者にとっての抗弁であるとします。私が私的複製に係る法律要件を充足する形で複製を行ったとしても、私が侵害行為をしたというかどで不利益を被ることはありません。しかしこれは、あくまでそういった訴訟における、自分を擁護するための手段です。したがいまして、私は、新しい映像ソフトや音声ソフトの権利者に対して、自分の私的な使用のために複製を行えるようとりはかれと主張することはできないのです。もし、この権利制限が一つの権利でもあるとすれば、当該ソフトの自分用コピーを作れるように要求することができるのです。しかしながら破毀院は、最近、このように言っています[2]。この著作権の制限は権利ではない。ただ、私的複製を行う者にとっての抗弁であると。つまり、要件さえ充足すれば私的複製を行えるけれども、だからといって私的複製を行うことができるようにCDやDVDを提供せよと要求することはできないのです。

5　著作権の制限の構造

Pollaud-Dulian　今度は権利制限の構造の問題にいきましょう。これも結構、複雑な点であります。フランス以外の多くの国では、著作権というのはリストになっています。著作権に含まれる具体的な支分権があるのです。

2　Cass, 1re civ., 27 novembre 2008, RTD com., 2009 p. 131, obs. F. Pollaud-Dulian.

譲渡権とか、貸与権とか、貸出権とか、あるいは輸入権とか。具体的な、異なる様々の権利があります。もし貸与権についての法規定が未だに制定されていなければ、貸与は自由に行えることになります。しかしフランスでは、そうではないのです。フランスの場合は、2つの利用権しかないのです。しかしその2つの利用権というのは、非常に幅広く考えられています。著作物の様々な利用は、一方では複製権（droit de reproduction）と呼ばれる権利の中に入るか、あるいは上演権（droit de représentation）と呼ばれる権利の中に入るのです。貸与権というのは複製権の中に入ります。複製権というのは、新しく複製してそれを利用していく様々な権能を内包しています。そのような幅広い意味で複製権や上演権の内容が考えられていますので、逆に権利制限のほうは限定列挙されているのです。ほかの国とちょうど対照的です。

つまり、フランスの制度においては、オープンな権利制限というのはないんです。いわゆるアメリカ的なフェアユース[3]という考え方はあり得ないのです。フェアユースがあり得ないというのにはもう一つの理由があります。アメリカ的なフェアユースは、少なくともヨーロッパの考え方では、いわゆるスリーステップテストと両立できないのです[4]。というのも、スリーステ

---

3 米国著作権法におけるフェアユースは次のような規定である。
　第107条　排他的権利の制限：フェア・ユース
　第106条および第106A条の規定にかかわらず、批評、解説、ニュース報道、教授（教室における使用のために複数のコピーを作成する行為を含む）、研究または調査等を目的とする著作権のある著作物のフェア・ユース（コピーまたはレコードへの複製その他第106条に定める手段による使用を含む）は、著作権の侵害とならない。著作物の使用がフェア・ユースとなるか否かを判断する場合に考慮すべき要素は、以下のものを含む。
　(1) 使用の目的および性質（使用が商業性を有するかまたは非営利的教育目的かを含む）。
　(2) 著作権のある著作物の性質。
　(3) 著作権のある著作物全体との関連における使用された部分の量および実質性。
　(4) 著作権のある著作物の潜在的市場または価値に対する使用の影響。
　上記のすべての要素を考慮してフェア・ユースが認定された場合、著作物が未発行であるという事実自体は、かかる認定を妨げない。
　以上は、山本隆司弁護士の翻訳（『外国著作権法令集　アメリカ編』［著作権情報センター、2010/disponible 〈http://www.cric.or.jp/gaikoku/america/america.html〉［consulté le 25 juin 2010］]）による。

4 権利制限の範囲に限界を設ける条約上の原則。締約国の国内法上の権利制限は、（一定の）特別な場合に関するものであり（第1ステップ）、著作物の通常の利用を妨げてはならず（第2ステップ）、著作者の正当な利益を不当に害するものであってはならない（第3ステップ）。ベルヌ条約9条2項（複製権に関して）、TRIPs協定13条、WIPO著作権条約10条、WIPO実演・

ップテストの第一段階は、権利制限が一定の特別な場合に該当するものでなければならないとしています。しかしフェアユースというのは、そういう一定の特別な場合に関するものではありません。フェアユースは、条件さえかみ合えば広く適用できるというものであります。したがいまして、EU法の枠組みにおきましては、フェアユースという考え方はそれと両立し得ないのです。特にスリーステップテストの第一段階が、フェアユースの考え方とは相いれないのです。

6　条約・憲法・EU法上の制約

Pollaud-Dulian　3つ目にコメントしたいことがございます。どうやってフランスは新たな権利制限規定を作っていくのか。フランスの立法者は、自由に新たな権利制限を設けることはできません。いろんな国際条約があります。ベルヌ条約がありますし、TRIPS協定もあります。それら条約の枠組みに従わなければなりません。それだけでなく、フランスの立法者は、法律以上の効力を有する憲法上の制約も受けるのです。つまり立法者は、所有権というものが憲法によって保障されているので、それによる拘束も受けるのです。それからもちろん、また、欧州レベルでの調和に向けた動きもありますから、そういった制約もございます。

EUに関しましては、2001年に採択された欧州指令があります。先ほども触れた指令なんですけれども、これが権利制限の限定的なリストを定めているものです。そのリストの中から、各国が自分たちに必要な権利制限を選ぶことができる。しかしながら、このEUで制定されたリスト以外の権利制限は選ぶことができないという指令であります。立法者はこのリストにない権利制限を新たに設けることはできないだけでなく、フランスの法律における権利制限規定の解釈というのは、やはりEUでの解釈とか意味に従わなくてはいけません。とりわけ欧州司法裁判所の解釈に従わなくてはいけません。解釈のレベルでもフランスの立法者は自由に解釈することができないのです。このようなEU法上の制約があります。

レコード条約16条2項参照。

7　厳格解釈の原則

Pollaud-Dulian　4つ目の点に移りたいと思います。この権利制限はどのようにして実施していくのでしょうか。まず最初の原則として申し上げるもの、これはすべてのフランス法律に適用される重要なもので、著作権だけには限られませんが、厳格解釈の原則、権利制限規定は狭く厳格に解釈するという原則であります。裁判官は、権利制限を、一定の、法が定めたもの以上に拡張することはできないということであります。拡大解釈は忌避されますし、類推解釈は許されない。法律が定めている権利制限以外の権利制限を創出することもできません。こういった厳密な解釈が必要なわけです。これは先ほどのスリーステップテストの第一段階の話とも重なってきます。つまりドイツで行われていることとは違い、フランスの法律の解釈においては、さまざまな利益をケース・バイ・ケースで衡量するということはできないのです。著作者の利益と、それに相対する相手側の利益をうまく調節するという考え方は、採用できないのです。やはり法律が決めているように、厳密に適用していかなくてはいけないのです。著作者の権利というのは、著作者やその承継人のためのものであるので、この法律はあくまでもその目的に従って、すなわち著作者やその承継人に有利なように解釈されなくてはいけないのです。

最近、数多く著作権と基本的人権との衝突が問題とされた訴訟がありました。著作物を利用する自由というのは、ある意味、著作権法の中にすでに含まれています。例えば表現の自由などというのは、すでに著作権およびその制限の中に含まれているわけです。ですから表現の自由を盾にして新しい権利制限を求めるということはできないのです。立法府のほうで、すでにそういった基本的人権に基づく自由と、著作権の間のバランスは取っているわけです。ということで、表現の自由などを盾にして、法で認められている以上の著作権に対する例外的な措置は求めることができないのです。

特にラジオ局とかテレビ局が、この表現の自由等に基づいて、随分と著作権制度に対して異議を申し立ててきましたが、しかしそれは必ずしも正当な立場ではありません。まず、すべての法制度の中でそうであるように、情報に対するアクセスの自由というのは、もう守られています。アイデアは著作

権で保護されていないのです。情報というのはアイデアであります。アイデアは自由に流通していいわけです。しかしながら、表現形式を備えた著作物はアイデアではない。ですから著作物を情報とみなすのは、これは逸脱行為であります。

それから著作権そのものが人権である以上、それに優先する権利はないのです。また著作権がすでに他の基本的人権を考慮している以上、それより優位に立つ基本的人権はないのです。それからまた様々な法律技術の問題があります。すべての自由には一般的で無条件の性格があります。しかしながら、主観的な権利には条件が課されています。ですから自由というのは、立法府がその主観的な権利を定めたところで、限界に突き当たるのです。私には、一般的に移動する自由がありますが、しかし他人の家の中に出入りする自由はありません。というのも、その他人の家には所有権という権利があるわけですから。

それから最後に、創作の自由のために著作権を制限できるかという問題があります。つまり他人の著作物を、その権利者の許諾なく二次創作のために利用できるかということですね。自由に自分の作品を創作するという権利が私にあったとしても、他人が創作した作品をその人の許諾なく翻案することはできません。

8　スリーステップテストの影響等

Pollaud-Dulian　さて、権利制限を正当化する理由には直ちにはならないもの、あまり重要でない要素がありますので、それをこれからまとめていきたいと思います。

まず、著作物の利用が非営利的な目的のために、または無償でされたとしても、それを許可する正当な理由にはなりません。私が例えば複写をし、複製物を配布したとしますね。それはお金をもらおうが、もらわなかろうが、いずれにせよ権利制限とは関係がないのです。それからもう一つ、私的な使用、つまり公共性があるかどうかということは、複製権の定義にとって本質的なものではありません。換言すれば、複製権は公共性のある使用のための複製に限定されません。ではもう少しスリーステップテストのこの点につい

ての影響に関して申し上げたいと思います。

　スリーステップテストというのは、ベルヌ条約を通じて、それからまたWTOのTRIPSなどを通じてご存じだと思います。これは、国に対してのものであるということで、国際的なツールであります。つまり、もしいろんな権利制限を設けようというのであれば、このスリーステップテストをきちんと尊重しなさいということになります。ただ、私人が、このスリーステップテストを援用して訴訟で戦うことはできないのです。EUのレベルで生じた新しい現象は、この国際法のルールであるスリーステップテストを国内法の中に取り入れたことです。2001年のEU情報社会指令によって、スリーステップテストが裁判規範に変容しました[5]。これは１つのセーフティネットになります。つまり、私人間の訴訟があった場合に、１つのセーフティネットとして、スリーステップテストを使うことができるのです。裁判官は、個々の事案における権利制限規定の適用が結果として著作者に不当な損害を与える場合、スリーステップテストに合致しないことを理由にその適用を排除することができます。つまり法律が定める権利制限の要件を形式上充足していても、スリーステップテストに合致しなければ、この権利制限規定の適用が排除されるということになるわけです。

　これは非常に重要な点です。というのも、場合によっては完全に正当化できる権利制限が、１つの特別の事例では悪影響をもたらすこともあります。あるいは、立法者がそれを認めた時代には全然問題がなく、非常に正当化できた権利制限が、時間が経過しテクノロジーが進歩することによって、著作者に悪影響を与えるということもあります。例えばコピーですね。デジタルの技術の進展とともに、コピーがそういった問題を呈しています。ですから、スリーステップテストをこのように使うことによって、フェアユースと全く逆のアプローチが生まれているといえます。

　アメリカのフェアユースも一般的なセーフティネットではありますけれども、これは著作権（copyright）を過度に行使させないために使う。つまり、フェアユースを援用してcopyrightの効力を排除するということがあるわけ

5　同指令5条5項はスリーステップテストを定めているが、その名宛人は加盟国裁判所であると一般に解されている。

です。ところが、ヨーロッパの場合、スリーステップテストは一般的なセーフティネットなんですけれども、むしろ権利制限規定の適用を排除するために、つまり当該権利制限によって著作権が過度に抑制されるときに、その制限を排除するためにスリーステップテストを使うのです。

ここでフェアディーリングとの比較をしてもいいんですけれども、フェアディーリングとフランスの手法とはあまり違っていませんし、同じ目的ですので、これについては触れません。

3．フランス法における著作権の制限―各論―

1　制定法上の権利制限

Pollaud-Dulian　ということで、これから具体の権利制限（L. 122-5条、L. 211-3条等）についてお話したいと思いますけれど、1つ1つの条文を取り上げて説明はいたしません。1957年法のときは、あまりたくさんの権利制限はございませんでした。数少ない権利制限しか1957年法には規定されていなかったと申し上げました。5指に余るか10指に足りない程度の伝統的な権利制限でしたから、あまり経済的な問題を惹起するものではございませんでした。例えば著作物をそのまま複製することはできない、一部の抜粋しか使えないとか、そのような制限だったのです。

しかし最近、技術が変わってきました。それからロビー活動の圧力がありました。その結果、立法府は権利制限規定の数を増やすようになったと申しました。とりわけ、2006年にEU指令を国内で実施したときに、多くの権利制限ができました。現在、15ほどの権利制限がございます。特にコンピュータ・プログラムに関する権利制限が4つあります。それから著作隣接権ですね。プロデューサーや実演家の権利の例外があります。いずれにしましても、権利制限規定の数が非常に増えてきていますし、その射程が拡大しています。複製権及び上演権の双方についてそういう現象が見られます。そしてこういった権利制限のほとんどが、著作物の部分的な利用だけでなくその全体の利用をも許すものなんですね。これは大きな変化です。こういった権利

制限は非常に数多くありますので、1つ1つお話しする時間もないし、特に面白い部分でもないと思いますが、幾つかのグループに分けてご紹介していきたいと思います。

　例えば、行政上の手続きに必要な複製を許すといった権利制限があります。それは、いろいろな制度の円滑な機能を確保するという面から、正当化できると思います。それからもう1つ、技術の進歩に対応するための権利制限というものもあります。例えば、コンピュータ・プログラムの私的複製ですね。これはかつては著作権の効力が及ぶところとされて、複製は許されなかったわけですね。そして、現在では、ソフトウエアの使用を確保するために必要な複製は1回だけ認められています。しかし、私的複製に関しては、ここ20年ほどの間に非常に大きな変化がありました。特に録音機ですね。それが大変発達しました。最初はアナログでしたけれども、現在ではデジタルのコピーが自宅でもできるようになりました。それをコンピュータと接続すれば、著作権上大きな問題が出てくるということは、想像に難くありませんね。

　そして固有の経済的な価値が認められない一時的な蓄積で、コンピュータの技術的必要性からどうしても避けられないコピーは認められるようになっています。また、技術的に私的複製を防ぐような新しい技術を導入することが奨励されています。そして、それを奨励するための法規定も整備されています。また、ロビーですね。ロビーの影響というのもそこにはあります。著作権は、ヨーロッパ、特にフランスでは、ロビーの大変な攻撃にさらされています。ロビーは消費者志向ですし、大変政治的です。はっきり言いますと非常に左寄りなのですね。そして、特に知的所有権、著作権に反対する思想を持つ人たちもいるわけです。ですから、結局その自由主義的な考え方が極限までいくと、資本主義的に極端な形式と似通ってくるという、不思議な現象になるわけです。

　ロビー活動というのは、かつてはそれほど影響力はなかったんですけれども、今、それが非常に大きくなってきています。特に教育関連ですね。それからテレビ、ラジオ等のマスコミ関連のロビーが大変強力です。これは政治家にとってはとても重要な部分ですので、政治家に対する影響も大きいわけ

です。ですから、そういったロビーにとって大きなメリットとなるような権利制限が多く設けられていますけれども、かなり正当性を欠くようなものも相当数導入されてしまっています。

2　判例の役割

Pollaud-Dulian　それでは次に、判例の役割について見ていきたいと思います。フランスはもちろん成文法の国ですね。しかし、フランスの法律、特に著作権法、商標法などを理解するためには、判例を理解する必要があります。特に著作権に関しては、判例の役割がかなり重要です。ですからその判例について、少しお話しいたします。原則的には、法文にのっとらない権利の例外というのは認められないわけですけれども、1つだけ例外があります。つまり、例えば公共の場に置かれている物を写した映像とか動画等の著作物に関するものですね。つまり何か写真を撮ったときに、たまたま背景に写ってしまったものの著作権は制限されるということですね。例えば、まだ著作権が存続している建物の前で写真を撮影した。でも写真を撮影するために、その建物をどかすことができないので、どうしてもそれが写り込んでしまうという場合ですね。その場合の権利制限は、法律では定められていなかったけれども、判例で認められたわけです[6]。それは当初はあまり問題ではなかったのですが、最近それが不当に濫用されるようになってきています。そして、広い適用範囲とともに用いられるようになったこの権利制限は、EU指令の規定にも合致しないんですね[7]。ですから欧州司法裁判所でこの権利制限を認めさせようというのは、非常に難しいことになっています。

　それから、もちろん権利制限規定の解釈に関しても、判例の貢献というのは重要です。法律には常に解釈の問題が付きまといます。ですから破毀院の判例というのは大変重要になるわけです。権利制限の中には、前もって数量化できないものがあります。例えば「短い引用（courtes citations）」という表

6　いわゆる「法廷による権利制限（exception prétorienne）」。関連判例については、駒田泰土「大陸法における権利制限」著作権研究35号68頁注25（2008）を参照されたい。

7　EU情報社会指令5条3項（h）はいわゆる写りこみに対応した制限規定であるが、フランス判例法上の権利制限は必ずしも公共の場所に存する著作物の写りこみだけに対応しているわけではない。

現があります。あるいは「抜粋（extraits）」ですね。それは10ページなのか30ワードなのか、それはやはり裁判官がケース・バイ・ケースで判断するしかありません。それから竹中先生がお好きな分野かと思いますけど、パロディー。やはりパロディーの世界のルールというものがあるわけですけれども、それは特に明確化されているわけではありません。ですからここでもやはりケース・バイ・ケースで判断する必要が出てきます。

　それから、法文上、全く規定されていないという場合もありますね。それはその法文ができたときには想定されていなかった問題であるとか、もうあまりにも自明のことなので、あえて文章には書かなかったといったケースがあると思います。ですから当該利用に対する権利制限を主張する際にもう1つ問題となるのが、その著作物への合法的なアクセスに基づいて複製がされた場合に、それについての権利制限を認めるのかということです。言い換えますと、例えば私的複製の場合でも、複製に使った元の著作物が違法な複製によって作成されたものだったり、違法に入手したものかどうかが問題になるのかということです。

　このように、非常にあいまいな問題がたくさんあります。いろいろな解釈が可能な問題があります。もう1つ挙げますと、私的複製の場合において、誰が複製者なのかということですね。例えば図書館にいって、その書物を手書きで複製する。そうしたらそれは手書き複製をした、その行為者が複製者なわけです。それは明らかですね。でもコピー機を使用したときに、コピーという行為をした人が複製者なのか、それともコピー機の所有者が複製者なのかといったあいまいな問題が出てきます。コピー機の所有者が自分のためではなくて、誰か他の人のためにコピーをしたとしますね。でも、その場合は私的複製にはならないわけですね。というのは、定義上、私的複製というのは自分の個人的な利用のために行う複製ですから。そういったあいまいなケースがいろいろあるということですね。

　そしてEU指令でも、やはりこの権利制限の問題は扱われています。しかし、各国が選べるようになっているんですね。指令では、権利制限が限定列挙されていまして、その中から各国が自国内に移植したいものを選べるという形ですので、ヨーロッパ全体の調和というのも部分的なものにとどまるわ

けです。ですから、例えばフランス、ドイツ、イタリア、イギリスといった各国で、今、異なった法律になっているわけです。でも将来的には、やはり欧州司法裁判所で判断されるようになって、その判例が蓄積されていくと思います。EU指令自体はあまりクリアではないんですね。すでにフランスで昔から認められていた権利制限と同じものがEU指令において規定されている場合でも、その文言が違っていたりする場合もあるわけですね。ですから解釈の問題というのは、どんどん複雑になってきています。最終的には、欧州司法裁判所が解釈をするという方向になっていくと思います。

非常に新しいことですが、2009年の7月に欧州司法裁判所が初めて権利制限に関する判決を出しています[8]。それは私にとっては、実は意外であり、非常に興味深いものでした。当該判決は、EU指令の文言を厳格に解釈するという方向を示しましたので、とてもクリエイティブな判決だったと思います。以上、どうもありがとうございました。

Ⅲ　コメント──日本法の観点から──

竹中　ありがとうございました。それでは、駒田先生、日本法の観点からのコメント及び質問をお願いします。

駒田　はい、では、できるだけ手短にやりたいと思います。その関係でポイントを2つに絞らせていただきました。最初はスリーステップテストですね。これについての日本法の状況というか、日本における議論の状況をご紹介したいと思います。

日本の現行著作権法は、その制定からすでに35年以上経過しておりますけれども、もう古くなっていると言う人が少なくありません。ある人に言わせれば、日本の著作権法というのは保護が強すぎる。で、ある人に言わせる

8　CJCE, 16 juillet 2009, C.5/O8, RTD com., 2009 p. 715, obs. F. Pollaud-Dulian（p. 312, obs. sur les conclusions de l'avocat général dans cette affaire）; Propriétés Intellectuelles 2009 n° 33 p. 378, obs. V.-L. Bénabou.

と、日本の著作権法は保護が足りないと。まあ、こういうことでして。そのバランスを取るということが非常に問題となっております。そこでスリーステップテストというものに注目が集まっているんですね。具体的には、スリーステップテストを1つの基準として、権利制限規定を縮小解釈したり、あるいは拡張解釈、類推解釈するというようなことがいわれています。これは、わが国が著作権の制限規定を設けたときには、条約上のスリーステップテストに基づいてそういう規定を作ったんだから、立法者意思に基づく解釈としてそうすべきだというふうにいわれるんですね。

この見解が現に裁判所によって採用されているのかということですが、今のところ少なくとも1件だけ関連する裁判例がございます[9]（レジュメ参照）。スターディジオ事件といわれている有名な事件の判決なんですけれども、どういう事件かと申しますと、デジタルの音源を、衛星を使って放送している業者がいたと。そうすると端末で私的複製が行われるわけですが、これはスリーステップテストに照らすと、違法な複製であると。したがって、本件では私的複製に関する制限規定は適用されない。そしてそういった違法な複製をほう助している業者らも、著作隣接権侵害責任を負うのであると、このように原告らは言ったわけですけれども。しかし裁判所は、著作権法の私的複製に関する制限規定の解釈におきまして、ベルヌ条約上のスリーステップテストを参照するということを否定しました。そういう立場を取らなかったのです。そのスリーステップテストの具体化というのは立法府の役割であって、裁判所の役割ではないと、このように言ったんですね。

現在、日本では、この判決の立場に反対する見解が比較的多数かなと思います。他方で賛成している見解もあります。どうしてかと申しますと、このスリーステップテストの各ステップが、何を意味しているのかが非常に不確定であると。仮に制限規定の解釈におきましてスリーステップテストを参照すると、法的に非常に不安定な状態を招来してしまうと。これは危険であるということで、反対する見解もあるのです。

そこでPollaud-Dulian先生に質問なんですけれども、日本の裁判所はこの

---

9 東京地判平12・5・16判時1751号128頁。

スリーステップテストの参酌というのをやったほうがいいのかどうか、ですね。フランスでは国内法にスリーステップテストが書き込まれているので[10]、もうスリーステップテストを参照するのは当然ということなんでしょうが、日本の場合は違います。日本もそういうふうにしたほうがいいのか。仮にそうだとしたら、このスリーステップテストをどうやって解釈したらいいのかですね。このテストに関しましては、2000年にWTOパネルの報告書[11]で、ある一定の解釈が示されているんですが、これを信用していいのかどうか。こういう質問をしたいと思います。

そして2番目のテーマとしてフェアユースですね。日本の著作権法の権利制限の体系は、完全なカタログ方式です。権利制限の一般条項というものはありません。最近、情報化社会に対応するために、制限規定の数が増やされました。そういう法改正がされました。この改正法は来年の1月1日から施行されます。しかしそれでも十分でないと、よく言われるんですね。例えば老眼の社長のために拡大コピーをすること、これは形式的には違法になってしまう。また、さらに、検索エンジンなんですが、これは新しい法律で基本的に適法ということになりましたけれども、それまでは潜在的には侵害行為をしていたということになるんだろうと思います。潜在的には侵害装置であったという評価を免れないんだろうと思います。加えて、新法でも有用な検索サービスのいくつかは、まだ適法になりきれていない。インターネット上にはほかにもいろいろな機能を提供するサービスがありますが、厳しく見るとみな違法になってしまいかねない、しかしなかには非侵害としてもよいようなものもけっこうあるように思います。

ご案内のように、社会における変化のスピードが非常に早くなってきている。技術革新というのが非常に早いスピードで行われている。その中で、い

---

[10] 著作権に関しては、その制限を列挙するL. 122-5条に関連する規定がある（著作隣接権及びデータベース製作者の権利に関しても、その制限を列挙するL. 211-3条及びL. 342-3条に関連規定あり）。もっとも、指令におけるのとは異なり、規定ぶりは第1ステップ（一定の特別な場合）を省略したツーステップテストである。これは、フランス法が列挙する権利制限のカタログが、すでに一定の特別な場合に該当するという理解に基づいている。

[11] "Report of the Panel 15 June 2000: United States – Section 110（5）of the US Copyright Act", WTO/DS/160R.

ろんな著作物の公正使用をすくい上げるために、日本法もアメリカ法におけるようなフェアユースの規定を設けるべきではないか、こういう議論が高まってまいりました。現在、そのための作業が文化庁で行われております。法制問題小委員会というところがその作業を主にやっているんですが、そこではこのフェアユースに関して賛成する人、反対する人、けんけんがくがくの議論が行われたところでございます。ですから、文字通りの意味でのフェアユース規定は、結局入れないことになるかもしれません。そこでまたPollaud-Dulian先生に質問なんですけれども、フランス法における権利制限規定というのは、比較的最近まですごく少なくて、法改正によって増えたんですが、それでもまだ日本法に比べると少ないかなという印象を持ちます。だとすると、そのフランスの制限規定は、まだ十分揃っていないんじゃないか。もしそうだとすると、公正な使用をフランス法ではどうやって拾い上げてセーフにするのか。Pollaud-Dulian先生は、裁判所が新たな権利制限を解釈によって導くということに批判的な立場をとっておられると、私、ご本を読んで知っております。そうすると、慣習又は公正な慣行によって権利を制限するということをお認めになるのか。それとも、この問題はもう権利者の良識に委ねるということで済ましてしまうのかですね。以上を質問したいと思います。

Pollaud-Dulian　はい、では、通訳の方も大変だったかもしれませんが、一応、質問は理解できました。いろいろ多くの問題が含まれていると思います。自分の個人的な見解でしかお答えできないと思います。各国の法制度はそれなりの伝統がおありになり、それが個々の国の文化に対応するものだと思います。したがって、アメリカの制度にとってフェアユースというものが、ある種の権利に対する物の見方、法の見方に適合するものであり、非常に有益なものであって、集合的利益に沿うものであるかもしれないが、しかしフェアユースは、EUなどのような国々の伝統には合わないということもあるかもしれません。現在、全く新しいものなんですが、スリーステップテストを導入しようとしております。しかし、なかなかこれも実施するのには難しい面もございます。そして、ひょっとしたら、このスリーステップテ

ストは、アメリカや日本とか、ほかの国ではうまく機能しないかもしれません。というのも、どこの国にもそれぞれの異なる文化があり、法に対するアプローチの違いがありますから。今回のように、いろいろみんなで意見を述べあうような会議、会合があり、歩み寄りの機会もあるのですけれど。むしろ私は、最後の質問からお答えしたいと思います。

アメリカ的なフェアユースを日本で導入するかどうかというお話がございました。本当に、それについては私がどうこう何も申し上げない、もし言うとしたら、マイナス、否定的な見解だと思います。技術がいろいろ変わっていくということは、先生もおっしゃいました。ということで、ますます著作者を保護しなくてはいけないんではないかと思うんです。つまり、権利制限を増やすよりも、もっともっと、著作権だけでなく、知的所有権を保護していかなくてはいけないのではないか。フェアユースがもともと伝統的ではない国においては、それは非常に危険なツールだと思います。もちろんフェアユースの適用には参酌すべき4つの基準がありますが、フェアユースの4つの基準というのはそれほど厳密に決まっているものではございません。そういう伝統がない国でそういったフェアユースを導入すると、非常に危険なところがある。少なくともヨーロッパでは、われわれの国では導入しないと思っています。私個人の意見を申し上げてよければ、それは危険だと思います。特に今、非常に変化が早い。そして法律の実効性が、むしろ、とても脅威にさらされている。ここでさらにフェアユースを導入したりすると、とても大変な状況になる。ニーズというのはむしろ、保護を強化するところにあるのではないかというのが、私の最後のご質問に対する個人的な見解であります。

フランスにおいても、少なくとも専門家は、あまり新しい権利制限を歓迎しませんでした。悲劇的なこと、というほどではないですが、文言はあまりよくないですし、また不要な権利制限も入っています。例を挙げましょう。例えば教育のための権利制限、これは立法府がロビー活動に負けて入れたんです。教師たちのロビー活動。まあ、公務員である教師のロビー活動って、すごく強いものですから。ところが文部大臣は、彼らがロビー活動を行っていた最中、著作権協会とともに問題解決のための交渉をしていたんですね。

つまり、きちんとバランスのとれた契約ができそうだったんですけれども、議員のほうから必要のない権利制限を新たに設けてしまったのです。

　スリーステップテストの問題、ちゃんとお答えしているでしょうか。スリーステップテストをヨーロッパと同じように国内法の中に取り組むべきかどうか。ヨーロッパでも随分、これは議論を呼びました。多くのEU加盟国が、情報社会指令が採択されたときに、次のように考えました。つまりこれは国際条約をもう一度想起させるだけのものであって、別に国内法規に移し替える必要はないと思っていたんです。ところがEU指令を起草した人たちは、それを望んでいたのです。われわれのような成文法の国では、やはり裁判官がこのような形で個別規定の法を少し排除できるというのは、ちょっと驚くべきこと、今まで慣れていないことなんですけれども、まあ、慣れていかなくてはいけないわけです。とはいえ、破毀院の方でもスリーステップテストを解釈した判決を1つ出しています[12]。2006年にスリーステップテストを国内実施しましたが、もうすでに破毀院で非常に興味深い判決が出ています。

　日本でそれをどういうふうに国内法に取り組むべきなのか、その必要があるのかどうか、それは皆さんがお考えになることだと思いますけれども、もし私がご質問を理解したとすれば、スリーステップテストというのは、やはり私人が援用できるルールではなく、これは国家間のコミットメントの問題であるというのが、当初のヨーロッパにおける多数説でした。ベルヌ条約締結国又はWTO加盟国間の問題であって、国内裁判所の裁判官がそれを適用するものではないと考えていたのです。ですから、日本の裁判官がそのスリーステップテストをお使いにならなかったという事例は、全くよく理解できるところであります。

　しかし、今後は技術が変わっていきます。フェアユースと同じように、このスリーステップテストも、もっと柔軟に考えていくべきだと思います。ですからこれを本当に取り込むべきかどうかは、日本の裁判官がどのくらい法解釈について自由な裁量が認められているのかという点にもよると思うんですけれども、まあ、ともかく大きな問題です。

---

[12] Cass. 1re civ., 28 février. 2006, JCP G 2006 Ⅱ 10084 note A. Lucas; Légipresse 2006 n. 231, Ⅲ, p. 76 note V. -L. Bénabou.

2つのレベルがあると思うんです。1つは、これは国際的なルールという性格からくるものであるという点。WTOパネルの結果について触れられ、その報告書についても言及なさいましたけれども、これはやはりなかなか難しい文章です。アメリカ風の文章ですね。だから、何ページも何ページも何ページも、すごく長くて、結局のところ何が何だかよく分からない。1ページではこうだと言って、別のところでは全く別のことを言って、3ページ目では、別にいやそうではない、というと。まあ、ともかくアメリカ的で、いろんなことを、反対のものも含めていろんなことを全部羅列していると。竹中さんのほうからは異論があるかもしれませんけれども、その中には、もちろんいい考え方も含まれているわけで、興味深い文章なんですが、しかしあまり使いやすくない。そして必ずしも満足できない。ある程度、状況の産物というようなものだと思います。必ずしも百パーセント満足できる文章だとは思いません。

 私が申し上げたかったのは、フランスの裁判所が訴訟でもってスリーステップテストを運用するというとき、WTOの解釈をそれほど考慮すべきだとは、ちょっと考えません。これはむしろ国際関係の問題であって、国内の裁判所においては別の解釈の方法があるのではないかと思います。いずれにせよ、国内的には、WTOの解釈以外のいろんな解釈が出てくると思います。ということで、WTOのパネルに関しても、私はそんなに、すごく熱狂的なファンであるということはないです。

 ともかく非常に難しいご質問ばかりでしたので、何らかの形で一応お答えしようといたしました。ありがとうございました。

IV　コメント―アメリカ法の観点から―

竹中　それではアメリカ法の観点から、Pollaud-Dulian先生の発表にコメントさせていただきます。先ほど、Reboul先生の発表につきましては、フランスとアメリカは非常に似ているというふうに申し上げましたけれども、それとは対照的に、Pollaud-Dulian先生の講演なさった著作権、または

著作者の権利（Right of Authorship）の考え方は、非常にアメリカと異なっております。

まず、アメリカの学者は、著作権を人権とは、考えておりません。もちろん裁判所もそのようには考えておりません。財産権（Property Right）の一種とは考えられていますけれども、米国の最高裁裁判官は独禁法出身の方が多いですから、著作権や特許権を独占権（Monopoly）と言ったり、排他権（Exclusive Right）というふうに表現します。また、憲法の著作権特許権条項[13]には、知的財産権法の目的が規定してありますので、その内容から明らかなように、あくまでも経済理論に基づいて、科学の奨励という法目的を達成する上で、必要な限りで認められる権利という考え方が明確にされています。

対照的に、著作権の制限であるフェアユースは表現の自由に基づいています。表現の自由こそアメリカで最も尊重される人権の1つであります。Pollaud-Dulian先生は、各国、国毎に価値観が違うであろうという見解を示されましたが、それには、同感です。人のことを批判したりコメントしたりすることによって、互いに新しいアイデアを生み出すという文化に、アメリカ人は、非常に高い価値感を持っております。

従って、財産権の1つであります著作権が、人権の1つである表現の自由を保護するために制限されるということは、アメリカでは、至極自然な考え方であるわけであります。もちろん、憲法の第一修正条項（First Amendment）[14]は、表現の自由が規定されている条文でありますが、制限は、これに基づくこともできますが、それを反映して、連邦著作権法107条[15]にフェアユースの規定が設けられています。この規定は、フェアユースの適用を判断する上で、①利用の性格と目的；②著作物の性質；③著作物全体に対する利用された部分の量及び重要性；④著作物の潜在的市場又は価値に対する利用の影響という4つのファクターを考慮するように要求しています。ここでは時間がありませんので説明いたしませんが、最高裁は、このようにファクターを相対的に考慮するように求めていますが、判例を読むと、結果あ

---

13 "The Constition of the United States," Article I, Section 8, Clause 8.
14 "The Constition of the United States," Amendment 1.
15 17 U. S. C. §107.

りきのファクターの考量だというふうに強く感じます。

　先ほどもパロディーというお話が出てきましたが、例えば、*Campbell v. Acuff-Rose Music*事件[16]は、黒人ラップグループが、プリティーウーマンという非常に有名な、比較的古いポップ音楽の替え歌を作って大ヒットさせた事件です。この事件では、あらかじめ原曲の作詞者、作曲者に、替え歌を作るためのライセンスを求めました。替え歌の内容が、黒人スラングを使って、それも白人の若者の文化を皮肉るような内容であったということもありまして、ライセンスを与えることは拒否されました。そのため、このラップミュージックのメンバーはライセンス無しに替え歌を作って、非常にお金をもうけてしまったわけであります。従って、これは典型的にフェアユースが適用される私的利用ではありませんでした。営利目的の利用で、非常に大きなお金をもうけた事件であります。

　それにもかかわらず、いったんこの替え歌がパロディーというふうに認められますと、先ほどの4つのファクターの3つは、被告に有利に解釈されました。最後のファクターだけは、提出された証拠が十分ではなかったということで、事件は差し戻されましたが、最高裁の意図についての全体の印象としては、被告の利用がパロディーであるということから、表現の自由が認められるというものでした。

　また、このようなパロディーの抗弁は、著作権の制限だけに適用されるものではございません。第4回の講義で、同じ客体に対して2以上の保護が認められる場合が多いというお話がありましたが、著作権と重複して、商標権の保護が認められる場合、商標権の制限としてパロディの抗弁が認められます。例えば、ハンドバック等に付いているブランドのモノグラムについては、トレードマークの保護とそのコピーライトの保護が可能であります。このスライドは、ルイヴィトン事件[17]で問題となったハンドバッグと被告の犬用玩具を示すものです。（スライド1）商標権者であるルイヴィトンのモノグラムは、著名商標とチェリーマークのデザインを組み合わせたもので、日本人デザイナーである村上氏の捜索によるものです。従来のルイヴィトンのモノグラム

16　*Campbell v. Acuff-Rose Music,* 510 U. S. 569（1994）.
17　*Louis Vuitton Malletier S. A. v. Haute Diggity Dog,* 507 F. 3d 252（4th Cir. 2007）.

スライド1

LOUIS VUITTON

CHEWY VUITON

と違いまして、非常にポップな色使いを使っているため若者に非常に人気があります。被告は、ネバダの小さなペット専門アクセサリーの店で、有名ブランドの製品のデザインをもじって、犬用玩具を製造販売していました。訴訟の対象となった製品は、ぬいぐるみのようなもので、犬が噛んで遊ぶものです。そこで、被告の製品の名前はチュイ（噛む）ヴィトンというのです。

　被告の犬用玩具に対して、原告は、著作権及び商標権侵害を主張しました。著作権侵害に関しては、随分チェリーのマークや、ルイヴィトンのマークの変更がなされておりますので、実質同一の基準を満たさないと判断されました。しかし、たとえ非常に似通ったものであって、実質同一と判断されても、著作権侵害はフェアユースにより侵害が否定されたものと思われます。商標についても、パロディーと認定されることによって、商標権侵と希釈（Dilution）の主張は両方とも否定されました。

　このルイヴィトンのモノグラフにつきましては、フランスにも幾つも判例があるそうですが、その中でも、特にアメリカで話題になったのは、アメリカのポップスターであるBritney SpearsのMTVのビデオの事件です。この事件については、後からPollaud-Dulian先生にいろいろコメントしていただきたいと思いますが、もしもこの事件がアメリカで問題になったとしたら、まずは被告のほうからパロディーの抗弁が主張されたと思います。

　最後にトリプルテスト（＝スリーステップテスト）についてコメントします。アメリカ人にとっては非常に心強いコメントが、きょうはあったと思います。アメリカの場合、条約上の義務はどのような内容でも自己執行的に国内法の効果を持つことはありません。国内法として施行されない限りは、法源として、裁判所で権利を主張することができないわけです。このトリプルテストはアメリカ著作権法の一部として明記されておりません。従って、裁判所がこのテストを参酌することはありません。そのことが、WTO加盟国の義務の問題になりましたら、通商代表部には、優秀な弁護士が、多数働いておりますから、107条は、トリプルテストのアメリカ版だと主張するに違いありません。しかしながら私個人の見解としては、トリプルテストを満たしているかどうか疑問に思っています。特にプリティーウーマン事件を見る限り、トリプルテストを充たしているかについては、強く疑問に感じております。

Pollaud-Dulian　はい、それでは少しコメントいたしましょう。まず、チュイヴィトンですね。どうやって発音したらいいんでしょうか。誰も分からないんじゃないかと思いますが、チュイヴィトンですか。このケースですね。フランスだったら、あるいはヨーロッパでも同じ結果にはならなかったのではないかと思います。こういったバッグに対してどういった権利が認められるのか、はっきり分かりませんが、ヴィトンのモノグラムは意匠としても商標としても保護されています。パロディーが認められるにはいくつかの条件があるんですね。まず、そのジャンルで一般的に決まり事とされているものが、守られているのかという点があります。例えば、ヴィトンが非常に人気を博している、それに寄生して自分たちももうけようということは認められないのではないかと思います。このケースは、エンターテインメントとして観客を楽しませるためのものというよりは、やはりモノを売ってもうけるための利用ですよね。ですから、やはりパロディーに関する感覚がアメリカとは違うような気がします。やはりこれは著作権侵害になると思います。パロディーという制約は認められないと思います。

このケースでは、他者の成功、他者の努力に寄生して商業的な利益を得ようとする意図がありますので。フランスでも非常にリベラルな、場合によってはリベラル過ぎるような裁判所もありから、カリカチュアとしてとか、こういったものを認めるケースもあるとは思いますけれども、ここにはやはりちょっと悪意があると思うんですね。ですからたとえリベラルなフランスの裁判官であっても、これは認めないと思います。やはり、まずルイヴィトンが非常に明確に保護されているということがありますし、非常に知名度の高い、非常に認知されているものであります。これが犬向けのものであっても……これは食べるんですかね？　例えば犬向けのおもちゃであったとしたら、ヴィトンと市場で競合しないかもしれません。犬の首輪とかを製造していればやはり競合ということになりますが。まあ、いずれにしても、市場で直接競合しないから認められるべきだという理論も通用しないと思います。それから、こういうものを出すことによって、ルイヴィトンのイメージが害されるということがありますから、やはり正当性は認められないと思います。他人のふんどしで相撲を取るというような形でしょうか。いずれにして

も、これは著作権であろうと商標であろうと、フランスでも、他のヨーロッパの国でも、やはり著作者のほうが、ルイヴィトンの方が保護されたかと思います。

もう1つのご質問については、先日、大阪でもお話したんですけれども。知財の専門家はやはり非常に懐疑的ですね。ルイヴィトンに関しては非常に興味深い判決がいろいろ出ていますので、まあ、専門家にとってはありがたい存在と言えるのかもしれませんが、ただ第一審の裁判所の判決ですよね[18]。控訴院や破毀院ではありません。ですからこのケースというのは、あまりフランスでは話題にならなかったんですね。アメリカではとても話題になったんですけれども。

このケースでは、Britney SpearsのCDジャケット、そしてそのビデオクリップの中で、自動車の車内のダッシュボードの模様としてルイヴィトンのモノグラムが使われたんですね。これはちょっと特殊なケースでした。フランスの裁判官は、著作権の主張を認めたのではありません。手続上の問題があり、当該請求は受理不可能とされました。実はルイヴィトンは、この件に関して、デザイナーである村上隆さんに連絡をするのを忘れていたんですね。その結果、本件は意匠の問題として争われ、意匠権の侵害が認められました。また商標法上の請求についても同様の結論が導かれました。やはりルイヴィトンという非常に知名度の高い商標を大衆化し、ダイリューションを招来したということだったんですね。私が知る限りでは、ここでもパロディーということは特段主張されませんでした。

それからもう1つ、ちょっと似たような面白いケースがあります。これは新しいBritney Spearsといえるような人なのかどうか、ラッパーだったかもしれません。とても面白いケースがありました。フランスの最高裁判所に当たる破毀院が、2008年3月に出した判決です[19]。あるCDのジャケットにルイヴィトンのバッグのモノグラムが使われたというケースでした。このケースでは、ルイヴィトンは商標権で争おうとしました。重要なのは、一般の需要者でこれがルイヴィトンの商品だと思う人は、もちろんいないと思うんです

18　TGI Paris, 14 novembre 2007, PIBD. 2008 n° 867-III-96.

19　Cass. 1re civ., 11 mars 2008, Bull. civ. I n° 60; PIBD. 2008 n° 875-III-345.

ね。でも、そのCDジャケットを見た人がルイヴィトンを想起する、当該ジャケットにはルイヴィトンの標章との結び付きが認められるとされました。つまり、ルイヴィトンという名称があまりにも大衆化してしまうと、ブランドの価値が損なわれるということで、権利侵害に当たるとされたのです。ルイヴィトンというブランドの成功から利益を得ようとする――本当に動物の世界でいう寄生ですね。例えばゾウの背中に住みつく鳥とか、それと同様に、他者の成功に依存して何かをしようとしているのか、ということですね。

それから衣服におけるアディダスの標章使用が問題となった事件の欧州司法裁判所の判決もあります[20]。この事件では、製作者は、それは単なる装飾であり、一般の人が見てもブランドのマークだとは思わないだろうと主張しました。当該判決は、本件では一般の需要者が専ら装飾として認識するので、商標権の侵害はないという結論を示しました。しかし、そこには、一般の需要者が、装飾としても認識し同時にブランドも想起するというのであれば、商標権侵害になるという考え方も示されています。

V おわりに

竹中 すいません、絶対5時までにここを出なくてはいけないらしいんです。それで1つだけ、どうしても質問したい方がいれば、お答えしていただきますが、どちらかの先生。はい。

長塚 フランスの著作権法で、パロディーが認められる事例をご説明いただければありがたいと思います。

Pollaud-Dulian 昔からたくさんのケースがあります。フランスでは風刺だとか、そういったことが文化的に非常に盛んですので、破毀院の判決も含めてパロディーを認めたケースがたくさんあります。まあ、パロディーに

---

[20] CJCE, 23 oct. 2003, C. 408/01, Recueil I p. 12537; RTDE 2004 p. 706, obs. G. Bonet.

対しては、裁判官はあまり厳しくないんですね。有名なケースはたくさんあるんですけれども、特に70年代、80年代に、たくさんありました。パロディーがとてもはやったんですね。ちょっとポルノグラフィックな、わいせつなパロディーがはやったんです。それは、例えば、ターザンがジャングルの王者ではなくて、ジャングルの恥だというふうに認識させようとしたりするものでした。それからアメリカの漫画であるピーナッツ、スヌーピーですね。それをパロディー化したようなものですね。全くスヌーピーと同じ絵柄なんですけれども、そこに出てくる犬とか子どもたちが、みんな卑猥なことばかりしゃべるというような、そういう作品が作られました。そういったものがとても盛んになりましたが、裁判官はかなり寛容でした。ただ、やはり混乱の危険性というのはありますね。その元の著作物にとって、大変なイメージダウンになるという場合でも、かなりパロディーとして認められました。

　このタイプのパロディーを認めた一番有名な破毀院の判決は、1988年のものになります[21]。それは、シャルル・トレネという――ご存じでしょうか――フランスでは大変有名な歌手、作曲家、作詞家で、「ラ・メール（La mer）」の作者ですが、この方に関する事件でした。シャルル・トレネ同様にもうお亡くなりになっていますが、あるコメディアンが、彼のシャンソンをパロディー化して、ちょっとばかにするような作品を作ったのです。これは結局パロディーとして認められました。このようにたくさんの判例がありますが、パロディーの射程はしばしば広いものではありません。少なくとも商業的な目的のためにある権利制限ではありません。

　竹　中　申し訳ありませんが、先生はこれから懇親会にお出になれますので、できましたら、質問がある方は、懇親会で、個人的に先生にお話ししていただければというふうに思います。それではこれで終わらせて頂きます（拍手）。

21　Cass. 1re civ., 12 janvier 1988, Bull. civ. no5, p. 4; RIDA, juil. 1988, p. 98, obs. A. Françon; RTD com., 1988, p. 227, obs. A. Françon; D., 1988 som. com. 207, obs. C. Colombet.

本講のレジュメ（抄）

I はじめに

II 講義

1. フランス著作権制度の特色
- Droit d'auteurとCopyright
  実用主義、功利主義に基礎を置くcopyright
  自然権に基礎を置くdroit d'auteur（規整の中心には「著作者」がある。社会公共の利益の保護は二次的な扱い。）
- EUにおける法調和
  EU法により著作権の様々な側面がハーモナイズされ、フランス法はその影響を受ける。
  権利制限に関しては、2001年に採択されたEU指令（情報社会指令）の規律が及ぶ。
  同指令の基本的な仕組み～指令上にリストアップされている権利制限から、加盟国は任意に選択する（リストにない権利制限を新たに創出することはできない）。
  欧州司法裁判所による解釈の明確化。

2. フランス著作権の制限―総論―
- 歴史的展開
  判例による権利制限の承認（1791年・1793年革命法においては権利制限の規定なし。）
  1957年法（現行法の基盤となった法律）への判例法の組み入れ（制限規定の数は非常に少ない）。
  1992年における知的所有権諸法の法典化（Code de la propriété intellectuelle）
  近年の傾向～種々のロビー活動により制限規定が増加しつつある（放送事業者等のロビー活動と比較すると、著作者・製作者・実演家のロビーは概して非力）。
  フランス著作権思想に忠実な裁判所とロビー活動に歪められる立法府。
- 人権の衝突？
  プライバシー権等を援用して著作権保護の例外を要求する近年の傾向。
  表現の自由とのバランスは、アイデア・表現の2分論においてすでに確保されている。
  種々の基本的自由は、著作権という主観的法（権利：droit subjectif）において限界に突き当たる。立法者が種々の条件を設定して確立した「権利」に優先する「自由」は存在しない。
- 著作権の制限の法的性質

著作物使用者の権利（主観的法）を保障するものではない。
2008年11月27日破毀院判決。
・著作権の制限の一般条項について
種々の支分権を包括する2種類の広範な著作権（複製権：droit de reproductionと上演権：droit de représentation）
→権利制限はおのずと限定列挙型に（アメリカ的なフェアユースは体系上なじまない）。
スリーステップテストとの非整合性も問題。
・厳格解釈の原則
制限規定は狭く厳格に解釈されなければならない。
ドイツで主流となっている様々な利益の衡量を経た制限規定の解釈は許されない（著作権法の規整の中心には常に著作者が存する）。
・スリーステップテスト
条約上の原則であるスリーステップテスト〜国際間のツール。本来は私人が訴訟の中で援用できないもの。
ただしEUでは、同テストが国内法化された（情報社会指令の影響）〜 法律が定める権利制限の要件を形式上充足しても、スリーステップテストに合致しなければ、当該制限規定の適用が排除される。

3. フランス著作権の制限─各論─
・2006年に情報社会指令を国内実施 〜 制限規定の数が非常に増えた。
・判例による写りこみへの対応（厳格解釈の原則の例外）
・様々な曖昧な点
・2009年7月16日の欧州司法裁判所判決の影響

III コメント─日本法の観点から─

1. Three-Step Test
（1）問題の所在
　近年、著作物の保護と利用のバランスを計る目安として、Three-Step Testに注目が集まっている（ベクトルを異にする二つの解釈論）。
　ベクトル1〜Three-Step Testに照らして著作者の保護が過小と評価される場合には、当該制限規定を適用しない
　ベクトル2〜そのままに解釈したのでは三つのステップを超えて著作者を厚く保護することになると評価される場合には、当該制限規定を拡張・類推解釈する
（2）わが国の裁判例
　ベクトル1に関して〜東京地判平12［2000］・5・16判時1751号128頁［スターディジオI］（複製権の制限に関して「具体的にどのような態様が（Three-Step Test）を満たすものといえるかについては、（ベルヌ条約）がこれを明示するもので

はないから、結局のところ、各同盟国の立法に委ねられた問題であるといわざるを得ない」と判示。）
(3) わが国の学説
　Three-Step Testを制限規定の解釈基準とすることに対しては、これに積極的な見解もある一方で、法的安定性／予見可能性の観点から消極的な態度を示す見解もある（主に、条約規定の自動執行性（self-executing-ness）の問題として議論されている）。
　TRIPs協定下では、Three-Step Testに関する加盟国裁判所の一判断もWTO紛争解決機関への申立事由になるか？
(4) 質問
　フランスをはじめとする多くのEU諸国は、いわゆる情報社会指令の5条5項に基づいて、Three-Step Testを国内法にビルトインする法改正を行ったようであるが、同テストがもたらす法的不安定性を懸念する声がそれらの国々にあることは筆者も了知している。論者によっては、米国法110条5項に関してWTOパネルが行ったようなstep by stepの要件解釈を批判し、各ステップの総合的解釈という、もっと緩やかな同テストの解釈を主張しているようである（ドイツ・マックスプランク研究所有志による2008年宣言等）。
　日本法の解釈を行う者へのアドバイスとして、Three-Step Testを個別的な権利制限規定の解釈基準として用いるべきか、そうであるとすれば、Three-Step Test自体をどのように解釈すべきか、WTOパネルの2000年報告の内容は信頼に足るか等についてご意見をうかがえればと思う。

2. フェアユース
(1) 問題の所在
　わが国著作権法における権利制限〜限定列挙のカタログ方式。アメリカ的な一般条項を有していない。
　「公正」といいうる著作物の使用を十分にすくい上げているか？
　著作権法制定時はいざ知らず、近年のように情報技術の急速な進展等により著作物の使用環境が急激に変化していく中では、限定列挙のカタログ方式を維持する方式はもはや限界に突き当たっているのではないか？
　「日本版フェアユース規定」導入に関する議論
(2) 立法状況
(3) 個別制限規定の解釈に関する裁判例
　・パロディ〜最判昭55・3・28民集34巻3号244頁［マッドアマノ］（旧法上の事例）
　・公開の美術の著作物　〜東京地判平13・7・25判時1758号137頁［まちをはしる—はたらくじどうしゃ］
　・要約引用〜東京地判平10・10・30判時1674号132頁［「血液型と性格」の社

会史〕
　・写りこみ？〜東京高判平14［2002］・2・18判時1786号136頁［雪月花2審］、東京地判平11［1999］・10・27判時1701号157頁［同1審］

(4) 質問
　フランス法においては、比較的最近まで権利制限規定の数はきわめて少なかった。現行法でも十分かどうかについては、おそらく議論の存するところであろう。現行規定から漏れ出る公正使用については、フランス法においてはどのような対応が可能なのか。Pollaud-Dulian先生のお立場としては、裁判所による権利制限規範の定立（exception prétorienne）に批判的であったように思うが、条理（naturalis ratio, Natur der Sache）を法源にできないとすれば、慣習法が権利制限の法源たりうるのか。それとも、現行法の規定から漏れ出るものは潜在的には侵害であり、権利者の良識に委ねればよいというお立場なのか。
　また、これと関連するが、現行法の解釈と個別権利制限規定の漸次的立法では、今日の技術革新や社会状況の変化のスピードに追いつかず、その結果、新規分野への技術開発や事業活動に対して萎縮効果が生じ、創造的な事業への挑戦がなされない（結果、外国［とくに米国］資本の後塵を拝する）という意見についてどう考えるか——これは、私の意見ではなく、わが国において様々な機会に各所において縷々主張されている意見なのだが。

Ⅳ　コメント—アメリカ法の観点から—
1. 米国憲法における著作者の権利とフェアユースの関係
　アメリカ著作権法における著作権者の権利の考え方とフランス法の考え方に大きな違いあり。アメリカ憲法知的財産権条項には、著作権の目的を達成する限りで独占権を認めるとあり、経済理論に基づく財産権で、人権という考え方は無い。フェアユースはアメリカ憲法で保障される最も重要な人権である表現の自由に基づく。従って、著作者の権利はフェアユースによって広範な制限が認められる。

2. 著作権法フェアユース条項と最高裁判例
　著作権法107条は4つのファクターがあるが、結果ありきのファクターの比較考量という印象。フェアユースが認められるかどうかの判断はケースバイケースで予測困難。
　例：プリティーウーマン事件（パロディの主張により商業目的による重大部分のコピーについてフェアユース適用の可能性を示唆。翻案著作物の市場への影響のファクターを考慮するよう指示して下級審へ差し戻し。）

3. フェアユース理論適法範囲の拡大
　フェアユース理論は商標法等、他の知的財産権の制限にも適用。
　例：連邦商標法　ダイリューション条項におけるフェアユースの抗弁

ルイヴィトン事件（パロディによる抗弁を認め、被告の製品による商標権侵害・ダイリューションを否定。）

4. アメリカ法におけるスリーステップテスト

　条約は自己執行無し。スリーステップテストはアメリカ著作権法に明示されていない。アメリカ政府は、フェアユースによって条約上の義務を果たしていると主張するであろうが、私見としてはフェアユースによる制限のほうが広い印象。

V　終わりに

第6回　芸能人の氏名・肖像の法的保護およびパブリシティ権の最近の動向

コーディネーター：上野達弘

パネリスト：奥邨弘司＝本山雅弘＝伊藤　真

Ⅰ　はじめに
Ⅱ　講　義
　1．総論—パブリシティ権とは—（上野達弘）
　2．アメリカ法の観点から（奥邨弘司）
　3．ドイツ法の観点から（本山雅弘）
　4．実務の観点から（伊藤　真）
　5．討　論
Ⅲ　おわりに

Ⅰ　はじめに

上　野　立教大学の上野でございます。極寒のミュンヘンから日本に一時帰国してまいりました。もう明日にはミュンヘンに戻るのですけれども、情報によるとあちらはすでに氷点下だそうです。寒がりのわたしには東京がうらやましく感じられるところであります。

さて本日のテーマはパブリシティ権です。3人の先生にパネリストをお願いをいたしましてシンポジウムをさせていただきたいと思います。わたしの方からパネリストの先生方を紹介いたします。

まずは、伊藤真先生でございます（拍手）。続きまして、神奈川大学の奥邨弘司先生でございます（拍手）。そして、国士舘大学の本山雅弘先生でございます（拍手）。

II　講　義

1．総論―パブリシティ権とは―

> 1　パブリシティ権とは

上　野　それでは、本日のシンポジウムの趣旨をわたしのほうから簡単にお話しさせていただきたいと存じます[1]。

　パブリシティ権とは、芸能人等の顧客吸引力ある氏名や肖像の商業的な利用に関する財産的な利益を保護する権利といわれています。商業的な利用と申しましても、いわゆるグッズ販売などといった商品化のケース、それから広告利用のケースが典型です。

　もちろん人格権としての肖像権、プライバシー権、氏名権というものは最高裁レベルでもある程度承認されているところではありますけれども、それでは十分でないと考えられます。と申しますのも、芸能人等の氏名・肖像等の商業的な利用というのは、本人の人格的・精神的利益が問題となっているというよりは、財産的な利益が問題となっておりますので、いわゆる人格権としての肖像権等は、肖像等の商業的な利用を十分にカヴァーするものとはいえないと考えられるからであります。

> 2　パブリシティ権の生成

上　野　そこで、従来の裁判例において、芸能人等の氏名・肖像等を保護するパブリシティ権と呼ばれる権利が事実上承認されてきたところでございます。その最初はマーク・レスター事件でございます。これは、当時子役俳優だったマーク・レスターさんの氏名や肖像がロッテのアーモンドチョコレートのCMに無断で使用されたということが問題となった事件であります。このCMでは、「マーク・レスターも大好きです」というナレーションとともに、彼が出演した映画の1シーンが一部挿入されたようです。判決

---

[1]　以下については、上野達弘「パブリシティ権をめぐる課題と展望」高林龍編『知的財産法制の再構築』（日本評論社、2008年）185頁参照。

は、「パブリシティ権」という言葉はつかっておりませんけれども、「俳優等は、その氏名や肖像の権限なき使用によって精神的苦痛を被らない場合でも、右経済的利益の侵害を理由として法的救済を受けられる場合が多い」として不法行為の成立を認めております。このマークレスター事件判決以降、現在に至るまで、数多くの下級審判例においてパブリシティ権が承認されております。

しかし、現在もなお、次のような問題が残されております。

まず1つ目に、そもそもパブリシティ権を定めた制定法はないということであります。後ほどご報告いただくドイツには制定法がありますし、またアメリカには一部で州法が設けられているのに対しまして、わが国ではパブリシティ権に関する明文の規定がないというわけであります。

それから2つ目に、パブリシティ権を明確に承認した最高裁判決はないということです。

したがいまして、パブリシティ権というものが結局どのような権利なのか、そして、その権利はどこまで及ぶのかということは、すべて解釈に委ねられたままだということになるわけです。

3　パブリシティ権をめぐる論点

上野　具体的な論点は多数あります。権利の主体に関しましても、パブリシティ権は誰に帰属するのか、パブリシティ権は譲渡できるのか、このような点がすべて未解決のまま残されています。権利の客体につきましても、氏名や肖像がこれに含まれることに異論はないかと思われますけれども、それ以外の何がパブリシティ権の客体となるのかということについては明らかではありません。さらには、——これが最も大きな問題かと思いますけれども——どのような行為を行えばパブリシティ権の侵害となるのかということにつきましても全く解釈に委ねられたままだというわけであります。

そうした多数の論点がある中で、本日はそのすべてを取り上げることはできませんので、とりわけ3番目の侵害判断の問題に焦点を当てたいと考えております。ただ以下では、一応ひと通り触れておきたいと思います。

①権利の主体　　**上野**　権利の主体に関しましては問題が多数あります。まず、顧客吸引力ある芸能人にパブリシティ権が認められるという点については異論のないところでありますが、芸能人以外にも認めるかどうかという点は争いがございます。パブリシティ権というものは顧客吸引力というキーワードを用いて説明されることが多いわけですけれども、芸能人以外にも顧客吸引力を有している者はおります。例えば、少し古い例ですが、長寿の双子姉妹で有名だった「きんさんぎんさん」であるとか、政治家などのように、芸能人ではないけれども有名な人にもパブリシティ権が認められるかという問題がございます。従来の裁判例におきましては、土井晩翠さんに関する判決があります。土井晩翠さんは有名ですが、詩人ですから芸能人ではありません。横浜地裁は、パブリシティ権というのは「芸能人の特殊性」に根拠があるとした上で、土井晩翠さんについてのパブリシティ権を否定したわけであります。

　また、同じく権利の主体に関しまして、芸能プロダクションにも固有のパブリシティ権が認められるかという問題もあります。また、パブリシティ権が譲渡できるのかということについても従来から争いがあるところです。パブリシティ権が人格権的なものだと考えると譲渡できないということになろうかと思いますけれども、財産権的なものだと考えれば譲渡できるということになるといわれてまいりました。また、パブリシティ権は相続できるかということも問題になります。最近でも、既に死亡した芸能人の氏名や肖像等を用いたCMなどがみられますので、そのようなことに対する権利が誰に帰属するのかということが問題となります。また、もしパブリシティ権の相続を認めるということになりますと、その保護期間ないし存続期間も問題となります。制定法がない以上、「パブリシティ権は○年間存続する」というようなことは言えないわけですが、かといってパブリシティ権は本人の死後も永遠に残るというのも問題ではないかと思われます。こうした点についても以前からさまざまな議論があるところです。

②権利の客体　　**上野**　次に、権利の客体に関しましてもいろいろと議論がございます。まず、人の氏名や肖像というものがパブリシティ権の客体となるという点は争いのないところでありますけれど

も、それ以外の人格要素、例えば声にも認められるかどうかという問題があります。また、人格要素とはいえないようなものであっても本人と結びつきが強いものであればパブリシティ権の客体として認めるという見解もあります。過去の裁判例におきましても、キング・クリムゾン事件の第一審判決[2]におきましては、キング・クリムゾンというバンドが出した有名なレコードのジャケットについて、本人との結びつきが強いということでパブリシティ権の客体になると認めたものがございます。

　また、もっと人格要素から離れまして、物の影像や名称についても客体として認められるかという「物のパブリシティ権」に関する議論もあります。例えば、レッサーパンダとして有名な"風太くん"であるとか、犬として有名な"お父さん犬"（カイくん）といったものについて、無断でグッズを販売されたり、写真を絵はがきにして販売されたという場合に、そうした動物の所有者等が何も主張できないということで妥当なのかということが問題となるわけであります。この点については、従来の裁判例にもさまざまな判決がございますけれども、最高裁レベルでは競争馬の名称について物のパブリシティ権を否定したものがございます。

③侵害判断　　**上野**　そして、今日の中心的なテーマとなる侵害判断の基準でありますけれども、これがなかなか微妙でございます。典型的には、芸能人の氏名や肖像を用いてブロマイドやカレンダーといったグッズを製造販売するといった商品化のケース、あるいは宣伝ポスターに利用するといった広告利用のケースが、パブリシティ権の侵害に当たることは争いがありません。しかし、これ以外のケースになると途端に分からなくなるわけであります。

　例えば、芸能人の氏名や肖像を用いてその人の伝記を書籍として出版することや、写真週刊誌に芸能人の氏名や肖像を用いること、あるいは、インターネットのファンサイトを開くこと、といった行為がパブリシティ権侵害に当たるのかどうかということははっきりしません。こうしたケースにおきましては、先ほどの商品化のケースなどに比べると、単に芸能人の氏名や肖像

2　東京地判平成10・1・21〔キング・クリムゾン事件：第一審〕参照。

のみが用いられているというわけではなく、その伝記や週刊誌の著者のように、他人の氏名や肖像を用いる側の者の表現の自由等がより問題となっております。もちろん、例えば、新聞における結婚報道などで当該芸能人の氏名や肖像が付されるということはしばしば見受けられるところでありまして、こうした行為がいちいちパブリシティ権の侵害となってしまうというのではあまりにも窮屈になろうかと思われます。では、侵害に当たるかどうかの線をどこで引くのか、その基準が問題となります。しかし現状においては、パブリシティ権の侵害判断について明確な基準は存在しないわけであります。

ただ、従来の下級審判決の中で最も多く示されている基準のようなものがあります。それは、「他人の氏名、肖像等を使用する目的、方法及び態様を全体的かつ客観的に考察して、右使用が他人の氏名、肖像等の持つ顧客吸引力に着目し、専らその利用を目的とするものであるかどうかにより判断すべき」というものです。我々パネリストの間ではこれを「専ら」基準と呼んでおります。これが基準といえるのか分かりませんけれども、一般論としてこれを示した上でパブリシティ権の侵害判断を行っている裁判例が多いわけであります。なお、キング・クリムゾン事件の控訴審判決[3]で示された一般論には、このうち「専ら」という部分がない点で若干異なりますがほぼ同様です。

このような基準のようなものが多くの裁判例で見られる一方、最近ではこれと異なる基準もいくつか見受けられるようになっています。

まず、総合衡量説とでも呼ぶべきものが見られます。具体的には、矢沢永吉事件の判決[4]とピンク・レディー事件の控訴審判決[5]がこれに属します。そこでは、「個別的利益衡量が不可欠」であるとか「利益較量の問題として相関関係的にとらえる必要がある」とした上で、さまざまな諸事情を総合的に考慮して判断すべきだと述べられております。この点につきましては、後ほど伊藤先生からも詳しくお話があろうかと思います。

---

[3] 東京高判平成11・2・24〔キング・クリムゾン事件：控訴審〕参照。
[4] 東京地判平成17・6・14判時1917・135〔矢沢永吉パチンコ事件〕。
[5] 知財高判平成21・8・27判時2060・137〔ピンク・レディーDEダイエット事件：控訴審〕参照。

また別の基準といたしまして、＠BUBKA事件の判決[6]におきましては、かなり厳しい基準が示されております。レジュメに引用しております判決をご覧いただきますと、冒頭からいきなり「制定法上の根拠もなく、慣習としても成立しているとはいえないパブリシティ権を認めるには慎重でなければならず……著名人としての顧客吸引力があることだけを根拠としては、著名人に関する情報発信を著名人自らが制限し、又はコントロールできる権利があるとはいえない」と述べています。そして判決は、パブリシティ権侵害を理由に損害賠償請求できる場合というのは、単に自己の肖像等が無断で商業的に用いられたという事実だけではなく、その「情報発信行為が名誉毀損、侮辱、不当なプライバシー侵害など民法709条に規定する不法行為上の違法行為に該当する場合、著名人のキャラクターを商品化したり広告に用いるなど著名人のいわゆる人格権を侵害する場合をはじめとする何らかの付加的要件が必要である」と述べています。したがいまして、この判決では、少なくとも一般論としてはかなり厳しい基準が示されていることが分かります。

　これに対しまして、かなり緩やかな基準も見受けられます。ブブカスペシャル7事件の控訴審判決[7]によりますと、「著名な芸能人の有するパブリシティ権に対して、他の者が、当該芸能人に無断で、その顧客吸引力を表わす肖像等を商業的な方法で利用する場合には、当該芸能人に対する不法行為を構成」すると判示されております。ですから、少なくともこの一般論だけみますと、芸能人の肖像等を「商業的な方法で利用」したというだけでパブリシティ権侵害になるというように読めるわけでございます。

　このように一般論のレベルにおいて、従来の裁判例には揺れがあるのではないかと思うわけであります。その上で、それぞれの事件ではあてはめが行われております。後ほどの議論でも出てくるかと思いますので、それぞれ簡単にご紹介しておきたいと思います。

　第一に、キング・クリムゾン事件であります。これはロックグループであるキング・クリムゾンに関する書籍が無断で出版されたというものであります。この書籍は、キング・クリムゾンが出したアルバムの内容を解説する、

6　東京地判平成17・8・31判タ1208・247〔＠BUBKA事件〕参照。
7　東京高判平成18・4・26判時1954・47〔ブブカスペシャル7事件：控訴審〕参照。

あるいはキング・クリムゾンというバンドを紹介するというものであります。書籍の冒頭部分にはキング・クリムゾン自体の紹介がありまして、そこに原告であるロバート・フリップさんの肖像が何枚か掲載されております。これがパブリシティ権侵害に当たるかが問題となったというのがこの事件です。第一審判決はパブリシティ権侵害を肯定したわけですけれども、控訴審判決はこれを否定しています。控訴審判決は、「これらの肖像写真はX及び『キング・クリムゾン』の紹介等の一環として掲載されたものであると考えることができるから、これをもってXの氏名や肖像のパブリシティ価値に着目しこれを利用することを目的とするものであるということはできない」と述べてパブリシティ権侵害を否定しております。

第二に、中田英寿事件です。ここで問題になった書籍も、中田英寿選手のいわば伝記なのだと思いますけれども、表紙にカラーの肖像写真が用いられているほか、幼少期から現在に至るまでの肖像写真23点が掲載されております。とりわけ書籍冒頭から数ページにおいて何枚かの白黒の肖像写真が載っております。そのうち中学時代の写真や小学生時代に結婚式に出たときの写真といったサッカー選手になる以前の写真についてはプライバシー侵害が肯定されていますが、パブリシティ権についてはすべてについて侵害が否定されています。これは、判決が一般論としていわゆる「専ら」基準を掲げていることにも原因があるのかも知れません。

第三に、ブブカスペシャル7事件です。これは、コンビニなどで販売されているBUBKAという雑誌において、芸能人の肖像が多数掲載されたという事件です。第一審判決においては、一部の写真についてのみパブリシティ権侵害が肯定されたのですけれども、控訴審判決においては、パブリシティ権侵害に当たるとされた写真の数が増えております。これは、第一審判決と控訴審判決において示された一般論がそれぞれ異なることにも原因があろうかと思われます。

では、この事件の具体的な写真をお見せしてまいりましょう。若干マニアックになってきますが、わたしもあくまで研究のために収集しているということでご理解下さい（会場笑い）。まず、後藤真希さんをとりあげたページにつきましては、第一審判決も控訴審判決も、プライバシー権侵害に加えて、

パブリシティ権についても侵害を肯定しております。これはやはり掲載された写真がサイズ的に大きいというのが理由だろうと思います。他方、佐藤江梨子さんが小学校時代にこんな遠足に行っていましたということを内容とするこちらのページにつきましては、第一審と控訴審とで判決の結論が変わりました。余談ですが、この小学校はわたしが子供の頃に神戸で通っていた小学校の隣の小学校だったのでちょっとびっくりした次第です。それはともかく、第一審判決は、プライバシー権の侵害は肯定しましたけれども、パブリシティ権の侵害は否定しました。先ほど述べましたように、第一審判決は一般論としていわゆる「専ら」基準を掲げていますから、この程度の写真掲載は「専ら」芸能人の顧客吸引力の利用を目的とするものとまではいえないという判断だったのではないかと思います。しかし、控訴審では、判決が緩やかな基準すなわち「商業的な方法で利用」すれば侵害に当たるという一般論を示していることもあって、このページについてもパブリシティ権侵害が肯定されているわけです。

　このように、実際の雑誌等に掲載された写真の大きさや、写真とともに掲載されている記事の内容が侵害判断の際に考慮されているわけです。研究のためには現物に接する必要があるということがお分かりいただけようかと思います。

　次のページは、藤原紀香さんの氏名や肖像が掲載されていますが、これは、彼女が現在のように売れる前はこんな宣伝ポスターに出ていましたよ、ということを伝える記事だとも考えられます。そこで、第一審判決はパブリシティ権侵害を否定しています。なお、ここに掲載されている写真は、藤原紀香さんが芸能人になって以降のものですから、プライバシー権の侵害は問題となっておりません。他方、控訴審判決は、一般論として「専ら」基準とは異なる緩やかな基準を示したせいもあり、このページについてもパブリシティ権の侵害に当たると判示しております。また、「腋─1グランプリ」という表題がついたこちらのページについても、第一審判決はパブリシティ権侵害を否定しましたが、控訴審判決はパブリシティ権の侵害を肯定しております。これがブブカスペシャル7事件であります。

　次に、＠BUBKA事件です。写真をご覧いただきますと、このように品の

なさそうなものではありますが、判決は先ほどみた厳格な基準を示したせいもあり、結論としてパブリシティ権侵害についてはすべて否定されております。例えば、こちらのページは熊田曜子さんに関するものですが、掲載されている写真が小さいせいか、判決も「写真の掲載は、同Xの顧客誘引力の利用を目的とするものであるとは認められ」ないなどと述べています。なお、ある一部分──すなわち伊東美咲さんに関する写真が掲載された部分と名倉潤さんに関する漫画が掲載された部分──につきましては、名誉棄損に基づく損害賠償請求が認容されています。

さらに、ピンク・レディーdeダイエット事件です。これは本日の伊藤先生が代理人をされた事件です。いまも係属中ですので、代理人をされている事件というべきかもしれません。これは女性自身という雑誌に「ピンク・レディーdeダイエット」という記事が掲載されておりまして、ここに前田健さんが登場してピンク・レディーの振り付けでダイエットしましょうというわけです。全部で3ページの記事ですが、ピンク・レディーの写真が14枚掲載されております。この事件に関しては、第一審判決も控訴審判決もパブリシティ権侵害を否定しております。それぞれの判決の一般論は異なっておりまして、第一審判決は「専ら」基準に基づき侵害を否定し、控訴審判決は利益衡量説に基づき侵害を否定しております。

また、矢沢永吉事件は、パチンコゲームの中で矢沢永吉さんを想起させるような画像が瞬間的に登場するというものですが、本当に一瞬しか登場しないということから、結論としてパブリシティ権侵害が否定されております。

4 まとめ

上野 もう時間になりましたので、まとめさせていただきます。パブリシティ権は、下級審ではありますが裁判例によって、その基本的な部分についてはすでに定着したといって差し支えないと思います。いまや、芸能人グッズのような典型的な商品化のケースにおいては、パブリシティ権の侵害になるのが当然と考えられており、このような事件は裁判にさえなっていないように思われます。もちろん、そのようなケースでも、制定法がないために、制定法を設けることによってもっと明確にしてほしいとか、現状では刑

事罰がなくて不十分だといった立法論上の要望はあるわけですけれども、他方、解釈論として大きな問題になっているのは、どのような行為がパブリシティ権の侵害に当たるのかという侵害判断の問題ではないかと思います。パブリシティ権については論点満載でいくらでも議論できるのでありますが、本日のシンポジウムでは、この侵害判断に焦点を当てて議論させていただきたいと思います。

以下、奥邨先生にはアメリカ法の観点から、本山先生にはドイツ法の観点からご検討いただいた上で、伊藤先生には実務の観点から望ましい基準の在り方についてお話しいただければと思います。わたくしからは以上でございます。ご清聴どうもありがとうございました（拍手）。

それでは奥邨先生、お願いいたします。

2．アメリカ法の観点から

奥　邨　ただ今ご紹介いただきました神奈川大学の奥邨でございます。本日は上野先生からご指名というかご命令で（笑）、米国におけるパブリシティ権についてご報告させていただくことになっております。ただ、不勉強にもかかわらず無謀にも大変難しいテーマを引き受けてしましまして、正直今も途方に暮れているような状態でございます。会場の皆様には是非お手柔らかにと申しますか、広く温かく、大きな気持ちでご清聴願えればと思います。

1　はじめに

奥　邨　最初に、ケンタッキー州最高裁が2001年に判決を下したモンゴメリー事件[8]をご紹介したいと思います。ただ、皆様が聞かれて、なぜケンタッキーなのだ、なぜ無名な事件なのだというご疑問がおありかと思います。普通なら参考文献として挙げます、阿部先生、豊田先生、田倉先生等[9]、

---

[8] *Montgomery v. Montgomery*, 60 S. W. 3d 521（Ky. 2001）
[9] 阿部浩二「パブリシティの権利の形成とその展開」『パブリシティの権利をめぐる諸問題』

さまざまな先行業績で取り上げられているような有名な判決をご紹介すべきだと思います。ただ、そこで取り上げられています有名な判決というのは、アメリカの教科書にも取り上げられるような判決でありまして、言い換えますと非常に難しい論点を含んでいたり、境界事例であったりするわけです。今日の報告のために有名無名を含めていろいろと判決を勉強したのですけれども、その中で、やはり有名な判決というのは難しいなということを感じた次第であります。そこで、米国におけるパブリシティ権を論じる準備運動といたしまして、ある意味特別なところのない判決として、このモンゴメリー判決を取り上げた次第です。もちろん、この目的のためには何もモンゴメリー事件である必要はなくて、他の事件でもよいわけですが、たまたま初心者であるわたしが見つけた事件で分かりやすかったもの、さらに今日お話ししようと思う主な論点に触れた判決であるという以上の意味はありません。

　モンゴメリー事件の事実関係です。ハロルド・モンゴメリーは、カントリー歌手でしたが、ケンタッキー州の一部で活動している程度でした。彼と前妻の間にはジョン・マイケルという息子がいまして、マイケルは父ハロルドの影響でカントリー歌手となりました。息子は父とは違って全米でスターダムにのぼりつめます。ハロルドはバーバラと再婚します。後妻バーバラですね。ハロルドの死後は後妻であるバーバラがハロルドの遺産の唯一の管理人、受益者というかたちになります。ジョンは父の死後、お父さんに対するトリビュート・ソングである「I Miss You a Little」という曲をつくります。さらに、そのミュージック・ビデオもつくるわけです。ところで、この5分弱のビデオの中には、ハロルドの映像や声が全部で25秒程度つかわれています。理由は分からないのですが、ジョンはハロルドの映像を利用するに際して義理の母であるバーバラの許可は得なかったのです。問題の映像の様子は、レジュメに触れましたが、墓標などは横におきまして、ハロルドの名前の入ったレコードのレーベルや、ハロルドとジョンが2人で一緒に演奏し

（著作権情報センター附属著作権研究所、2009年）1頁、田倉保「アメリカ合衆国におけるパブリシティ権に関する議論の動向」『パブリシティの権利をめぐる諸問題』（著作権情報センター附属著作権研究所、2009年）21頁、豊田彰『パブリシティの権利』（日本評論社、2000年）、同『パブリシティの権利2』（日本評論社、2007年）等参照。

ている様子などが出るわけです。かくしてバーバラがマイケルをパブリシティ権侵害で訴えたわけです。スターを夢見る父子鷹、義理の母と息子との遺産をめぐる争い、という事実関係ですと2時間ドラマのような展開でありまして、殺人事件の1つも起こりそうな内容であります（笑）。

ケンタッキー州はパブリシティ権をコモン・ロー上保護するだけでなく、制定法上も保護しています。KRS§391.170というのですけれども、ここではパブリシティ権が財産権であること、そして著名人（public figure）の場合は死後50年間有効で、相続可能ということが定められています。

モンゴメリー事件の争点は2つございます。1つは、相続可能な制定法上のパブリシティ権をハロルドは得られるか。すなわち著名人か、ということでございます。もう1つは、著名人でないとした場合に、コモン・ロー上のパブリシティ権が相続可能かということになります。

地裁は、コモン・ロー上の権利は相続不可能、そしてハロルドは著名人ではないといいます。控訴裁もハロルドは著名人ではないといいます。そして、最高裁に上がるわけです。

最高裁は少し肩すかしのような判決を下します。我々は著名人の正しい定義を判断する必要はない。なぜならハロルドの声、またはイメージは制定法の意味するところの「商業的利益」のためには私物化（appropriation）されていないからであると判断するわけです。さらに最高裁は、パブリシティ権侵害というのはプライバシー侵害の1類型であるプライバシーの私物化から発展してきたことを述べた上で、譲渡可能である、相続可能であるという点でプライバシーとは異なるのだとします。最高裁は、制定法の規定は極めて広範ではあるが、実際には「表現の自由に対する連邦憲法及び州憲法の保護によって抑制される」という旨を指摘し、「情報の伝達またはアイデアの表現を主たる目的として人のアイデンティティを利用することは、パブリシティ権の侵害としては一般に訴訟可能ではない」とします。そして、問題のミュージック・ビデオにつきまして、憲法上保護される表現なので、「原則としてバーバラのパブリシティ権に基づく主張は訴訟不可能である」という判断を下すわけです。最高裁は、「第一修正により保護を受ける作品中」でのアイデンティティの利用であっても、「元になっている作品と十分に関係して

いないとき、または……単に商品やサービスの販売に関する偽装的な商業広告であるときは訴訟可能である」としますが、今回のビデオはそのいずれの場合にも当てはまらないとし、ジョンによるハロルドの肖像等の利用は、第一修正によってパブリシティ権侵害を免責されるとの判断を下したわけです。

　お手元のレジュメには判決のところどころに下線を引きまして、関係する項目名を小さなフォントで示しております。「パブリシティ権とは何か」、「どのようにして生成してきたか」、「コモン・ローと制定法の関係は？」、「有名人だけの権利か」、「譲渡可能か」、「相続可能か」、「表現の自由とはどのような関係になるか」、「どのようにバランスをとるのか」など、今日お話ししたいと思っているポイントがほぼ含まれているかと思います。もちろん、ここでお示ししたのはあくまでも、ケンタッキー州の考えでありまして、州によっていろいろ異なってくるわけですが、問題状況の全体把握ということでご紹介した次第です。

2　パブリシティ権とは

　奥　邨　さて、以上で準備体操を終わりまして、本論に入りたいと思います。その前に2点ほど。後で見ますように、パブリシティ権は米国の場合、州法の問題でありまして、したがって手のつけようがないというのが正直なところでございます。そこで、今日のご報告では、包括的解説書として有名なJ.Thomas McCarthyの"The Rights of Publicity and Privacy, 2d Edition, 2009"に全面的に依拠しています。また、阿部先生、豊田先生をはじめ、先行研究で示されている点は、時間の関係もありますので簡単に済ませさせていただきたいと思います。

　さて、そもそもパブリシティ権とは何を意味するのでしょうか。既に触れましたように州法の問題ですので、全米で統一的な定義はございません。そこで、ある意味、最大公約数的なRestatementでどのように定義されているのかをみますと、「同意なく他人の名前、肖像、その他のアイデンティティの徴を利用することによって、他人のアイデンティティの商業的価値を私物化する者は責任を負わねばならない[10]」とされています。かなり広範な定義

であることがお分かりいただけると思います。

3　パブリシティ権の生成と法源

奥邨　では、パブリシティ権はアメリカにおいてどのようにして生まれたのでしょうか[11]。既にいろいろなところで詳しく紹介されていますので簡単に触れますが、パブリシティ権はプライバシー権侵害の4類型の1つである、プライバシーの私物化を直接の祖先としているといわれています。具体的には「他人のアイデンティティを無許諾で商業的に利用することであって、心理的な苦痛による損害につながるかたちで尊厳と自尊心を傷つけること」とされています。したがって、無名のアーティストの写真を生命保険会社の新聞広告に無断利用するというような場合が典型例になります[12]。逆にいえば、有名人は既に有名でありますので、写真を無許諾で広告に利用されただけでは、そのことで心理的苦痛は概念できず、プライバシーの私物化による侵害は概念できない、と一般にいわれます。そこで、アイデンティティを商業的に利用されたということだけで訴訟を可能とする財産権としてのパブリシティ権が生み出されたというのが大きな歴史になります。

　このようにして生み出されましたパブリシティ権は徐々に各州の間に広がっていきますが、全米で一気に注目を集めることとなったのは、Zacchini事件の合衆国最高裁（The Supreme Court of the United States）判決[13]の影響といえるでしょう。人間大砲というかなり奇抜な技を披露されるZacchini氏のパフォーマンスの全体を地元のテレビ局がニュース番組中で報道したわけです。オハイオ州の最高裁は、パフォーマンスにパブリシティ権が存在することを認めながら、合衆国憲法、特に第一修正はメディアの特権を認めており、そのためテレビ局は侵害を免責されるとしました。これに対して合衆国最高裁は、オハイオ州がパブリシティ権を付与していることを認めた上で、今回のニュース放送はZacchini氏の生きる糧の中心に対する脅威であって、合衆国

10　Restatement 3d of Unfair Competition§46
11　McCarthy §1：25〜§1：33参照。
12　*Pavesich v. New England Life Ins.*, 122 Ga. 190（1905）
13　*Zacchini v. Scripps-Howard Broadcasting*, 433 US 562（1977）

憲法はメディアの特権を認めてはいるけれども、このような場合にまでそれを求めるものではないと判断しました。この件でパブリシティ権は一般も含めた全米の注目を集めるようになったといわれています。ただ、この事件で合衆国最高裁は、オハイオ州がパブリシティ権を認めることを認めるとともに、それは合衆国憲法上の表現の自由に常に道を譲らなければいけないというわけではないということを明らかにしただけして、ある意味一歩退いたようなかたちでの判決であります。直接連邦法上のパブリシティ権を認めた判決ではございません。

パブリシティ権の法源ですが、既に何度か触れましたように、パブリシティ権は州法上の権利でございます。コモン・ローによる保護と制定法による保護の両方がありますが、とりあえず30州で保護されているということです。マッカーシーの記述を元にレジュメには表にまとめております[14]。写し間違いはないと思うのですが、保証の限りではございません。両方○印のついていない州、制定法もコモン・ローもない州はどうなのだというご疑問があるでしょうが、この点あまりよく分からなくて、多分問題になっていないということなのだろうかと思っております。コモン・ローと制定法の関係は州ごとにまちまちでありまして、ニューヨークなどはコモン・ロー上の保護を完全に否定して制定法による保護しか認めません。カリフォルニアなどはコモン・ローと制定法が相互補完的というかたちになっています。

4 論 点

①正当化根拠

奥 邨　続きまして、パブリシティ権の正当化根拠ですが、マッカーシーは5つ挙げています[15]。全部ご紹介する時間がございませんので、主要なものでいきますと、まず、自然権的正当化は、極論すれば自分の名前や姿は自分のものだということです。さらにいいますと、自分のものをつかって他人が勝手にもうけるのは不公正だという考えにもつながります。素朴かつ直感的な考え方ですが、素朴すぎる、直感的すぎるという批判もございます。

14　McCarthy §6: 3参照。
15　McCarthy §2: 1～§2: 9参照。

次にインセンティブ論ですが、例えば「アイデンティティを商業的に利用する権利を認めることで、公衆が注目するような活動を行うことに対する経済的なインセンティブを付与できる」ということだと思います。ただ、芸能人のような場合はいいのですけれども、有名人でも有名になるつもりのなかった人、例えば人命救助をして英雄的活動で有名になった人などについては、そのことにインセンティブがあるのかというような疑問もあります。また、アメリカでは一般的には有名人だけでなくても非有名人であってもパブリシティ権があるという考え方ですから、その辺の説明がうまく行かないという部分があります。

法と経済学のところは飛ばしまして、虚偽表示規制ですが、パブリシティ権自体は誤認、混同等がなくても成立するといわれていますので、必ずしも十分な説明ではないという指摘もございます。

このようにみる限りでは自然権説が一番無難そうですが、一番重要なのは、パブリシティ権を認めることへの強い懸念が、表現の自由との関係で存在するということでございます。もっとも、だからといってパブリシティ権不要論というのは極論ですから、実際にはバランスが問題となるわけです。先にみたモンゴメリー事件でも、表現の自由との関係はパブリシティ権に関する訴訟の中心的な検討事項になっておりました。表現の自由によってパブリシティ権侵害を免責されることがありますので、そのような意味ではディフェンスといいますか、権利制限といいますか、そのように理解できるのですけれども、ただ、判決を読みますと、著作権の権利制限の扱いなどよりはもっと根深い部分がありまして、パブリシティ権がどのようなものかというのを定める上で極めて重要な役割を果たしているといえると思います。

②**主体** **奥邨** さて、主体ですけれども、有名人でない人にも認められるというのが一般的です。Restatement もその立場です[16]。レジュメには Lopez 事件[17]というのを挙げております。これは高校生の女の子がお化粧で変身する前後の写真を掲載した雑誌が問題になったのですが、レジュメの締切り後、見直しましたら、ニューヨークの裁判所がパブリ

---

[16] Restatement 3d of Unfair Competition §46, comment d
[17] *Lopez v. Triangle Communications*, 70 A. D. 2d 359 (1st Dep't 1979)

シティ権について明言する前の事件なので、プライバシーとパブリシティの混合のようになっております。その意味では少し適切でなかったかもしれません。ただ、いずれにしましても、非有名人にもパブリシティ権が与えられるということになりますと、いわゆる顧客吸引力の有無は、パブリシティ権を認めるか否かに関係してこないということになってまいります。

　譲渡可能性ですけれども、一般的には財産権ですので認めるのが自然と思われますが、ニューヨーク州のように認めない州もあります[18]。また、故人のパブリシティ権、すなわちある人が亡くなった後、その人の名前や姿が商業的に利用された場合に、例えば遺族等がその故人のパブリシティ権侵害を理由に訴えられるかという問題ですが、州によって違っています。認められるのは19州ということであります[19]。

③客体　　奥邨　保護される客体でありますが、その人が特定できるアイデンティティ、いわゆるペルソナです。ただ、実際は、州ごとによくみていただかなかいと分かりづらいところであります。カリフォルニア州のように制定法では名前、声、署名、写真、姿のみを対象としますが、コモン・ローでは本人を同定可能な徴であればよいということで広がってまいります。州ごとに制定法、コモン・ローをみて考えていかなければいけない部分というになります。

　人以外にパブリシティ権が認められるかですが、例えば、動物映画で有名な役者犬などについては、マッカーシーによれば基本的には否定されていると考えてよいようです[20]。ただ、ある人の身近な物品がその人を特定可能なアイデンティティと評価されるような場合は、その物品の写真などを無断利用するのは、その物品の持ち主のパブリシティ権侵害となりうるようでございます[21]。

④救済手段　　奥邨　救済手段ですが、差止めがあります。差止めについては表現の自由との関連もありますし、さらに州法に

---

[18] 詳細はMcCarthyの第10章を参照。
[19] 詳細はMcCarthyの第9章を参照。
[20] McCarthy §4: 36〜§4: 39参照。
[21] *Motschenbacher v. R. J. Reynolds Tabacco*, 498 F. 2d 821（9th Cir. 1974）

基づく権利ということからのいろいろな問題があるようですが割愛いたします。損害賠償はプライバシーの私物化類型と異なりまして、被害者というか権利者の心理的な損害に着目するのではなくて、財産権にどのような損害が発生したかを考慮することになります。計算方法としては、市場価値が基本となるようですが、逸失利益が問題となる場合、侵害者の利益の一部または全部を元にして計算する例もあるようです。

⑤侵害判断　　**奥邨**　では、侵害判断についてみていきたいと思います。既に触れましたようにパブリシティ権に関しては表現の自由との緊張関係が指摘されます。そこで、表現の自由との調整が必要となるわけです。おおまかな考え方をご紹介いたしますと、政治的言論やニュース、さらには公衆が関心を有する出来事についての言論の場合には、表現の自由が優勢となり、パブリシティ権侵害が免責される方向になります。一方、広告のような商業的言論の場合は、パブリシティ権が優勢となり、表現の自由による免責は認められない方向になるわけです。これはかなり荒っぽい整理でございますので、ニューヨーク州とカリフォルニア州を例に詳しくみていきたいと思います。

まず、ニューヨーク州ではコモン・ロー上のパブリシティ権は認められていません。あくまでも公民権法に基づいた権利ということになります。参考資料としてレジュメの最後に公民権法の関連部分を掲げておきましたので後ほどご参考ください。具体的には、他人の名前、肖像、絵、声を広告目的または取引目的で利用することがパブリシティ権の対象とされています。では、表現の自由による免責はどのようにニューヨークで扱われるかというと、おおむね取引目的かどうかという解釈の中で処理されるようでございます。具体的にはニュース性のある話題として伝統的なメディアに掲載された場合には取引目的ではないと判断され、パブリシティ権侵害は否定されます。もっともニュース性があれば免責されるということが行きすぎますとパブリシティ権が骨抜きになりかねませんので、その調整として、利用されるアイデンティティとニュース性のある言論の間に合理的な関連、現実の関連という言い方もあるようですけれども、そのような関連がちゃんとあるかということが求められますし、ニュースのふりをした広告、すなわち偽装した

広告（advertisement in disguise）ではないかということもチェックされることになっています。

カリフォルニア州の場合には、ニューヨーク州と違いまして、制定法によるパブリシティ権だけでなく、コモン・ローによってもパブリシティ権が認められています。参考資料で、公民権法の一部を挙げてありますが、実はそこに挙げていないものに故人、すなわち亡くなった人のパブリシティ権についてもっと詳しい規定がございます。そちらは長いので割愛しております。カリフォルニア州の公民権法では他人の名前、声、署名、写真、姿を販売、広告等の目的で利用することが権利の対象となっています。ただ、カリフォルニア州の制定法には詳細な例外規定がありまして、例えばニュース、公的な出来事、政治キャンペーン等に関する場合は侵害とならない旨の例外規定がありますし、掲載メディアが商業誌や広告掲載メディアであるということだけでは侵害とならないとする規定もあります。後者の規定に関してはむしろ商業メディアだということよりも、そのようなスポンサーシップや広告と、利用されたアイデンティティとが直接関係しているのかどうかという、直接関連テストというようなものが行われたりします。一方、コモン・ロー上の権利に関しては制定法の例外は適用されないようですので、第一修正による免責を考えるということになります。

以上ご紹介したわけですが、やはり分かりづらいので例を挙げまして判断構造を示したいと思います。有名な事件がたくさんありまして、それらはいろいろなところでお目にかかるかと思いますので、あまり挙げられない事件について触れたいと思います。内容が適切なのかご議論があるかもしれませんが、いわゆる「お宝写真誌」関連の事件を2つ挙げておきたいと思います。

1つは、アン・マーグレット事件です[22]。アン・マーグレットという有名な女優さんがいたそうですが、その女優キャリアの上でヌードを披露したのは2回しかないそうです。その彼女が二度目にヌードを披露した映画の一シ

---

[22] *Ann-Margret v. High Society Magazine*, 498 F. Supp 401 (S. D. N. Y. 1980)

ーンを写真にして、『Celebrity Skin』という、名前からしてどのような雑誌か分かりますけれども、そのような雑誌に掲載したことが問題となった事例であります。ちなみにこの雑誌は、有名な女性のヌードやその他露出の高い写真を掲載することをウリにしている雑誌でして、彼女が載った号には、「コレクター向けNo.1特集号」というサブタイトルもつけられていたようです。

　この件、裁判所は公民権法51条の侵害にも、コモン・ロー上のパブリシティ権の侵害にもならないと判断します。公民権法51条については、「文字通り読めば人の名前や肖像の利用のほとんどすべてに当てはまるような極めて広範な請求原因を規定している」が「特に『著名人』と称される人の関連では、思想、アイデア、ニュース性のある出来事、さらには公衆の関心のある事項を自由に広めるという第一修正で保障された行為との間で衝突を生じないように、裁判所によって規定は狭く解釈されてきた」。というわけです。そして、「長年にわたって多くの映画ファンの憧憬を集めてきた女性である原告が、その出演作の一つにヌードで出演することを選んだという事実は、多くの人の多大な関心事である」と判断して、「公衆が興味と関心を有する出来事（特に原告のような業績の著名人を含む出来事の多くはこのカテゴリーに分類される）の中で、名前や肖像が利用された場合、そのような利用をもって51条に基づく請求の根拠とはまずできないだろう」と結論づけています。

　コモン・ロー上のパブリシティ権についても、「パブリシティ権は『有名人に、その名前や肖像の公的な利用の全てについて、金銭的に活用する権利を授けるわけではない。』そのような利用が『広告目的または取引目的で』行われるときのみ請求原因が生じる。営利目的で発行される雑誌に単純に利用されたというだけでは訴訟可能な主張として十分な広告または取引のための利用とはいえない。」と判断しています。

　少し捕捉しますと、この判決が出た当時は、まだニューヨーク州にもコモン・ロー上のパブリシティ権が存在するのではないかと考えられていた時代でした。その後、コモン・ロー上のパブリシティ権は存在しないことが確認されまして、パブリシティ権は51条のみに基づくということになりました。そのため、細かい部分は今と異なっているのですけれども、大枠の判断構造

としては現在も有効なのではないかと思っております。

　2つ目の事件は、Toffoloni事件です[23]。彼女は、女性プロレスラーだったのですが、プロレスラーである夫によって息子と共に殺害されました。彼女の死後、そのヌード写真がHustler誌に掲載されたわけです。そこで、彼女の遺産管理人である母親が訴訟を起こしたのがこの事件です。問題のヌード写真ですが、20年前に本人も了解の下に撮影されたものでした。当時、写真とビデオが撮影されたようですが、彼女はカメラマンに、すぐに破棄を依頼し、破棄されたものと信じていたようです。しかし、カメラマンはビデオを隠し持ち続けていて、彼女の死後、そこから写真を作成しHustler誌に持ち込んだわけです。ちなみに、この事件までは写真は未公表であったようです。

　地裁は、ニュース性があるものとして、第一修正の保護を受けるとし、パブリシティ権侵害にはなりませんでした。しかし、控訴裁では、写真がプライベートなものであったことを考慮した上で、記事と写真の関連性が弱い、殺害事件と写真の間にも関連性がない、ことを理由として、ニュース性例外は適用されないと判断しました。この控訴裁の判決は2009年6月に出たばかりでして、まだ評価は十分固まっていないのですが、いろいろなニュース記事などをみておりますと、結論は賛成だが、果たして理屈はどうなのかという感じのコメントもあります。実際判決では、最近は誰でもヌードになるのだからヌード写真にニュース性はないなどという件もあったりしまして、気の毒な人を助けようという点は分かるのですけれども、従来の判決との整合性は気になるところです。この判決を取り上げましたのは、ニュース性例外は存在するわけですけれども、果たしてどのような場合がそれに当たるかというのは、かなり難しい問題であるといわざるをえない例として挙げました。

　時間が過ぎてしまいましたので、まとまりがなかったかもしれませんが以上にさせていただきたいと思います。ありがとうございました（拍手）。

---

[23] *Toffoloni v. LFP Publishing Group*, 572 F. 3d 1201 (11th Cir. 2009)

上　野　奥邨先生、どうもありがとうございました。それでは本山先生、お願いいたします。

3．ドイツ法の観点から

本　山　国士舘の本山でございます。本日はご指名いただきまして、ドイツにおけるパブリシティ権に関する動きを紹介せよということでございました。わたしはこの点につきましてはもちろん不勉強でございまして、まだ勉強しなければいけないところが多々あるのでございますが、たまたまこの3月に著作権情報センターという社団がございまして、そこの著作権研究所というところで、ここにご臨席の伊藤先生ともご一緒してパブリシティ権について研究いたしました。その成果も公表いたしております。『パブリシティの権利をめぐる諸問題』というタイトルの報告書がそれであります。そこでドイツ法の状況について若干の勉強の機会をいただきました。それから、かつて2年間ほどドイツで勉強する機会をいただきまして、その際、現地における肖像の扱いの事情というようなことも実際にみる機会も多少ございました。この問題を考えるうえでは、実際の社会における肖像・氏名等の使用態様というものを理解することがとても重要になってまいりますので、おそらくそのような点を踏まえまして今日はご指名いただいたのではないかと思います。そのようなこともございますので、今日はまずドイツ法の基本的なところと最新の判例の状況などをご紹介できればと考えております。

1　肖像保護の基本原則

本　山　まず最初に、パブリシティの権利でございますが、本シンポジウムの副題にも「パブリシティ権の最新動向」とありますけれども、ドイツ法にはパブリシティの権利あるいはパブリシティ権という概念はございません。ドイツでは、氏名権あるいは肖像権という制定法上に明らかに規定されました人格権を元に、その理論展開として、その氏名・肖像に関しての財産価値を保護するにはどうしたらよいのかという問題の立て方で、同種の問題

が議論されてきたところでございます。

　このような人格的要素をめぐる財産価値の問題は肖像にとどまらず氏名あるいは声など、先程上野先生のご指摘にもございましたけれども、いろいろございますが、本日は特に肖像の財産価値の保護についてご紹介したいと思います。その理由は、肖像権に関しましては特別法として制定法もございまして、その中で肖像価値をめぐる要件論あるいは侵害論との関係で考慮すべき要素が法律上明らかにされているということと、それに関しての裁判例の蓄積も比較的豊富であるということが理由でございます。以下では肖像保護に関しまして中心的に述べさせていただこうと思っております。

　まず、制定法でございます。これは1907年に制定された美術著作権法という法律の22条に規定がございます。そこでは、肖像は、その肖像本人の同意がある場合に限り、頒布し、または公衆に展示することができると。そして、その保護期間でありますが、肖像本人の死亡の後は、その死後10年の期間が終了するまではこの同意を要するという規定になっております。

①何故に著作権法か　　**本山**　ではなにゆえに肖像権の規定がこの著作権法の中に規定されたかというところでございますけれども、これは日本の旧著作権法もそうでございましたが、嘱託創作による肖像の著作物というものがありまして、その肖像画としての著作物を作成した場合に、嘱託者、それから著作者の関係のみならず、さらに同時にその肖像本人との関係、この三者の関係を一括して明確にするために、この22条の規定が著作権法内に規定されたという事情がございます。ですから、たまたま著作権法の中に規定されてはいますが、22条の出発点は、あくまでも人格権保護規定、人格価値あるいは観念的な利益の保護に置いているということでございます。ちなみに、条文の第2文には、肖像本人が自らを利用させることについて報酬を受けている場合には、同意は与えられたものとみなすという文言があります。これがまさに嘱託による肖像描写、肖像著作物の作成の場面を予定したものと考えられます。

②権利の性質　　**本山**　この規定の出発点は、今申しましたようにあくまでも人格価値の保護、すなわち日本語でいう人格権であったわけでございますが、では、このような人格権で肖像の持つ財産価

値は保護されうるのかという問題が生ずるかと思います。そこで、権利の性質論が問題になってくるわけでございますけれども、この点をドイツ法では一元論モデルという考え方で整理いたします。一元論モデルといいますのは、人格権を、人格要素の備える観念的あるいは人格的利益のみならず、財産的利益も一元的に保護する単一の権利とみるという考え方でございます。これはドイツの著作権法の著作権の考え方も同様でございまして、人格の発露である著作物は、財産価値を持つと同時に人格価値を持つわけですが、その両価値を一元的に同時に保護する単一の権利として著作権が理解されます。ですから、ドイツの著作権は日本の著作権のように単なる財産権ではなくいわけであります。

とはいえ、この法律ができたのは1907年であります。20世紀幕開け直後でありますから、今日におけるような肖像や画像の商業的な利用技術、撮影技術や印刷技術などというものはおそらくなかった時代ではないかと思います。ですから、立法の当初から22条の肖像権が観念的な利益と共に財産的利益をも保護するという考え方があったわけではありません。そのような考え方は、特に戦後の裁判理論の発展の中で、明らかにされてきました。

そのごく最近の例が、マレーネ・ディートリッヒ事件[24]というものでございます。2000年の最高裁判決でございますけれども、マレーネ・ディートリッヒをご存じの方はいらっしゃるかもしれませんが、これは有名な女優さんなのだそうで、1992年に亡くなられたと。そして、翌年にディートリッヒさんの生涯を扱ったミュージカルを企画したプロダクションがあったそうでございます。その際に、ミュージカルの会場でマーチャンダイジング商品といいますか、ディートリッヒの顔を印刷したTシャツやテレフォンカードを販売したと。それが果たしてディートリッヒさんの相続人のわが国で言うところのパブリシティの権利の侵害に当たるかということが問題になった事件でございます。裁判所はそこではっきりと、人格権には単なる観念的な利益のみならず財産的な価値を保護する部分もある、財産価値的な構成部分をも有するのだということを述べまして、1907年美術著作権法22条、肖像権をもっ

---

[24] BGH GRUR 2000, 709–Marlene Dietrich.

て肖像の財産価値を保護しうるということを明らかにしたわけでございます。

③保護対象―「肖像」とは―　　　**本山**　すると、保護対象ということになりますが、これはいうまでもなく肖像であります。学説は、肖像という意味を、描写態様なり描写技術あるいは描写媒体と無関係に、現存ないし死後の人物のすべての描写が含まれると。要するに、決定的なメルクマールは肖像本人の認識可能性だというように、かなり広く解しています。ですから、写真であろうとイラストであろうとフォトモンタージュであろうと修正写真であろうと、そこ（レジュメ指摘）に書いてあるものがすべて入ってくると。中にはそっくりさんの描写も含まれうると考えているようです。

この点、判例はどう解しているかと申しますと、1979年サッカーゴール事件[25]におきまして、肖像本人、それはゴールキーパーですけれども、そのゴールキーパーの顔は写っていないのですが、その背後をネット越しに撮影した写真の財産価値の保護が承認されています。判示にもございます通り、その肖像から生じる特徴で、まさに肖像本人固有のものを通じて認識可能な場合ならば、それは22条の保護対象である肖像に入ってくると解しています。

それから、最近の事例でブルーエンジェル事件[26]です。これ（スライド画面指摘）ですが、肖像権に関する事件で実際に争いの対象となった肖像写真が裁判例に添付されることはなかなか少ないのですが、珍しくこれにはそれがございました。これは、先程ご紹介したマレーネ・ディートリッヒ事件と同日で最高裁判所が判決したもう一方の事件です。これもディートリッヒに関係するものでございます。先程のマレーネ・ディートリッヒはベルリンのほうから最高裁に上がってきましたけれども、こちらはミュンヘンのほうから上がってきたものであります。ここ（スライド画面指摘）に何かマークがございますけれども、これがブルーエンジェルと称される青い色をしたエコマークのようであります。この広告はプリンターの広告のようですが、このプリンターがエコ商品だということを示すために、このブルーエンジェルという

25　BGH GRUR 1979, 732–Fußballtor.
26　BGH GRUR 2000, 715–Der blaue Engel.

マークをつけている。ところが、マレーネ・ディートリッヒは若いころに『ブルーエンジェル』という映画に出演したようでございまして、そこでマレーネ・ディートリッヒとブルーエンジェルが関係するので、マレーネ・ディートリッヒを模した写真をつかったと。ただ、これはマレーネ・ディートリッヒ本人ではありませんで、その有名な一シーン、右足を高く上げて途中で膝を折っているのだそうですが、その有名な象徴的なシーンを、別人によるポーズによってつかったというものでございます。ですから、これはマレーネ・ディートリッヒ本人ではないのですが、いわばそっくりさんということです。この判示によりますと、本人が認識可能で特定可能であればそれでよろしいのだと。要するに、著名人のそっくりさんの描写がその著名人の肖像と認めうるのは、そのそっくりさんがあたかも当該著名人自身であるかのような印象を呼び覚ます場合であるというような判示をしています。22条で保護される肖像の範囲はそっくりさんにまで広がっているということになるわけです。以上が保護対象でございます。

④譲渡可能性と相続性

本山 このように財産価値的な構成部分が保護されることになりますと、先程上野先生からも問題提起がございましたが、では譲渡可能性と相続性はどうなのかという問題がございます。人格権それ自体は、移転可能性は否定されます。これは日本でも同様ではないかと思いますが、それは人間の尊厳保護とか自己決定の権利という、いずれも譲渡とは両立不可能な考え方がございますので、人格権自体は譲渡ができないわけでございますが、では財産価値的な構成部分はどうなるのかというところが問題になります。有力な学説は、先程もご紹介いたしましたが、権利構成そのものを一元論のモデルで著作権と同様に構成しますので、ここでも著作権のモデルを参考にしまして使用権許与という方法で何とか対処できないかと考えるようであります。つまり、権利そのものは人格主体のほうに残るわけですが、相手方に対しては債権的な関係でその使用を許諾すると。あるいは、許与した使用権に排他的な性質も与える、排他的な使用権という考え方もございます。そのような使用権許与のモデルで対処していこうと考えているようでございます。この点、判例のほうはどうかと申しますと、立場をまだはっきりとは示していません。譲渡可能か、あ

るいは不可能かということは申していませんけれども、幾分、譲渡可能性について思わせぶりな態度を示しているというところでございます。それがマレーネ・ディートリッヒ事件、ベルリンから上がってきたほうの事件でございます。レジュメ2ページの一番下ですが、そこでは、譲渡不可能性と非相続性の原則が必ずしも人格権のすべての構成部分に妥当するわけではない旨を最高裁はこれまで判示してきたのだと述べています。例えばメフィスト事件判決[27]では、「人格権は、その財産価値的な構成部分を除いて高度に人的な権利として移転不可能であり、かつ相続性を欠いている」という判示をしているというようなことを述べています。ですから、財産価値的な構成部分の移転可能性、譲渡可能性を正面から否定しているものではないと解されます。参考まででございますが、もう一方のディートリヒがかかわったブルーエンジェル事件では、実は原告は相続人本人ではなくて、人格権の管理団体で、ゲゼルシャフトでした。この辺を譲渡可能性との関係でどう解し得るのかということも、問題になろうかと思います。

次に相続性でございます。これは既に最高裁が正面から承認しています。これもマレーネ・ディートリッヒ事件ですが、判決部分、アンダーラインをいたしました（レジュメ指摘）通り、その財産価値的な構成部分は、生前における譲渡可能性とは無関係に相続されると。ただ、相続されたとしても相続人の権限は人格主体、肖像本人の意思と無関係に行使されるものではないというところが、2番目（レジュメ指摘）の「故人の意思の推断を必要とする」という点でございます。そこでは、保有者すなわち人格主体の推定上の意思に反して行使することはできないのだということを述べています。

⑤存続期間　　**本　山**　次に存続期間です。これについては制定法上、先程ご紹介しました通り、死後10年という一応のルールがございました。ただ、1907年の立法はあくまでも人格価値の保護を前提としていますので、財産価値的な構成部分についてこれがそのまま妥当すべきだということは必ずしもいえるものではないということになってまいります。判例は、ブルーエンジェル事件では、少なくとも美術著作権法22条2文に定

27　BGH GRUR 1968, 552-Mephisto.

める10年の期間は存続するのだということを述べていますので、10年を超えて保護されるかどうかは、ここでは否定されていないということになります。それに対して、2007年の最高裁判決、kinski-klaus.de事件[28]がございますが、これは23条3文の類推適用によって、財産価値的な構成部分の保護期間を人格主体の死後10年としています。ただ、これに対しては学説の批判がございました。22条3文の保護期間というのは、戦後発展してきました死後の一般的人格権という理論と必ずしも関係のあるものではないと。そして、死後の一般的な人格権については、必ずしも明確な保護期間というものの設定がない以上は、肖像権の財産価値的な構成部分についても、何も1907年の立法に引きずられる必要はないということで、1つの提案としましては著作権の保護期間を参照しながら人格主体の死後70年を提案する見解もございます。この理屈としましては、写真の保護期間とのバランスが挙げられることもあります。多くの肖像が写真に写り込むわけですが、写真はそれが著作物として評価された場合、写真家の死後70年保護されるわけです。ところが、その写真の価値というのは、写真の撮影技術もさることながら、肖像の価値というものも寄与しているわけでございますから、写真家の著作権が死後70年保護されるのに、そこに写り込んでいる肖像の保護期間が死後10年では平仄が合わないのではないかという問題意識であります。

2　保護の限界

本山　このように保護の原則が考えられるわけでございますが、このような肖像権は決して無制約ではございません。そこで2番目としてご説明しますのが、レジュメ4ページの保護の限界です。22条の次に肖像権の制限に関する23条の規定がございまして、そこでは22条に定める同意を必要とすることなく肖像を利用することができる場合が制定法上明らかにされています。23条1項では、その1号で、現代史の領域に属する肖像であればその肖像は同意なく利用できると。ただし、その同意が必要ないという場合も、さらに制約がございまして、その2項で、その利用が肖像本人の正当な利益を

---

[28] BGH GRUR 2007, 168-kinski-klaus. de.

害する場合はその限りではないと。やはり、また原則に戻って同意を要すると。要するに23条1項は、利用する側の抗弁事由、2項は肖像本人側の再抗弁事由ということになろうかと思います。

そうしますと、自由利用が許される現代史の領域に属する肖像とは何かということになってまいります。現代史というのは、そこ（レジュメ指摘）にお示しいたしました通り、法文ではZeitgeschichteという言葉が当てられています。これは、辞書上の意味としては現代史でありますが、それは例えば近代史や中世史とは異なるという意味での歴史上の時代区分を意味するものではありまでんので、より適当な訳としては、時事とか、時事の領域の属する肖像という訳のほうが適当ではないかと思っておりますが、とりあえずは、辞書上の意味で、現代史の領域に属する肖像といたしております。いずれにいたしましても、ここで特定の肖像の自由利用を認めようとする立法者意図は、あくまでも特筆すべき人格とその社会活動とに関する報道についての一般の正当な情報利益の保護に求め得るものと解していました。ですから、ここで優先されるのは、公衆の情報利益、知る権利と申しましょうか、その利益でございます。

では、具体的に現代史上の人物というのは、どのように整理されているのかという学説の整理でございますが、これを学説は、「現代史上の絶対的人物」と「現代史上の相対的人物」に分けまして、絶対的人物というのは、際立って突出する著名な人物であって、公的生活と関係を有するそのすべての行状において公衆の情報利益を肯定しうる存在と。これに対しまして相対的人物というのは、特定の事件との関係でそのような公衆の情報利益を肯定しうる存在と解しています。いずれにいたしましても、当該肖像の利用については、許容される自由利用といいますのは、公衆の情報利益を保護するものですので、専ら広告目的で利用しまして情報利益を認め得ない場合は、1項の抗弁はそもそもできないということになります。ただ、現実的には実際につかわれた肖像の持つ情報利益とそれをつかうことによる広告目的あるいは営利目的というものを明確に分けることは不可能でございますので、そこで肖像の商業的利用場面における広告目的と情報目的の峻別の困難性が生じてくると。これが今申しました23条1項1号の抗弁と、2項の再抗弁の正当な

利益の較量の問題として顕在化するというところでございます。ただ、この較量の問題は、その基準は明確ではないようでありまして、ドイツの学説でも、最高裁でもはっきりとした判断基準は示していないというようなコメントもなされるところです。その推測される要因としましては、結局これは公衆が求める情報の多様性、要するに情報公益を構成する利益の一様の把握が困難であるという要因と、現代史上の絶対的人物、1項の抗弁で自由利用が許される肖像もさまざまでありまして、芸能人からスポーツ選手、あるいは政治家も想定されますが、そうした肖像本人側の正当利益についても一様な把握が困難であるとの要因があろうかと思います。そこで結局、較量も両サイドのさまざまな要素を検討する必要がございまして複雑になってくるということではないかと考えられます。

3 裁判例

本山 そこで若干裁判例をご紹介いたしまして、実務ではどのような基準でこの問題を解決しているかというところを見てみたいと思います。まず第一は、1979年のサッカー選手事件[29]。これはベッケンバウアー事件とも呼ばれまして、70年代の有名なベッケンバウアーというドイツを代表するサッカー選手の肖像がカレンダーにつかわれたという事案であります。裁判の判決文から知るところによりますと、カレンダーはこのよう（スライド画面指摘）になっています。カレンダー全体は73センチ掛ける52.5センチの大きさでした。ベッケンバウアーの写真がつかわれたのはタイトルページのみでありまして、この（スライド画面指摘）大きさは41センチ掛ける32センチでした。カレンダーページは、日付は上の囲み、幅としては6センチですが、このわずか6センチの囲み部分に日付が並びまして、大概の部分はサッカー写真で占められていたと。その大きさは37センチ掛ける46.5センチのようであります。カレンダーページのほうにベッケンバウアーの写真はなかったようでありまして、その他のサッカー選手のさまざまな写真があったようです。ベッケンバウアーの写真はまさにドイツを代表するサッカー選手としてタイトル

---

[29] BGH GRUR 1979, 425–Fußballspieler.

ページのみにつかわれたという事例でありました。結論としましては、最高裁は肖像権侵害を否定しています。ですから、自由利用で構わないという結論でございます。地方裁判所はベッケンバウアーの請求を認めて、控訴裁判所もベッケンバウアーの主張を認めているのですけれども、上告審でそれがひっくり返ったということであります。結局12枚の写真を結びつけるテーマには、それ自体に情報を提供する独自の内容があると。そして、ベッケンバウアーの写真は、この統一的なコンセプトと対応関係があるということが理由となって、そこに高度の情報価値というものが認められまして、それが肖像権侵害を否定する実質的な理由になっています。

次がロック歌手事件[30]です。これは伝記書籍の表紙にロック歌手の肖像がつかわれたというものでございます。ペーパーバック書籍だったようでございますけれども、その表表紙にはマイクロホンを持つ原告のカラー肖像が掲載されていたと。結論的には肖像権侵害を否定しています。その理由とするところは、まさに伝記を収載しているペーパーバック書籍であるというところを重視すべきだというものでございます。単に任意の商品に関する購買刺激として肖像をつかっている場合とは異なるという判示でございます。

3番目が、テニス教本事件[31]です。これはご存じのボリス・ベッカーの肖像写真が、テニスのプレーの方法等を解説するテニス教本の表紙カバーにつかわれたという事案でございます。これもベッカーの請求を認めていません。肖像権侵害を否定しています。結局、原告をまさにプレーという動きの状態の中で写真をつかっているのだと。さらに、書籍全体の独自かつ統一的なコンセプトも対応していると。そうであれば、やはり高次の情報価値が認められるという理由でございます。

次が俳優・商品広告雑誌事件[32]です。1995年の事案でございます。これは商品広告雑誌、ドラッグストアの店頭に無料で配布されるような商品広告の雑誌の表紙に著名俳優の写真がつかわれたと。ところが、その雑誌の一部分、第16ページに当該俳優の記事が存在していたという状況でございまし

---

[30] KG UFITA 90 (1981), 163–Rocksänger.
[31] OLG Frankfurt AfP 1988, 62–Tennis-Lehrbuch.
[32] BGH AfP 1995, 495–Kundenzeitschrift.

た。最高裁は肖像権侵害を否定しているのですが、その理由とするところは、結局タイトルページの写真と中身の記事との対応関係、編集上の関係が認められるので情報価値があると判示しています。

5番目は、ヴィリー・ブラント事件[33]です。これは有名な元連邦首相のヴィリー・ブラントさんの肖像が追悼メダルに使用されたという事案でございます。これも肖像権侵害を否定されています。メダル表面にはヴィリー・ブラントの政治経歴なども記載されているわけですが、ヴィリー・ブラントのような人格の場合には、特別高度の情報価値が存在するのだと。ですから、肖像権侵害は認められないという判示でございます。

次に紹介しますのは、サッカーゲーム事件[34]です。日本でも有名なオリバー・カーンに酷似する画像を用いたシミュレーションゲーム、サッカー・コンピュータ・ゲームにその映像が用いられたと。そのプレーシーンは非常に完璧に再現されているようでありまして、はっきりと原告オリバー・カーンの姿が画面を埋めるように現われるというようなゲームだったようです。この事件では、肖像権侵害が肯定されています。要するところ、本件では、基本法5条、憲法に基づいて報道の自由が保障されるようなメディアの場合とは異なって、ゲーム嗜好者に魅力的なコンピュータ・ゲームを販売し、かつ利潤を獲得することが目的とされていると。それが全面に立っているということで肖像権侵害を肯定したという事案でございます。

では、このようにいくつかの代表的な判例をみたところから、情報利益と正当利益がどのようなバランスで較量されるかということについて若干の感じたところをまとめます。まず媒体との関係で帰納できるところですが、タイトルページ写真の場合、肖像がタイトルページにつかわれた場合は、1つには、内容物の統一的なコンセプトあるいはテーマとの対応関係があれば自由利用が認められると、さらに2つ目には、内容物の個別記事との関係、編集上の関係があればやはり自由利用は認められると。このようなことが言えるのではないかと思います。1つ目のほうは、特にベッケンバウアーのカレンダーの事件が対応しているところでありまして、2つ目の個別記事との関

---

[33] BGH NJW 1996, 593–Willy Brandt.
[34] OLG Hamburg ZUM 2004, 309–Fußball-Computerspiel.

係のほうは、ドラッグストアの広告雑誌の事件がそれに対応しています。それから、肖像が本文ページにつかわれた場合でありますが、この場合には、当該肖像の財産価値の基礎を与える活動、業績との関係でその肖像がつかわれていれば、情報利益が優先するということになるのではないかと考えられます。レジュメでは紹介いたしませんでしたが、この点に関してのヤン・ウルリッヒ事件。これは有名なサイクリストといいますか、自転車レーサーであるウルリッヒの肖像が、たまたま広告主体になっている他の選手とスタートラインで並ぶところが撮影されてしまいまして、ウルリッヒはそれを承諾していないので肖像権侵害になるのではないかという訴えを起こした事件です。裁判所は結論として肖像権侵害を認められなかったのですが、その理由として、肖像利用がその人物を有名にしている業績と、見る者にとって明瞭な関係に置かれている場合であるということを述べています。

　次に肖像との関係で帰納できるところを申しますと、ヴィリー・ブラントの肖像利用を認めた要因です。すなわち、肖像なりその本人に高度の公人性が認められる場合には、それを根拠として、肖像の自由利用が認められる帰結となるのではないかと考えられるところであります。

　少し時間を超過して恐縮でございましたが、以上、ドイツ法の報告とさせていただきます（拍手）。

　上野　本山先生、どうもありがとうございました。それでは伊藤先生、よろしくお願いいたします。

4．実務の観点から

　伊藤　弁護士の伊藤でございます。よろしくお願いいたします。わたしも現場の人間ですので難しい話ができませんので、具体的な判決からみえる、今の、とりわけ最初に上野先生からお話しいただきました雑誌や書籍の部分での判断基準についてお話をさせていただこうと思っております。ただ、わたしは当初予定していたところでは、14時20分までに終わることと言

われておりまして、ただ今20分を超えているので、本当はここで退場しなければいけないのですが (笑)、それではちょっとお役目が果たせませんので、できるだけかいつまんでお話をさせていただこうと思います。

1　書籍雑誌におけるパブリシティ権侵害の判断基準

伊　藤　冒頭の上野先生のお話にありましたように、雑誌・書籍のパブリシティ権の判断については緩やかな、ブブカスペシャル7事件の高裁判決、あるいはキング・クリムゾン事件の地裁判決と、「専ら」基準といわれているような、どちらかというと厳しい基準の2つの対立があったのであろうと把握しておりました。今般ピンク・レディーの高裁判決は、それに対して新しい判断基準とも思われるものを定立してきているように思います。その辺のところを最初にご紹介したいと思っております。

一番典型的につかえる話としてキング・クリムゾンの地裁判決を最初に取り上げます。この判決は、「出版物は、パブリシティ権を侵害するか否かの判断は、出版物の内容において当該著名人のパブリシティ価値を重要な構成部分としているか否か、言い換えると重要な部分において当該著名人の顧客吸引力を利用しているか否かという観点から個別具体的に判断すべきだ」という判断基準で「専ら」ではなくて「重要な」という判断基準を定立しているわけです。この判決は、さらに引き続いて「かかる本件書籍の性格及び内容並びに想定される購入者層からすると、本件書籍における中心的な部分は、そのページ数の大部分を占め、キング・クリムゾンの愛好家にとって最も資料的な価値の高い作品紹介の部分にある」という言い方をしてパブリシティ権の侵害を肯定していくわけです。

これに対して、キング・クリムゾンの高裁事件が「専ら」基準をつかった最初の判決だと思われます。先程上野先生のお話の中では、「専ら」という言葉は出てこないというお話がありましたが、この判決では、「したがって、判断基準の異なる氏名、肖像の顧客吸引力と、言論、出版の自由に関する紹介等とを単純に比較することは相当ではなく、パブリシティ権侵害に当たるか否かは他人の氏名、肖像等を使用する目的、方法及び態様を全体的かつ客観的に考察して、右使用が専ら他人の氏名、肖像等のパブリシティ価値に着

目し、その利用を目的とする行為であるか否かにより判断すべきものであって、原則的に他人の使用が禁止されている著作物の引用の場合と同一に考えることができないから、被控訴人の主張は採用できない」と、この辺りには専らという言葉がつかわれてきています。それ以外にも、「しかし、著名人の紹介等は必然的に当該著名人の顧客吸引力を反映することになり、紹介等から右顧客吸引力の影響を遮断することはできないから、著名人の顧客吸引力を利用する行為であるというためには、右行為が専ら著名人の顧客吸引力に着目しその経済的利益ないし価値を利用するものであるということが必要であり、単に著名人の顧客吸引力を承知の上で紹介等をしたというだけでは当該著名人の顧客吸引力を利用したということにはならない」という言い方をしています。

　いずれにしても顧客吸引力という言葉は、ご承知のようにパブリシティ権を認める上でのキーワードとして発展してきているわけで、それはおニャン子クラブ以来続いてくるわけですが、それがどのようにつかわれているかという判断基準のところでこのような差異が出てくるわけです。どの判決も「パブリシティ権とは」というような冒頭での説明を置いておりますが、そこのところの書きぶりそれ自体、著名人の氏名・肖像に一定の顧客吸引力があり、それを排他的に利用する何らかの経済的権利ないし利益というものがあるということは、丁寧に判決をみていただければお分かりいただけると思います。それについて正面から否定する判決はないのですが、それの利用態様のところの判断基準のところでこのような差異が出てきています。同様のことが、先程出てきた、ちょっと品のないといわれるブブカスペシャル７事件でも出てきています。この事件の場合には、地裁のほうが「専ら」基準をつかい、高裁のほうがそれを緩やかな基準でつかっていたということでは、キング・クリムゾン事件とは逆のパターンになるわけでして、地裁の判決は「以上の点を考慮すると、あるものの行為が上記パブリシティ権を侵害する不法行為を構成するか否かは、他人の氏名、肖像を使用する目的、方法及び態様を全体的かつ客観的に考察して、上記使用が当該芸能人等の顧客吸引力に着目し、専らその利用を目的とするものであるといえるか否かによって判断すべきである」と述べています。そういう意味では、キング・クリムゾン

事件の高裁と同じ判断基準を出しています。藤原紀香さんなどの部分についても、1「75～77の写真は、全体として」(これはアサヒビールの写真の件ですけれども)、「現在は大変な売れっ子となった原告藤原の売り出し中の活動歴を紹介する記事の一部となっているものであるから、前記本件雑誌の構成や写真が大きいものであることを考慮しても、同原告の顧客吸引力に着目し、専らその利用を目的とするものとまではいえない」。その次のところは脇の下の話ですが、ウの写真については、「やや品位に欠ける面があるとしても、女性アイドルの脇の下の美しさについて論評する記事の一部を成しており、その枚数及び大きさも、その記事に必要な範囲を超えるものではないから、同原告の顧客吸引力に着目し、専らその利用を目的とするものであるとまでは認めることができない」と判示しています。逆にこの事件でもパブリシティ権侵害を肯定した後藤真希さんの部分については、「同写真の使用の態様は、モデル料が通常支払われるべき週刊誌等におけるグラビア写真としての利用に比肩すべき程度に達しているものといわざるをえない。したがって」、ということでパブリシティ権を侵害したものと。このような基準で丁寧に峻別をしていっています。

　これに対して、高裁の判決のほうは、読んでみると専らという言葉が出てこないわけです。かなり広く「このような著名人の肖像等の性質にかんがみると、著名な芸能人の有するパブリシティ権に対して、他の者が、当該芸能人に無断でその顧客吸引力を表わす肖像等を商業的な方法で利用する場合には、当該芸能人に対する不法行為を構成し、当該無断利用者は、そのパブリシティ権侵害の不法行為による損害賠償義務を負うと解するのが相当である」と判示しています。その後に表現の自由との関係について述べるのですが、そこの部分では、「当該出版物の販売と表現の自由の保障の関係を考慮しながら、当該著名な芸能人の名声、社会的評価、知名度等、そしてその肖像等が出版物の販売促進のために用いられたか否か、その肖像等の利用が無断の肖像的利用に該当するかどうかを検討することによりパブリシティ権侵害の不法行為の成否を判断するのが相当である」と述べています。ここのところで専らという話ではなくて、逆に、肖像や出版物の販売促進のために用いられたか。無断の商業的利用に該当するかどうかという基準を考えれば、

ほとんどの雑誌はこれに該当することになるだろうと。赤字にせよ、その雑誌を売るための中の記事を構成していますので、商業的利用という話になってくるのだろうと。あとは、話したかったのですが時間がないので、中を読んでいただけばよいのですが、各写真については、非常に詳細に中の文章を引用しながら、「符号76、77の写真の掲載が過去の芸能活動の紹介である形式をとりながら、読者の性的な関心を呼び起こさせる不当な記載となっている」と。中を読んでもらえるといろいろとこの雑誌に対する裁判官の嫌悪感というものが強くにじみ出ていて（笑）、高裁のお年寄りの判決でありますので、実際には主任の裁判官は女性のお母さん裁判官で、大体わたしと同じ世代の方ですが、部長をはじめ右陪席の裁判官も厳格な裁判長であったと思いますが、嫌悪感がにじみ出て、こんなの表現の自由の対象じゃないみたいな感覚がちょっとあったのかもしれません。

　このような状況下で、わたしの分類が正しいかどうか極めてざっくりとした基準で述べさせていただきましたけれども、緩やかな基準をとったのはキング・クリムゾン地裁判決で、それ以降中田さんの判決、キング・クリムゾンの高裁判決からずっと「専ら」の基準に近いかたちできていたところに、突然ブブカスペシャル7の東京高裁判決が来て、緩やかに営業目的、商業目的で利用するのであれば、侵害になるような考えが出た。そこでピンク・レディーの判決が来ました。そういうことなので、当然出版社側の代理をするわたしのほうは「専ら」基準が適用されるべきだという話をし、他方責めるピンク・レディー側は商業的な利用であったということが主に争われて、そこの判断基準の争いというのが1つ大きなお話になりました。

　判決をみていただく上で、雑誌の内容の中で、たとえば『渚のシンドバット』ですが、ピンク・レディー世代で育った方達が現在はお子さんを持っているといった観点からピンク・レディーの踊りを踊りながら子どもさんとスキンシップを深めるというかたちでの記事構成になっている。これはうまくつくっているんです。裁判になってからこのように考えたわけではなく、編集者は当然のこととして考えているのですが、ピンク・レディーよりは、まえけんのほうが必ず大きいのです。大きさはどうみるかといえば、顔の大きさでみれば写真の大きさが分かるのです。そういう意味でいえば、まえけん

が主で、まえけんが説明していて、当時のピンク・レディーの振り付けを 1 枚、写真に載せているという構成になっています。4 コマで踊りを示すというかたちですので、その意味ではまえけんの踊りの説明が主なのです、という構造はきっと編集者としてはとっているつもりだったというお話でございました。グラフティのようなかたちで当時のピンク・レディーの写真、それからもう 1 つ、ここから下は KABA. ちゃんが説明していて、これは当時の多分『スタ誕』ですし、この辺の私服で踊っているのは、NHK の『紅白』の事前の公開練習の写真だろうといった具合です。そういう意味でいうと、『ピンク・レディー de ダイエット』で用いているピンク・レディーの写真のお話と、後半に出てくるグラフティとしての写真の 2 つの話があって、それぞれ説明の仕方が違ってくる。当時の踊りの状況を想起させるための写真というのと、当時のピンク・レディーの活躍を全体として想起させる写真という 2 つの写真がございます。これらの写真は許諾を得て撮影している。要するに番宣であったり、そのようなかたちで『紅白』のリハーサルをするからということで雑誌社にお声がかかり、雑誌社は自分のところのカメラマンなりが撮影をしてきていて、自分の社で保存している。そういう写真を専らつかっております。そういう意味では、先程のブブカ事件のように無断撮影した写真ではないし、撮影したときに当然わざわざ「カメラマン連れておいでよ。リハーサルしてるから撮ってくださいね」と言っている写真ですから、それが撮られて週刊誌等に載るということについては承諾であり、そこに出演しているミーちゃん、ケイちゃんも当然承諾はしているわけです。ただ、問題となっているのは、10 年、20 年たった後に載せるときに承諾をもらっていたかといえば、当然もらっていませんし、「そんなことにつかわれることについて承諾がなければダメなんです」、「いや、承諾がなくたってつかえるでしょう」と、基本的な争いというのはそのような関係になります。

　この地裁判決は基本的に「専ら」判断をしてくれています。キング・クリムゾン事件と同じように、「その紹介記事等に、必然的に当該芸能人等の顧客吸引力が反映することがあるが、それらの影響を紹介記事等から遮断することは困難である。以上の点を考慮すると、芸能人等の氏名、肖像の使用行為がそのパブリシティ権を侵害する不法行為を構成する否かは、その使用行

為の目的、方法及び態様を全体的かつ客観的に考察して、その使用行為が当該芸能人等の顧客吸引力に着目し、専らその利用を目的とするものであるといえるか否かによって判断すべきである」と、まさに同じ判断をしていたところで、これで安心だなと思っていました。

そうしたところ、高裁判断では大変おもしろい判決をしていただいています。判断基準として、「結局のところ著名人の氏名・肖像の使用が違法性を有するか否かは、著名人が自らの氏名・肖像を排他的に支配する権利と、表現の自由の保障ないしその社会的に著名な存在にいたる過程で許容することが予定されていた負担との利益較量の問題として」と。表現の自由の保障というだけではなくて、「ないしその社会的に著名な存在にいたる過程で許容することが予定されていた負担との利益較量の問題として相関関係的に捉える必要があるのであって、その氏名・肖像を使用する目的、方法、態様、肖像写真についてはその入手方法、著名人の属性、著名性の程度、著名人の自らの氏名・肖像に対する使用・管理の態様等を総合的に考察して判断されるべきものということができる。そして、一般に著名人の肖像写真をグラビア写真やカレンダーに無断使用する場合には、肖像自体を商品化するものであり、その使用は違法性を帯びるものといわなければならない。一方、著名人の肖像写真が当該著名人の承諾の下に頒布されたものであった場合には、その頒布を受けた肖像写真を利用するに際して、著名人の承諾を改めて得ていなかったとして、その意味では無断の使用に当たるときであっても、なおパブリシティ権の侵害の有無といった見地からは、その侵害が否定される場合もあるというべきである」と。これは新しい判断で、とりわけ今強調して読みましたように入手のときのこと、それから当該写真撮影をされたときに著名人になっていくその過程で当然予定されているような負担は発生するのだと。甘受しなければいけないのだと。今までの「専ら」基準にしても、緩やかな基準にしても、つかったときにどうつかっているか、顧客吸引力をどうつかっているかという現時のことだけで判断していたのに対して、当該肖像を撮影されたときに予測されるような事柄というような別途の事情を勘案して判断されるのだというかたちで言った点は、非常に新しい判断であったのだろうと思います。

あと1〜2分で終わりにしたいと思いますが、その後のところで、控訴人、ピンク・レディー側の話として、営業的なものであれば侵害なのだという理論に対しては、「出版事業も営利事業の一環として行われるのが一般的であるところ、正当な報道、評論、社会的事象の紹介のために必然的に著名人の氏名・肖像を利用せざるをえない場合においても、著名人が社会的に著名な存在であって、またあこがれの対象になっていることなどによって、著名人の氏名・肖像の利用によって出版物の販売促進の効果が発生することが予想されるようなときには、その氏名・肖像が出版物の販売促進のために用いられたということができ、また営利事業の一環として行われる出版での著名人の氏名・肖像の利用は、商業的理由によるということができる」ということで、控訴人側のような立場をとれば、すべての出版物の利用が商業的という話になってしまうので、これは広すぎるだろうと。これで終わってくれればいいのですが、返す刀でこちらのほうも切られまして、「他方」というところなのですが、「専ら」基準についても駄目だと。「パブリシティ権侵害の判断基準として、『その使用行為の目的・方法・態様を全体的かつ客観的に考察して、その使用行為が当該芸能人等の顧客吸引力に着目し、専らその利用を目的とするものであるといえるか否かによって判断すべきである』と主張する。しかしながら、このうち、その使用行為が『専ら』当該芸能人等の顧客吸引力の利用を目的とするか否かによるべきとする点は、出版等につき、顧客吸引力の利用以外の目的がわずかでもあれば、そのほとんどの目的が著名人の氏名・肖像による顧客吸引力を利用しているものであるとしても、『専ら』に当たらないとして、パブリシティ権侵害を否定される」とすると、そのような基準もまた採用できないと。原審で勝っている人間としては、原審の判断基準が間違っていて新たな基準を、という主張はとてもではないけどできないので、原審を一生懸命支持していたわけですが、そのようなかたちで原審の判断基準も狭きに失するという判断をしています。これは新しい判断で、もう1つ、この判決で注目すべき表現としては、「以上を総合して考慮すると、本件記事における本件写真の使用は、控訴人ら」、ピンク・レディーですね、「が社会的に顕著な存在にいたる過程で許容することが予定されていた負担を超えて、控訴人らが自らの氏名・肖像を排他的に支

配する権利が害されているものということはできない」と、これが結論になってくるのだろうと思います。

　どの判断基準によるかということについては、これからの裁判例を待たなければいけない事柄であろうと思います。ただ、総合較量というのは非常に柔軟に判断できて、裁判官にとっては非常に都合のいい基準なのですが、一方、明確性がないという部分では非常に難しい基準だろうと。「専ら」基準の場合、確かにちょっとでもあれば、わずかにでも存在すればといわれればそうなのですが、それは「専ら」の話に藉口して、専ら商業的につかっているにすぎないと、言い訳的に利用しているにすぎないという話で切っていけば済む話なのではないかと思って、わたしとしては明確な「専ら」基準がいいのだろうと今もって思っています。

2　実務的課題

　伊藤　あとは、残された課題、裁判例になっていない話としていくつかということで、2つだけご紹介しておきます。まずは物まねのお話です。物まねについては、ちょうど一昨日、矢沢永吉さん対矢沢B吉さんの物まねの事件で和解が成立したという報道がありました。あの裁判で和解になっている内容をみますと、金50万円の支払い、矢沢永吉から唯一認められた物まねというような表現をして物まねをやり、また、お店の中で広告していて、注意されてもそれを撤回しなかったと、削除しなかったという事柄について問題があったと反省するというような文章を出しているということからすると、裁判所は物まねそれ自体について損害賠償を認めるというような、あるいは差止めを認めるというような、矢沢永吉側勝訴的な和解ではなかったように思われます。その後、それに対する矢沢永吉のコメントというかたちで言っている話は単純な名誉棄損の問題であろうと思いますし、果たして名誉棄損なのかなと思いますが、時間がない中でコメントは差し控えます。

　もう1点は、似顔絵の問題でございます。例えば『週刊朝日』に連載された山藤章二さんの似顔絵、当然著名人の似顔絵が描いてあって、著名人のファンの人としても大変おもしろい。中には長州力さんを物まねしている長州小力さんの似顔絵というかたちになると二段階乗っかっているようなものも

存在するわけです。そのようなものについてどう考えるかという問題があります。その似顔絵の対象になったタレントさんのパブリシティ権の問題もあるでしょうし、山藤さんがそのタレントさんをどのようにデフォルメして描いているか、そこに価値があるのだからといえば商品化というような話ではなくて、「専ら」基準からいっても外れていくだろうと。実際にあった事件では、アンディ・ウォーホルがジョン・レノンの似顔絵を描いている。アンディ・ウォーホル展を昔東京でやったときに、メトロがメトロカードをつくった。そのメトロカードにアンディ・ウォーホルが描いたジョン・レノンの似顔絵をつかった。これが裁判になって話題になりました。実際には和解終了なので判断基準が出ておりません。この場合も、アンディ・ウォーホル側の許諾はとっていたのだけれども、似顔絵につかわれたジョン・レノンさんの許諾をとっていない。同様の話は、マリリン・モンローとかたくさんありますけれども、それについても問題が発生するでしょう。この場合に、アンディ・ウォーホル展でそのような似顔絵を提示することは許されるのか。その似顔絵を商品化したときになってはじめてジョン・レノンのファンが、マリリン・モンローのファンが、アンディ・ウォーホルが描いたとはいうものの、メトロカードを買うのだからということで顧客吸引力を利用しているという話になるのか。あるいは、アンディ・ウォーホルが描いた画集というかたちに何点かそういうものが載っていれば、その場合でも1ページ当たりとしては許諾をとらなければいけないのか。アンディ・ウォーホルが描いた画集というくくりになっていれば、アンディ・ウォーホルのファンが買うものだからということで許されるのか。その辺については甚だ未解明な問題であろうと思います。この当たりも時間がなくなったところで言うのもおかしいのですが、時間の許す限り討論したいと思っております。ありがとうございました（拍手）。

5. 討　論

上　野　　伊藤先生、どうもありがとうございました。

さて、時間は限られておりますが討論に移ります。わたしの方から問題提起させていただきたいのは以下の2点であります。1つ目は、本日せっかく外国法のご紹介をいただきましたので、比較法の観点から日本法の位置づけを明らかにできないだろうかという点であります。2つ目は、わが国の裁判例に広く見られる「専ら」基準を中心とした侵害判断の妥当性あるいは今後の方向性についてご意見を伺いたいという点であります。

まず、1点目についてでありますが、実質的な比較法というものはしばしば容易でありません。パブリシティ権についても、例えば、制定法はなくても判例で保護されているとか、パブリシティ権という形では保護されていないけれどもプライバシー権に相当する権利で保護されていたり、あるいは不法行為法によって実質的な法的保護が与えられているという場合もあろうかと思います。ですから、パブリシティ権に相当する権利だけを取り出して比較しても、氏名や肖像の財産的利益についてどのような法的保護が与えられているかをとらえたことにはならない場合もあろうと思います。ただ、そのような点を留保しつつ若干の検討ができればと考えております。

わたしが理解しました限りでは、アメリカにおきましては、州による相違があるとはいえ、修正1条による表現の自由を中心とした権利の制約が大きいようでありまして、特にメディアに関して、広く公衆が関心を持つような出来事について権利の制約が大きいように感じられました。また、ドイツにおきましては古くから制定法によって権利が定められてはいるのですが、これもまた公衆の情報利益といった概念によって、その権利はかなり制約を受けているようにわたしには感じられた次第です。

こうしたアメリカやドイツにおきましては、公衆が正当な関心を有する情報利用なのか、それとも商品化や広告等の専ら商業的な利用なのか、という区別がみられるように思われます。そして、こうした国におけるパブリシティ権というものは、実質的にはかなり制約的なもののように感じられます。特にドイツなどでは、アメリカとは異なりメディアでなくても、つまりカレンダーやテニス教本の表紙などに肖像写真が用いられたというケースでさえ肖像権侵害を否定した裁判例があるというわけであります。

そこで、本日比較法をしていただいた2人の先生方にお伺いしたいのです

けれども、わが国の従来の裁判例、すなわち中田事件やブブカスペシャル7事件あるいはピンク・レディー事件というような事件が、もしドイツやアメリカで問題になったとしたならば、これはどのように受け止められるとお考えでしょうか。

　奥　邨　　まず、中田事件のような伝記関係のものに関しましてコメントします。アメリカの場合は、そもそもライフストーリーの権利といいまして、自分の生活を伝記に表現する権利が、自分にあるのかどうかが論じられて、公衆によるコメントを受け入れなければいけないということで、基本的なストーリーについては誰が書いても構わないというように考えられています。非常に有名人であっても一緒です。したがって、ドキュメントとドラマを合わせたドキュドラマや、フィクションとファクトを合わせたファクションという言葉があるように、『エリザベス・テイラー物語』とか、日本でいえば美空ひばり物語のようなものが盛んに作られているわけです。今回わたしが事件を調べた限りでは、中田事件のようなかたちの使い方というのは直接出てこなかったのですけれども、例えばドキュドラマで誰かが演じているのであっても全く構わないということになっていますので、そこから推測すれば、その中身において必要であれば写真をつかうということも許されるのではないかと思います。

　ブブカスペシャル7事件に関しては、わざわざそのためにあまり日本では取り上げられないお宝写真の事件を2件取り上げたのです。アン・マーグレット事件の論理からいけば、ある程度有名な方が、過去そのようなことをしていた、過去そのような経歴があったというのはかなり注目を集める、公衆の関心があるということで、表現の自由が勝つ可能性が高いと思います。ただ、2009年6月に出たToffoloni事件の論理がそれとは少し違っているわけです。もっとも、これは非常に特殊で、亡くなった人の、亡くなったということとは全く関係ない過去のヌードの写真を引っぱってきたわけなので、どれぐらいの射程があるのかというのは分からないところがあります。地裁は、公衆の関心があるから免責されると判断したところを、控訴裁がひっくり返していますので、この辺は今後もう少し注目していくべきではないかと思っ

ております。

　本　山　ドイツのほうでございますけれども、まず中田事件との関係で申しますと、今日ご紹介しました2番目の事例、ロック歌手事件、これはまさに伝記を扱った書籍の中でその表紙に伝記の対象になったロック歌手本人の写真がつかわれたと。この判示内容は、まさに伝記それ自体を理由としてその写真利用を認めているのですが、それをもう少し過去のその他の判例との関係で理論的に整理しますと、やはり伝記という出版物の統一的なテーマとその表紙の写真、タイトルページの写真が関連性を有しているということであれば、肖像の自由利用は認められるのではないかと思われます。ベッケンバウアー事件でもご紹介しましたが、どうもタイトルページでの写真の扱いと、中身の記事における写真の扱いは基準を分けているようでございまして、ベッケンバウアー事件のようなものは、常識的に考えればこれは難しいのではないかという印象を持ったのですが、それでもドイツはこれを認めているというのは、結局ベッケンバウアーはドイツでその当時代表的なサッカー選手だと。で、カレンダーページに代表者として、サッカーをテーマとしたカレンダーのタイトルページには非常にふさわしいといいますか、編集方針に一致した人物であるので、その肖像写真は無許諾で利用できるという考え方のようでございます。ですから、伝記との関係で表紙にそのような写真をつかう場合は問題なく許されるのではないかという気がいたします。
　2番目のブブカスペシャル7事件との関係でございますけれども、ドイツは非常にまじめな国と申しますか、風俗関係のそのような出版物も少なく、ほとんど見かけない状況でございますので、それと同様に事例がそもそも起きるのかという気もいたしますけれども、先程も最後にお示ししました基準、わたしなりに過去の判例から帰納的に導いた基準を当てはめますと、肖像の財産価値を支える活動、芸能活動、政治活動、スポーツ活動といろいろあるかと思いますが、その活動との関連性においてその写真がつかわれていれば、ドイツは情報利益を優先させて、同意がなくてもつかえるという判断をするのではないかと考えます。ただ、それは大きな枠組みでございまして、関連性というのをどの距離に保つのか、自由利用が認められる関連性の

距離感について、それを明確に判断することはなかなか難しいのではないかという気がいたしております。

　3番目のピンク・レディー事件は、今の基準、まさに肖像の財産価値を支える活動との関連性、関連ある情報ということで、これは自由利用が許されるのではないかという気がしております。ピンク・レディーの踊りが、ダイエット効果を持つということはまさに1つの情報というように捉えることもできるわけでございますし、そうした個別具体的な情報を伝えるうえで肖像ないし実際の踊りの様子が使用されているということにもなりますから、より自由利用に寛大な表紙写真のような場合ではなくて雑誌の中身につかわれた写真であったとしても、ドイツの基準でいけば認められるのではないかと考えております。

　上　野　ありがとうございました。やはり単純な比較は容易ではないところがあるわけですけれども、典型的な商品化のグッズのようなケースは侵害であり、伝記のようなものは侵害でないと、そしてその中間にあるようなケース、すなわちブブカスペシャル7事件やピンク・レディー事件のようなものは微妙ということでしょうかね。ブブカスペシャル7事件で問題になったような記事でも、掲載の仕方によって異なる評価になるのかも知れませんね。

　では、次の問題に移らせていただきたいと思います。わが国の従来の裁判例においては、専ら他人の顧客吸引力の利用を目的とするものかどうかという基準がしばしば示されてきたところでありますけれども、諸外国の議論では、そもそも顧客吸引力というものがあまり出てこないようにもみえますし、逆に、わが国の議論では表現の自由とか情報利益といったような点が――もちろん表面的な観察に過ぎないかも知れませんが――パブリシティ権についてはあまり出てこないようにもみえなくもありません。ただ、いわゆる「専ら」基準を当てはめれば、結果的には同じような判断ができるという可能性は否定できません。

　そこで、伊藤先生にお伺いいたしますが、わが国における「専ら」基準というものは、いわゆる情報利益あるいは表現の自由といったものを適切に配

慮することができるものなのでしょうか。「専ら」という言葉の意味によるということかもしれませんけれども、この点について改めてご意見を伺えればと思います。

伊藤 キング・クリムゾンの高裁判決の中で「専ら」基準を出してくる理由というのは、表現の自由があって、そこからバランスの中で「専ら」というかたちで判断基準を持ってこなければいけないのだと。そのような場合が侵害になるのだというような言い方をして導入をしてきています。その意味でいうと、表現の自由との較量の結果としての基準が「専ら」基準だというようにわたし自身は理解しております。結局、パブリシティ権侵害になるかならないかというようなところで、表現の自由との関係があるからこのような場合に限ってパブリシティ権侵害になるのだという捉え方と、取りあえずパブリシティ権侵害にはなるのだけれども、その場合に一種抗弁理由として憲法上の理由があるから、表現の自由があるから許されるのだと。著作権侵害になるけれども報道目的であるから許されるのだというのと同じような枠組みですけれども、そのようなかたちで考えてくるのか、両方の方法論があるのだろうと思いますが、それを取り込んだかたちでの「専ら」基準というかたちで、専らであるものがはじめてパブリシティ権侵害になるという流れが1つあるのだろうし、それは結構明確でつかいやすいのだろうと思っております。

上野 ありがとうございました。法令用語的には「専ら」という言葉と「のみ」という言葉は区別されているようでありまして、「のみ」は「専ら」よりもいっそう専門性が高いということに一応なっているわけですが、パブリシティ権をめぐっていわれているこの「専ら」という言葉をどう解釈するのかということが問題となるのでしょうね。

さて、わたしからお伺いしたいことは以上ですが、パネリストの先生方で他のパネリストに対するコメント、あるいはわが国の従来の解釈論につきましてコメントがありましたらお願いしたいと存じます。いかがでしょうか。

本　山　伊藤先生のほうから、今後残された課題としまして、そっくりさんの事例などを挙げられていましたけれども、わたしはそっくりさんの問題は、ドイツでは、先程スライドでご紹介しましたディートリッヒの姿を模した女優さんの形態模写がまさに肖像権の侵害に当たる、保護されるべき肖像に入るということでございましたので、それ自体は解決されていると思います。それ以外の今後の課題としまして、例えばパロディ的な使用がなされたとき、しかもパロディ的な使用ですから、たとえ物まねとはいえ肖像本人を想起させる肖像をつかう必要は不可避的に生ずるわけでありますが、それが本人の社会活動ないし芸能活動を批判する目的ではなくて、本人とは全く無関係な社会風刺の目的でパロディにつかわれた場合、具体的な使い方としては、まさにパロディ・モンタージュ事件における写真の使い方のような場合が想定されるのではないかと思いますが、そのような場合には、アメリカ法、あるいは日本法の解釈としてどのようになるのかという点に関心を持っているところでございます。いかがでしょうか。

奥　邨　1つだけ、お断りしておかなければいけないのは、先程わたしがアメリカ法と申し上げたのは、いわばバーチャルなアメリカ法でございます。というのも、アメリカに、統一されたパブリシティ権というのはないからです。基本的には州法ごとに異なりますので、各州毎に見ないとわからない。例えばアラスカはコモン・ローも制定法もありませんので、裁判してみたら実は「そんなもの保護されない」と言われるかもしれないわけです。ですから、大きな流れを踏まえた、バーチャルなアメリカ法での話とお考えください。

　今のお話であれば、そのパロディが何に載るかということが大きいのであって、雑誌なり新聞なりの伝統的なメディアに載る場合と、そうではなくて、何らかの商品に乗っかる場合とではだいぶ違ってくるだろうと思います。伝統的なものに載るということであれば、やはり表現の自由とのほうが優勢となって、侵害にならない可能性のほうが高いということになるのではないかと思います。あくまでも、バーチャルなアメリカ法に基づいたコメントですが。

伊藤　その辺りは、今、本山先生がやった物まねというのは一番難しい問題で、わたし自身は「専ら」基準に割とシンパシーを感じておりますので、それは物まねの俳優さんがやっている芸をみているのであって、そこのところは元のまねしている方のことが分かっているからこそ芸としておもしろいのですけれども、それはあくまで社会的な存在として著名になっている方がいらっしゃって、その人はそのような使われ方も社会的な存在として甘受しなければいけない。その上で、それを単純につかっている話ではないとすればそれは許されるだろうと。あややの物まねをしている何とかさんは、かなり誇張してやっているわけですけれども、それを風刺とみるのか、単純な物まねとみるのかは別として許されるだろう。「キター！」というような話でも話題になりましてけれども、あの時は放送局にお触れが回りまして、放送する前にちゃんと見せろと、そうでなければ放送するなというようなお触れが回ってきたのですが、各放送局は多分無視して放送し続けたということがあります。物まねについてそれをアウトだと言った判決なり、アウトの方向で判断していった事例はないのではないかと思っております。それは、「専ら」という基準からすれば、言論という、広い意味では娯楽的な言論もあるので、そこのところの許容性を確保しなければいけないだろう。

それから、あと1点だけコメントさせていただくと、芸能人の場合の話でいえば、著作隣接権はあるわけです。そうすると、ドラマに出てきたときの複製権などはある。言い換えればそこまでしか権利を認めていないところにどうやって新しい権利を認めてくるのだと。そうすると、著作権法にない権利を芸能人に認めるのかというような問題も裏側に出てくるだろうということが1つです。それから、面白い話で、パブリシティ権をやるのって、著作権をやっている人が喜んでやるのは何でだろうかと民法の先生に言われたことがあります。考え方として、例えばパブリシティ権が許される話としての報道目的であるとか、あるいは引用としてなど、いろいろな著作権法の制限規定のツールというのがあるのですが、それがパブリシティ権を正当化したり、そこの調整原理として類推適用できるのかという問題も一方にあろうかと思っています。そのようなところでバランスをみていくと、やはりどうしても物まねなどについては、芸能人の実演家の権利とのバランスでもう少し

考えなければいけないのではないかと思っております。

　上　野　ありがとうございました。昔——というのは失礼かも知れませんが——、阿部浩二先生が、パブリシティ権というものは著作隣接権に隣接するような権利だと書いておられたのですけれども、たしかに非常に近いものがあるといえようかと思います。

　さて、残されたお時間はわずかですが、あと３分ほどございます。せっかくの機会でございますので、もしフロアの方々でご意見がございましたらお伺いしたく存じます。

　質問者　①わが国で「専ら」といわれているものはメインリーなのかオンリーなのかという点、②日本および諸外国においてパブリシティ権それ自体はどのように根拠づけられているのかという点について。

　伊　藤　わたし自身はメインリーなのだろうと。オンリーではないだろと。ただ、50パーセント、60パーセントという意味ではなくて、80パーセント、90パーセントというような意味合いで考えられるのだろうと思っております。そうでないと。実際の事件自体はそのような切り分け方で説明がつく事件だと思いますので、それでいいのだろうと思っております。

　奥　邨　アメリカ法の場合であれば、何を規制しているのかというと、財産権のtrespassということですべて尽きてしまうということです。逆にいえば、プライバシーやデファメーション、エンドースメントなどは全部別の法律に任せますということです。パブリシティ権は財産権のtrespassの問題というように割り切って考えているのが大きなところだと思います。

　ただ、大枠はそうですが、細かく見ると州によってそれがきれいに分かれていないところがたくさんあります。制定法の１つの条文の中で、パブリシティ権とプライバシー権の両方を扱ったりしているところもあったりして、きれいには分かれていませんので、裁判例にも揺れは当然あります。ただ、理論的に突き詰めて考えると、バーチャルなアメリカ法では、そうなるので

はないかと思っています。

　本　山　ドイツ法の場合は人格権に占める財産価値的な構成部分、訴訟で上がってくる事件はそれが既に前提となっている、承認されているというところでございます。対抗利益の問題は、先生がおっしゃったメインリーかオンリーの問題に関しましては、抗弁事由として情報利益がある場合には無断利用ができるということなのですが、その場合、情報利益が全くない、ですからオンリーの場合は、もはや抗弁の問題にはならないと解されているところです。

　上　野　ありがとうございました。1点目につきましては、確かにピンク・レディー事件の控訴審判決は「専ら」基準に対しても批判を繰り広げているのですけれども、それは「専ら」というものがオンリーの意味であれば採用できないと述べているようでして、だとすればたしかにご指摘のような点が問題になるかと思われます。

III　おわりに

　上　野　そっくりさん問題やパロディ問題など、未解明の個別問題が多数残されてはおりまして、本日は十分に取り上げることができませんでした。とはいえ、パブリシティ権というのは、理論的にも実務的にも非常に重要な課題であると思いますので、本日の検討が今後の議論の一助となれば幸いに存じます。ご清聴どうもありがとうございました（拍手）。

第6回　芸能人の氏名・肖像の法的保護およびパブリシティ権の最近の動向　　241

本講のレジュメ（抄）

Ⅰ　はじめに

1．パブリシティ権とは

顧客吸引力ある芸能人の氏名・肖像の商業的利用に対する財産的利益を保護する権利　→裁判例による承認

2．問題点

① 「パブリシティ権」を保護する明文の法律・規定はない
② 「パブリシティ権」を明確に認めた最高裁判決はない（下級審判例は多数あり）
　→さまざまな問題が解釈に委ねられたまま（主体・客体・侵害判断）

Ⅱ　パブリシティ権の生成

1．第1期―不法行為法による保護―

・芸能人の氏名・肖像の商業的利用について不法行為に基づく損害賠償請求を肯定する裁判例（東京地判昭和51年6月29日判時817号23頁〔マーク・レスター事件〕）

2．第二期―「パブリシティ権」の承認―

・排他的権利を認める裁判例　→損害賠償請求のみならず差止請求が肯定され得る（東京高判平成3年9月26日判時1400号3頁〔おニャン子クラブ事件：控訴審〕）

Ⅲ　パブリシティ権をめぐる論点

1．パブリシティ権の法的性質・根拠
①財産権説／②人格権説／③不競法説／④インセンティヴ説

2．主　体

(1) 芸能人以外にも認められるか？
■横浜地判平成4年6月4日判時1434号116頁〔土井晩翠事件〕

> 「パブリシティの権利とは、歌手、タレント等の芸能人が、その氏名、肖像から生ずる顧客吸引力のもつ経済的利益ないし価値に対して有する排他的財産権であると解される。このような権利が認められる根拠は、<u>芸能人の特殊性</u>、すなわち、大衆に広くその氏名、肖像等を知らしめて人気を博することにより、氏名、肖像自体に顧客吸引力を持たせ、それをコントロールすることによって経済的利益を得るという点にあると考えられる。

> しかるに、詩人は、一般に詩作や外国の文学作品を翻訳するといった創作的活動に従事し、その結果生み出された芸術作品について、社会的評価や名声を得、また印税等として収入を得る反面、氏名や肖像の持つ顧客吸引力そのものをコントロールすることによって経済的利益を得ることを目的に活動するものではなく、また、その氏名や肖像が直ちに顧客吸引力を有するわけではない。このことは、著名な詩人である晩翠についても同様であり、本件全証拠によっても、晩翠が生前自己の氏名や肖像の持つ顧客吸引力により経済的利益を得、または得ようとしていたとは認めることはできないから、晩翠の氏名、肖像等についてパブリシティの権利が発生するとは到底認められない。」

(2) 芸能プロダクションの権利
(3) 譲渡可能性
(4) 相続可能性
(5) 存続期間（保護期間）

3. 客　体
・パブリシティ権が認められる客体は何か？
(1) 物の影像
　有体物の影像の利用について所有権が及ぶか？　あるいは「物のパブリシティ権」が認められるか？
■最判昭和59年1月20日民集38巻1号1頁〔顔真卿事件〕

> 「所有権は有体物をその客体とする権利であるから、美術の著作物の原作品に対する所有権は、その有体物の面に対する排他的支配権能であるにとどまり、無体物である美術の著作物自体を直接排他的に支配する権能ではないと解するのが相当である。……著作権の消滅後に第三者が有体物としての美術の著作物の原作品に対する排他的支配権能をおかすことなく原作品の著作物の面を利用したとしても、右行為は、原作品の所有権を侵害するものではないというべきである。」

■高知地判昭和59年10月29日判タ559号291頁〔長尾鶏事件〕

> 「本件長尾鶏には、前示の如く独特な美しさがあり、その管理、飼育にもそれなりの工夫と人知れぬ苦労があり、永年の努力のつみ重ねの結果、ようやくにしてこれが育て上げられたものであることを考えると、本件長尾鶏を写真にとったうえ絵葉書等に複製し、他に販売することは、右長尾鶏所有者の権利の範囲内に属するものというべく、その所有者の承諾を得ることなくして右写真を複製して絵葉書にして他に販売をする所為は、右所有権者の権利を侵害するものとして不法行為の要件を備えるものとみられ、右権利を侵害した者はその損害を賠償する義務がある。」

(2) 物の名称
・競走馬の名称等の利用について、所有者等が何らかの権利を持つか？
■最判平成16年2月13日民集58巻2号311頁〔ギャロップレーサー事件：上告審〕

> 「(1) Xらは、本件各競走馬を所有し、又は所有していた者であるが、競走馬等の物の所有権は、その物の有体物としての面に対する排他的支配権能であるにとどまり、その物の名称等の無体物としての面を直接排他的に支配する権能に及ぶものではないから、第三者が、競走馬の有体物としての面に対する所有者の排他的支配権能を侵すことなく、競走馬の名称等が有する顧客吸引力などの競走馬の無体物としての面における経済的価値を利用したとしても、その利用行為は、競走馬の所有権を侵害するものではないと解すべきである（最高裁昭和58年（オ）第171号同59年1月20日第二小法廷判決・民集38巻1号1頁参照）。本件においては、前記事実関係によれば、Yは、本件各ゲームソフトを製作、販売したにとどまり、本件各競走馬の有体物としての面に対するXらの所有権に基づく排他的支配権能を侵したものではないことは明らかであるから、Yの上記製作、販売行為は、Xらの本件各競走馬に対する所有権を侵害するものではないというべきである。
>
> （2）現行法上、物の名称の使用など、物の無体物としての面の利用に関しては、商標法、著作権法、不正競争防止法等の知的財産権関係の各法律が、一定の範囲の者に対し、一定の要件の下に排他的な使用権を付与し、その権利の保護を図っているが、その反面として、その使用権の付与が国民の経済活動や文化的活動の自由を過度に制約することのないようにするため、各法律は、それぞれの知的財産権の発生原因、内容、範囲、消滅原因等を定め、その排他的な使用権の及ぶ範囲、限界を明確にしている。
>
> 上記各法律の趣旨、目的にかんがみると、競走馬の名称等が顧客吸引力を有するとしても、物の無体物としての面の利用の一態様である<u>競走馬の名称等の使用につき、法令等の根拠もなく競走馬の所有者に対し排他的な使用権等を認めることは相当ではなく、また、競走馬の名称等の無断利用行為に関する不法行為の成否については、違法とされる行為の範囲、態様等が法令等により明確になっているとはいえない現時点において、これを肯定することはできないものというべきである</u>。したがって、本件において、差止め又は不法行為の成立を肯定することはできない。」

4. 侵害判断
・どのような行為がパブリシティ権の侵害となるか？
(1) 一般論
・裁判例にしばしば見られる判断基準

> 「他人の氏名、肖像等を使用する目的、方法及び態様を全体的かつ客観的に考察して、右使用が他人の氏名、肖像等の持つ顧客吸引力に着目し、専らその利用を目的とするものであるかどうかにより判断すべき」

→しかし、その後も混乱は続いているようだ
① 総合衡量
■東京地判平成17年6月14日判時1917号135頁〔矢沢永吉パチンコ事件〕

> 「しかしながら、実際に生じ得る個人の同一性に関する情報の使用の態様は千差万別であるから、権利侵害の成否及びその救済方法の検討に当たっては、人格権の支配権たる性格を過度に強調することなく、表現の自由や経済活動の自由などの対立利益をも考慮した個別的利益衡量が不可欠であり、使用された個人の同一性に関する情報の内容・性質、使用目的、使用態様、これにより個人に与える損害の程度等を総合的に勘案して判断する必要があるものと解される。」

■知財高判平成21年8月27日判時2060号137頁〔ピンク・レディーDEダイエット事件：控訴審〕

> 「結局のところ、著名人の氏名・肖像の使用が違法性を有するか否かは、著名人が自らの氏名・肖像を排他的に支配する権利と、表現の自由の保障ないしその社会的に著名な存在に至る過程で許容することが予定されていた負担との<u>利益較量の問題として相関関係的にとらえる必要がある</u>のであって、<u>その氏名・肖像を使用する目的、方法、態様、肖像写真についてはその入手方法、著名人の属性、その著名性の程度、当該著名人の自らの氏名・肖像に対する使用・管理の態様等を総合的に観察して判断されるべき</u>ものということができる。」

② 厳しい基準
■東京地判平成17年8月31日判タ1208号247頁〔＠BUBKA事件〕

> 「……制定法上の根拠もなく、慣習としても成立しているとはいえないパブリシティ権を認めるには慎重でなければならず、公法私法を通じた法の一般原則とみられる正義・公平の原則、信義則、比例原則等に照らしても、著名人としての顧客吸引力があることだけを根拠としては、著名人に関する情報発信を著名人自らが制限し、又はコントロールできる権利があるとはいえないというべきである。したがって、以下において説示する本件各記事の多くがそうであるように、著名人の芸能活動を伝える記事や著名人の噂話に関する記事に著名人の写真等が添付、使用されたとしても、そのことだけを理由に著名人の権利（パブリシティ権）が侵害されたということはできないというべきである。
> 著名人が、このような情報発信が違法であるとして損害賠償請求（場合によっては差止請求）ができるのは、著名人に関する肖像、氏名その他の情報の利用と

いう事実のほかに、情報発信行為が名誉毀損、侮辱、不当なプライバシー侵害など民法709条に規定する不法行為上の違法行為に該当する場合、著名人のキャラクターを商品化したり広告に用いるなど著名人のいわゆる人格権を侵害する場合をはじめとする何らかの付加的要件が必要であるというべきである。」

③　緩い基準
■東京高判平成18年4月26日判時1954号47頁〔ブブカスペシャル7事件：控訴審〕

「このような著名な芸能人の肖像等の性質にかんがみると、著名な芸能人の有するパブリシティ権に対して、他の者が、当該芸能人に無断で、その顧客吸引力を表わす肖像等を商業的な方法で利用する場合には、当該芸能人に対する不法行為を構成し、当該無断利用者は、そのパブリシティ権侵害の不法行為による損害賠償義務を負うと解するのが相当である。」

「本件雑誌の出版、販売は、著名な芸能人の名声を利用した広告や商品の販売そのものというよりは、X佐藤ら10名のほか、多数の著名な芸能人の写真（肖像等）や記述を掲載する出版物の販売に該当し、そのため表現の自由の保護対象となる可能性もあるのであるが、出版物であるとの一事をもって、表現の自由による保護が優先し、パブリシティ権の権利侵害が生じないと解するのは相当ではなく、当該出版物の販売と表現の自由の保障の関係を顧慮しながら、当該著名な芸能人の名声、社会的評価、知名度等、そしてその肖像等が出版物の販売、促進のために用いられたか否か、その肖像等の利用が無断の商業的利用に該当するかどうかを検討することによりパブリシティ権侵害の不法行為の成否を判断するのが相当である。」

(2) あてはめ
① 書籍出版（写真集のようなもの以外）
■東京高判平成11年2月24日〔キング・クリムゾン事件：控訴審〕

「他人の氏名、肖像等の使用がパブリシティ権の侵害として不法行為を構成するか否かは、他人の氏名、肖像等を使用する目的、方法及び態様を全体的かつ客観的に考察して、右使用が他人の氏名、肖像等のパブリシティ価値に着目しその利用を目的とするものであるといえるか否かにより判断すべきものであると解される。」

「本件書籍に使用されたXを含む『キング・クリムゾン』の構成員の肖像写真のうちパブリシティ価値の面から問題となるのは、伝記部分の5枚と、各作品紹介の扉部分4頁に掲載されている肖像写真にすぎないことになるが、その掲載枚数はわずかであり、全体としてみれば本件書籍にこれらの肖像写真が占める質的な割合は低いと認められ、本件書籍の発行の趣旨、目的、書籍の体裁及び頁数

> 等に照らすと、これらの肖像写真はX及び『キング・クリムゾン』の紹介等の一環として掲載されたものであると考えることができるから、これをもってXの氏名や肖像のパブリシティ価値に着目しこれを利用することを目的とするものであるということはできない。」

■東京地判平成12年2月29日判タ1028号232頁〔中田英寿事件：第一審〕

> 「したがって、仮に、法的保護の対象としてもパブリシティ権の存在を認め得るとしても、他人の氏名、肖像等の使用がパブリシティ権の侵害として不法行為を構成するか否かは、具体的な事案において、他人の氏名、肖像等を使用する目的、方法及び態様を全体的かつ客観的に考察して、<u>右使用が他人の氏名、肖像等の持つ顧客吸引力に着目し、専らその利用を目的とするものであるかどうかにより判断すべきものというべきである。</u>」
>
> 「本件書籍における原告の氏名、肖像等の使用は、その使用の目的、方法及び態様を全体的かつ客観的に考察すると、Xの氏名、肖像等の持つ顧客吸引力に着目して専らこれを利用しようとするものであるとは認められないから、仮に法的保護の対象としてのパブリシティ権を認める見解を採ったとしても、Yらによる本件書籍の出版行為がXのパブリシティ権を侵害するということはできない。」

② 写真週刊誌等
■東京高判平成18年4月26日判時1954号47頁〔ブブカスペシャル7事件：控訴審〕

> 「符号6、符号75から77の写真の掲載は、いずれもX藤原の過去の芸能活動の紹介という形式を取っているものの、見出しには、『藤原紀香』の文字が大きく記載されており、またその記述は、読者の性的な関心を呼び起こさせる不当な内容であり、これらの写真の大きさや記述内容からすると、Yらは、X藤原の高い顧客吸引力に着目の上本件雑誌販売による利益を得る目的でこれらの写真（肖像等）を利用したものと認められる。」

■東京地判平成17年8月31日判タ1208号247頁〔@BUBKA事件〕

> 「以上に照らし検討すると、X熊田は、発売記念撮影会において、Y会社側からの質問にも答えているものであること、当該記事におけるX熊田の写真及び付録DVDの画像は、全体としては、X熊田が、同XのDVD発売記念握手会において『みなさんが「もう飽きた」というまで脱ぎ続けます。』等と発言したことを主に報じる記事において補助的に掲載され、また、同発言を報じる手段として収録されたものであって、当該記事の主眼はX熊田の発言であるにすぎない。<u>当該写真及び付録DVDの画像の掲載、収録は、同Xの顧客誘引力の利用を目的とするものであるとは認められず、情報の自由市場において許容される著名人の芸能活動のレポートに添付された写真ないし動画にすぎないものであって、X熊田のパブリ</u>

シティ権を侵害するものではないというべきである。」

■知財高判平成21年8月27日判時2060号137頁〔ピンク・レディーdeダイエット事件：控訴審〕

「……以上によると、本件写真の使用は、ピンク・レディーの楽曲に合わせて踊ってダイエットをするという本件記事に関心を持ってもらい、あるいは、その振り付けの記憶喚起のために利用しているものということができる。

また、本件写真は、Xらの芸能事務所等の許可の下で、Y側のカメラマンが撮影した写真であって、Yにおいて保管するなどしていたものを再利用したものではないかとうかがわれるが、その再利用に際して、Xらの承諾を得ていないとしても、前記したとおり、社会的に著名な存在であったXらの振り付けを本件記事の読者に記憶喚起させる手段として利用されているにすぎない。

以上を総合して考慮すると、本件記事における本件写真の使用は、Xらが社会的に顕著な存在に至る過程で許容することが予定されていた負担を超えて、Xらが自らの氏名・肖像を排他的に支配する権利が害されているものということはできない。」

③　ゲーム

■東京地判平成17年6月14日判時1917号135頁〔矢沢永吉パチンコ事件〕

「……以上のような本件パチンコ機の内容、その中における本件人物絵の位置づけ及び使用の態様などからすると、Y平和はXの顧客吸引力を用いる目的で本件パチンコ機に本件人物絵を使用したものとは認められず、また、現実にもXの顧客吸引力の潜用あるいはその毀損が生じているとは認めがたい。人格的利益についても、本件においては、肖像権の対象となるようなXの容姿の写真、ビデオあるいは詳細な写実画が使用されたものではなく、使用された漫画絵である本件人物絵は、その制作に当たってXの肖像のイメージはあったにせよ、Xとの類似性はそれほど高くなく、またことさら醜悪あるいは滑稽に描かれておらず、さらにパチンコ遊技中の識別可能性に乏しいものであり、Y平和においても積極的に本件人物絵をパチンコ情報誌等に提供しているものではないことからすると、Xに対して法的な救済を必要とする人格的利益の侵害が生じているとは認められない。したがって、本件においては、Xに対する違法な権利侵害が生じていることを認めるに足りないというべきである。」

④　インターネットにおける芸能人のファンサイト

第7回　知的財産をめぐる判例・学説の動向

コーディネーター：渋谷達紀
パネリスト：今村哲也＝加藤　幹＝五味飛鳥
コメンテーター：三村量一

- I　はじめに
- II　講　義
  1．判例の動向
  2．学説の動向──著作権法──
  3．学説の動向──特許法──
  4．学説の動向──不正競争・商標・意匠──
  5．パネルディスカッション
- III　おわりに

I　はじめに

　高　林　　別冊NBLとして毎年発行しています知財年報誌は、渋谷達紀先生が判例の動きを詳細にご紹介し、かつ特許法の学説の動き、著作権法の学説の動き、それから不正競争防止法、商標法の学説の動きというコーナーを設けておりまして、ある程度の学界に対する貢献をしているのかなと思っている雑誌で、今年で5冊目になります。本日は、その本の紹介も兼ねまして、いつも執筆いただいている方々にご登板いただきました。最初に渋谷達紀先生に判例の動きについてお話いただきます。限られた時間の中で注目すべきもの、判例、それから学説の紹介をしていただくということで、続いて、明治大学の今村先生には著作権法の学説の動き、それから、早稲田大学の、信州大学で非常勤もやっておられる加藤先生には特許法の学説の動き、それから、弁理士である五味先生には商標法、不正競争防止の学説の動きと

いうところをそれぞれ20分でやっていただき、後半については三村弁護士に司会を委ねるかたちでコメントプラス質疑応答ということでバッサバッサと切っていただくことを期待するというシンポジウムにしていきたいと思います。それでは渋谷先生、よろしくお願いします。

II 講 義

1．判例の動向

渋　谷　渋谷です。判例の回顧ということですが、10年一昔といいますけれども、法律の世界、それから判例の世界、学説の世界では5年もたったら大昔でありまして、回顧することにそれほどの意味があるとは思いません。判例に関しては既に人々が論じている有名判決が5年間にいろいろ出ましたけれども、それはすべてカットしまして、この1年間に『判例時報』と『判例タイムズ』に報告されているものからおもしろいと思われるものを数件選んで報告をいたします。20分の間に報告しきれないような分量なのですけれども、時間が足りなくなればそこで打ち止めということにいたしたいと思います。

1　著作権法判例の動向

渋　谷　それでは順番として著作権法の判例なのですが、東京地裁の平成20年5月28日[1]、それから知財高裁の平成21年1月27日[2]の判決を取り上げました。これはロクラク判決と呼ばれているものですが、事実関係と判旨を簡単にご紹介いたします。そこに書いてありますけれども、Yが提供する『ロクラクIIビデオデッキレンタル』なる名称のサービスにおいて、ハードディスクレコーダ2台のうちYが所有かつ管理支配する親機をサービスの利用者に貸与する一方、子機を海外在住の利用者に貸与または譲渡することに

---

[1]　東京地判平成20・5・28判時2029・125（ロクラクII事件）。
[2]　知財高判平成21・1・27裁判所ホームページ（ロクラクII事件）。

より、利用者が子機ロクラクを操作して親機ロクラクに放送番組ないし放送に係る音または映像を複製すること、複製物を子機ロクラクに送信すること、子機ロクラクに接続したモニターに複製物を再生して視聴すること可能にしているのは、放送事業者X12名が有する著作権及び著作隣接権としての複製権を侵害するものであるとして、Yに対して複製の差止と損害賠償を命じた事例であります。判旨はカラオケ・スナック法理に則りまして、①Yは親機ロクラクを管理支配することにより、利用者の複製行為を支配管理しているから、同法理にいう支配管理の要件を充たしている、②利用者から初期登録料とレンタル料を徴収しているから、同法理にいう営利の要件も充たしているとして、Yが複製権侵害の主体であることを肯定したというわけであります。

知財高裁は原判決を取り消したのですが、その理由を述べますと、①Yは利用者による複製行為を実質的に支配管理しているとはいえない、②利用者がYに支払う金銭は一定額であったり、利用者の複製情報の対価の趣旨を含まないものであったりする、③デジタルとインターネットの時代を迎え、アナログ時代よりも著しく容易に放送番組を私的複製して再生視聴する方法が普及しているのだから、Yが提供するようなサービスの利用者が増大・累積したからといって、本来適法な行為が違法に転化する余地はなく、もとよりXの正当な利益が侵害されるものではない、④本件とカラオケ・スナック事件では事案が異なるから、カラオケ・スナック法理にとらわれる必要はない。

まず地裁の判決ですが、これは清水裁判長の裁判所が出した判決であります。本件で問題になっているテーマは、複製権の侵害主体は誰かという問題であります。個々の利用者が行っているのは私的複製でありますので、したがって、これを権利侵害者であると言うわけにはいかない事案であります。そこで、Yの行為、サービスの提供者の行為がどうかということであります。これを何とか複製権の侵害主体にしたいというわけですが、それにはYの行為が私的複製ではないと言う必要があるのですが、そのために判旨はカラオケ・ボックス法理を適用していないわけであります。カラオケ法理には、ご存じの通り2つありまして、カラオケ・スナック法理、これはよく知

られているものでありますけれども、そのほかに、最高裁の判断はまだでありますけれども、カラオケ・ボックス法理というものがあります。ですから、本件では個々のユーザー、利用者の行為が複製権の侵害にならないにもかかわらずYの行為を複製権の侵害だと言うためには、カラオケ・ボックス法理を適用する必要があるわけです。つまり、個々のユーザーの行為は著作権を侵害するものではないけれども、それを全体としてとらえると公衆が何々をしていると。カラオケ・ボックス法理の場合だと、公の演奏をしているというようにとらえる必要があるわけです。それと同列でありまして、本件でも個々のユーザーは複製権を侵害していませんから、カラオケ・ボックス法理を適用する必要があるのですけれども、そのことを判旨は全く認識していないという問題点が含まれている判決であります。

　清水判決に関する2つ目の論点ですが、カラオケ事件のように演奏権侵害を肯定する事例では、演奏権の制限規定、これは著作権法38条1項の規定の適用を排除しないと侵害だと言えないといことで、38条が権利侵害の要件としている営利性や有料制、報酬制を認定する必要があるわけです。ところが、複製権の侵害の有無が問題になっている本件事案については、このような営利性や有料性、報酬性を問題にする必要はないのであります。ところが、判旨は、カラオケ法理、特にカラオケ・スナック法理を強く意識したのでありましょうけれども、営利性の認定をするというようなことをしています。必要のないことをしているのだけれども、そのことを裁判所は認識していないという問題があります。刑事関係では、侵害主体に営利の目的のあることが要求される例があります。これはダビング機の設置者の刑事責任を問う場合には営利の目的が要件になっているのですけれども、そこから演繹して民事の、しかも複製権の侵害主体であるかどうかを判断するときに、営利の目的というようなことを考える必要はないようにわたしは思います。もっともこれは異端の説でありまして、著作権法学界では皆さん、そのようには考えていないということです。

　次は知財高裁の平成21年1月の判決でありますけれども、これは先程の清水判決を取り消した判決ですが、問題の多い判決であります。この知財高裁の判決は、カラオケ・スナック法理にとらわれる必要はないということを理

由の1つとして挙げています。そうだとすれば、本件の場合は、たとえYの行為に支配管理性と営利性が認められるとしても、Yを侵害主体と解することはできないというような判旨になってもよいはずです。ところが、この控訴審判決はおもしろいことに、結局はカラオケ・スナック法理の枠組みを実質的に採用していまして、Yの行為には支配管理性と営利性が認められないと判断しています。また、支配管理性と営利性が認められないのだと申していますけれども、しかしその結論には事実関係に照らして相当の無理があるように見受けられます。実際には支配管理をしていますし、営利の目的もあった事案なのですが、それをそうではないと言っているわけで、裁判の嫌な面が如実に表われているような事例だとわたしは思います。また、Yの提供するサービスの利用者の行為というのは、私的複製として適法な行為であり、デジタル時代を迎えたからといって違法な行為に転化するものではないと判旨は言うのですが、それはその通りであります。しかし、個々の利用者の集合を公衆として扱い、その公衆にYのようなサービスを提供する行為は、カラオケ・ボックス法理を敷衍するならば私的複製とは別種の行為であります。ですから、そこにおいて問題になるのは、本来は適法な行為が違法行為に転化するかどうかということではなくて、Yの行為がそれ自体として違法な行為であるかどうか、私的複製行為を公衆に行わせるという行為が、それ自体として著作権法上違法な行為とみなすべきものであるかどうかという判断なのです。ということで、知財高裁の判決というのは非常におかしな判決だとわたしは思います。権利侵害主体にならないと言ったのだから画期的判例だという評価もあるのですけれども、そのような結論を導くのであればもっとしっかりした論理を組み立てる必要があるので、お酒に酔っぱらって千鳥足で歩いているような判決だとどこかの研究会で発言してわたしは笑われたことがあるのですが、今でもその印象は消えていないわけです。

　そういうわけで問題のある判決であるわけです。理論的にいうとおかしな判決だとは思うのですが、一方、考えてみますと、放送事業者12名が訴えを提起しているのですが、放送事業者自身はYが行っているような事業を行っていないわけであります。これは放送法上の規制があるのかもしれません。行ってはいけないことになっているのかもしれませんけれども、現に行って

いない。そして、消費者に不便をかけていると。そうであるのに、Yのような事業者の行為の差止めを求めるというのも問題であるように思われるわけです。Yが行っているような事業については、我々は既に自動複製機器やデジタル録音録画機器の例を持っているわけですが、それにならって立法がよい策を提供すべき段階に至っているようにわたしには思われます。本件は上告されていると聞いているのですけれども、法解釈によって妥当な解決を得るには、もはや限界が来ているのではないか。そこで、最高裁判決が出るのかもしれませんけれども、解釈論で何を言ってもなかなか我々を説得するということは難しいわけで、あまり最高裁判決に多くを期待することはできないように思います。

2　不正競争・商標・意匠判例の動向

渋谷　次は、東京地裁の平成20年12月26日[3]、ペットボトルの判決です。Xのペットボトル入り烏龍茶の表示と同一または類似の表示を包装箱に使用して烏龍茶のティーバックを販売するYの行為は、X表示の著作権を侵害するかということが争われたけれども、X表示の著作物性を否定することにより、著作権の侵害を否定したという事例であります。その理由ですが、著作権による応用美術の保護につき、産業上利用されることが予定されている図案やひな形など、応用美術の領域に属するものは、鑑賞の対象として純粋美術と同視しうるものを除き、著作物には含まれない。X表示は観賞の対象とされるものとまではいえないから、著作物性を認めることはできないという理由を述べています。これも清水判決なのですけれども、応用美術であるかどうかの判断基準をいまだに美術性の有無に求めている判決であります。応用美術を著作物として保護すべきか。特に純粋美術あるいは美術工芸品として保護すべきかどうか。出発点になったのは、昔の田舎の判決の仮処分決定であります。長崎地裁の佐世保支部の仮処分の決定です。そこで裁判所が美術性の有無ということを問題にしたのですが、その後の判例はみなそれに右に倣えということで、思考停止の状態にあります。なぜそのようなこ

---

[3]　東京地判平成20・12・26判時2032・11（黒烏龍茶事件）。

とを問題にすることが妥当な結論を導かないことがあるかというと、美術性の高くない応用美術であっても、美術の著作物や美術工芸品とみなさなくてはならないことがある。それから、美術の著作物といってしまうと展示権の保護を与えるなどというようにつながっていくわけですが、その必要は応用美術の場合は全くないわけであります。複製権の侵害を言うためだけに便宜的に美術の著作物だというようなことを言っているだけなのです。で、応用美術の無断複製というのは、本来は応用美術の作成の基礎にある図形の著作物、ひな形をつくります。それから、美術の著作物を複製した応用美術というのも多くあるわけです。ですから、それらの著作物の複製と、あるいは応用美術は複製物だと解釈すれば足りることであります。そう申しますと、例えばお茶碗の手書きの絵柄のようにひな形がないものもあるわけです。つまり、図形の著作物や美術の著作物が存しない事例というのもあるのですが、それは最初に職人さんが作成した作品を、これは応用美術なのですが、これを著作権法10条が例示している著作物以外の、例示外の著作物とみて、応用美術の無断複製行為をその著作物の複製行為と解釈するのが妥当だと思われるわけです。これらの解釈によれば、応用美術に展示権の保護などを与える必要は全くない。判例の中には、木目化粧紙判決での原告側の主張のように、木目化粧紙の原画を著作物としてそれを複製するのがけしからんと主張した事例があります。ほかにもキューピー人形、あれは最初は純粋美術、彫刻として制作されたものなのですが、これを扱った多くの判決がありますが、その中のどれかがそのようなことに触れているわけです。ということで、そのような方向に判例理論が向かっていくのが妥当だろうと。しかし、これまでのように判例が美術性の有無だけを問題にしているという前提に立ちますと、弁護士さんたちも美術性があるのだとか、ないのだとか、そういうレベルで議論をしなければいけない。ここは裁判所がよく考えなくてはいけない著作権法上の論点の1つであろうと思います。

3　特許法判例の動向

渋谷　あと4分ですが、次は特許法に入ることにいたします。特許法については、最高裁の平成20年7月10日[4]の判決があります。そこに書いて

ありますように、特許異議の申立がされている請求項についての特許請求の範囲の減縮を目的とする訂正については、訂正の対象となっている請求項ごとに個別に訂正の拒否を判断すべきであり、一部の請求項に係る訂正事項が訂正の要件を充たさないことのみを理由として、他の請求項に係る訂正事項を含む訂正の全部を認めないとすることは許されないと。その論拠でありますが、請求項ごとの可分的な取扱いを認める明文の規定が存すること、訂正請求が請求項ごとの異議申立に対する防御手段としての実質を有していることを論拠とするわけであります。

ところで、この最高裁判決は今申しましたように、特許異議申立の手続における訂正請求についての事案でありますから、それについて今申したような判旨を述べているのですが、ついでに比較の対象としまして、訂正審判請求における問題についても判断しているわけであります。(2)のところですが、複数の請求項の訂正を求める訂正審判請求については、その全体を一体不可分のものとして扱い、一部の請求項の訂正事項が訂正の要件を充たしていなければ、そのことのみを理由として、他の請求項の訂正事項を含む訂正の全部を認めないとすることができると。その論拠は、請求項ごとの可分的な取扱いを認める明文の規定が存しない、訂正審判請求は新規出願に相当する、このようなことを論拠としているわけです。

それでは、この判決だけを紹介してわたしの報告を終わらせていただきたいのですが、しかし、ちょっと長いですね。まず、特許異議申立手続における訂正請求ですけれども、三村前判事がかつて知財高裁でこれに関して判決を出されているのですが、その時にこのような考え方を請求項基準説と呼ぶのだと判決の中で書かれていたと思います。ただ、この最高裁判決は、請求項基準説をそのまま採用しているわけではなくて条件付きなのです。ですから、条件付きで請求項基準説を採用したと。判旨によれば、異議申立がされている請求項Aについての訂正の請求が要件を充たしていないことを理由に、異議申立がされていない請求項Bに関する訂正の請求を一体として不可とすること、これは許されるのだと思います。異議申立がされている請求項

4　最判平成20・7・10判時2019・88（発光ダイオード事件）。

Aについて訂正請求が要件を充たしていないと言えば後はもう判断しなくてよろしいと。請求項Bに関する訂正の請求も一体として不可とすることができるというのがこの判旨から導かれる１つの結論だと思います。その場合は、請求項ごとに個別に訂正の拒否を判断すべきものだとする論拠の１つとして判決が述べているのですが、訂正の請求が特許異議申立に対する防御手段としての実質を有するという論拠が妥当しないからであります。以上に対して、異議申立がされていない請求項Bについて訂正の請求が要件を充たしていないことを理由に、異議申立がされている請求項Aに関する訂正の請求を一体として不可とすることは許されないということであります。これは、判旨が述べるところから推測すると、請求項Aに関する訂正の請求は特許異議申立に関する防御手段としての実質を有するからであります。

　それから、この判旨は、請求項基準説をとる論拠として、特許異議申立に関しては請求項ごとの可分的な取扱いを認める旨の例外規定が存すると指摘しているのですが、例外規定というのは現行法でいえば特許法123条１項柱書の後段、無効審判を請求項ごとに請求することができるという規定と同種の規定なのですが、しかしその規定は、請求項ごとに異議申立をすることができると定めているだけで、申立のあった複数の請求項について可分的な取扱いをすべきことを定めているものではないのであります。ですから、このような例外規定があるというのは、実は論拠になっていないのだろうと。あるいは、そこまで言わなくても論拠としては弱いのではないかということであります。

　コメントの３点目になるわけですが、特許異議申立における訂正請求について最高裁判決が示した解釈の射程でありますが、特許無効審判における訂正の請求にも及ぶものと解釈されています。そして、特許無効審判の事例について最高裁が述べた条件付き請求項基準説をとった知財高裁判決が、平成20年11月27日に出ています。これは飯村判事の判決であります。ところで、この判決を読んでおもしろいのは、なぜ条件付き請求項基準説をとるかの論拠でありますが、挙げてある論拠は１つだけであります。訂正請求が無効審判請求に対する防御手段としての実質を有すると、このことだけに論拠を求めています。最高裁判決が指摘している請求項ごとの可分な取扱いを認める

旨の例外規定が置かれていると、123条1項柱書の後段ですが、その規定が置かれているということについては言及がありません。請求項基準説をとるのであればこのような例外規定を指摘するというのが1つの根拠になるというのが最高裁判決の立場なのですが、そのようなことには触れていません。それから、最高裁判決は、訂正審判請求との対比において訂正請求に関する解釈の論拠を実に長々と述べているのですが、そのことについても飯村判事は一切言及していない。わたしは、これはもっともなことだと思います。最高裁判決を読まれて、これはおかしいと思ったのではないでしょうか。ですから、おかしな論拠は全部カットしてしまって、まあまあ受け入れることができる防御手段としての実質を有すると、これだけを取り上げたのではないかと推測しております。今度お会いしたときに聞いてみたいと思っているところです。

　それから、時間超過してしまいましたが、次は訂正審判請求についてこの判決が述べているところなのですが、これだけお話しさせていただきたいと思います。判旨は、訂正審判請求の場合、請求項ごとに訂正の拒否について審議する必要はなく、請求項ごとに訂正の拒否について判断した審決も行う必要もないということで、三村前判事の言われるところよると一体説を述べているわけであります。最高裁判決以前には請求項ごとに訂正の拒否を判断すべきだとする知財高裁が数件存在していたのですけれども、最高裁判決は訂正審判請求に関して請求項基準説を否定したということであります。わたしは、最高裁判決には問題が多いように思っております。特に訂正審判請求については、請求項ごとの可分的な取扱いを認める旨の例外規定が存しないとする認識は問題であろうと思います。無効審判請求についてはこのような規定を置いておく必要があるわけです。なぜかと申しますと、特許請求の範囲に瑕疵のない請求項が含まれていても、瑕疵のある請求項について無効審判を請求することができるということを明らかにするためには、123条1項柱書後段のような規定を置いておく必要がありますし、また、そのような請求がされた場合における無効審決の効力が及ぶ範囲についても特許法の185条が125条を引用して規定していますが、これも規定しておく必要があるわけです。ところが、訂正審判請求については、請求人が請求項ごとに審判を

請求するかどうかというのは、請求人の単なる選択の問題でありまして、現に訂正審判請求の多くは請求項ごとに行われているわけです。それは当然のことなので明文の規定が置かれていないだけのことであろうとわたしは思います。そして、訂正審判請求について置く必要のない規定が置かれないということに、判旨のように一体説を基礎付ける積極的な意味を与えるのは無理だろうと思います。

　訂正審判請求に関しての最高裁判決についてもう1点だけ申しますと、最高裁判決は訂正審判請求が一種の新規出願としての実質を有すると。新規出願の審査においては数個の請求項が一体不可分のものとして取り扱われているということも論拠の1つとしています。しかし、新規出願の審査において、出願拒絶理由が発見されたときはそのすべてが出願人に通知されます。また、出願人は通知のあった請求項について補正を行って、請求項の一体的取扱いによる不利益を回避しようとするわけです。つまり、新規審査には拒絶理由通知と補正の制度の2つの制度が付属しているわけで、したがいまして、実質的に請求項の個別扱いに等しい運用が行われることになるわけです。それなのになぜ数個の請求項が一体不可分のものとして取り扱われるのかというのは、それだけ手当てをして個別扱いをしてもらえるような制度にしてあるのに、出願人がその制度を十分に利用していなかったと。で、いつまでも補正しないで頑張ったというようなときは、その出願人は救済に値しないわけですから、一体的扱いを受けても仕方がないという考え方ではないかと思います。ところが、このようなことを最高裁判決はみていないわけであります。ですから、訂正審判請求が新規出願の実質を有するという判旨の認識は当たらないように思います。また、訂正審判請求の実質は、判旨が言うような新規出願というよりは、特許権の設定登録後に行われる補正だと思います。請求項の補正というのは、請求項ごとに行ってよいはずのものであります。ですから、実質が請求項の補正である訂正審判請求を新規出願になぞらえるのは、この点においても不適切だと考えるわけです。

　わたしの持ち時間を10分超過してしまいました。大変申し訳ありませんでした。それでは、次に今村先生に著作権関係の学説の動きをお願いいたします。

2．学説の動向―著作権法―

今　村　明治大学情報コミュニケーション学部の今村と申します。早速ですが、わたしの報告を始めていきたいと思います。テーマは表題の通り、近時の学説の動向ということで、『知財年報』で取り上げられた論文で紹介された主な論点について網羅的に案内をしてきたいと思います。

1　全般的傾向

①立法との関係

今　村　まず、立法との関係ですけれども、平成21年の法改正が今年なされましたが、施行はいろいろありますけれども、改正条文数は38項、文字数として12,680の大規模なものだというご紹介が文化庁の関係者の方から以前ございました。条文数、文字数ともに昭和45年に次ぐ規模のものであったようです。今回の法改正も含めて立法に学界の知見がどれだけ生かされるかということですが、それはなかなか計り知れないところでございます。ただ、さまざまな調査報告書や審議会での議論における先生方の議論を通して反映されているのではないかと思います。例えばここに挙げたような責任主体や存続期間、日本版フェアユースの議論において、目下検討中の立法的な課題に関して立法事実の存否や立法事項等を明確化していく上で、学界での知見が影響を与えている分野があるということを、まず全般的な傾向の1つとして挙げておきたいと思います。

②司法との関係

今　村　次に司法との関係でございますが、応用美術、権利制限規定、責任主体、著作権非侵害行為と不法行為との関係や、未知の利用と契約の文言の問題などのように、近時の下級審の裁判例や、その展開に伴って議論がさかんになされている論点がございます。著作権法やその他の知的財産法の分野では、さまざまなフォーラムを通して司法の担い手である法曹実務家の方と学者とがよく議論しているということがあり、司法の場にどれだけ学界の意見が反映されているかどうか分かりませんけれども、さまざまな交流があって、いろいろな判決が出ていて、いろいろな議論があるということが全般的な傾向の2つ目です。

③学会との関係　　**今　村**　3つ目に、学界との関係と学説の動向ですけれども、著作権法学会のシンポジウムのテーマとしてそれぞれ平成17年から21年まで取り上げられたここに挙げたような課題、これ自体の学会の報告論文やこれらの論点を取り上げた論文が学会後にさまざまなかたちで公表されております。したがって、著作権法学会での議論が学界での議論をリードしている傾向にあるのではないかと思います。また、編集委員の先生方のご尽力によりまして学会誌も遅滞なく発行されるようになり、去年、今年は2～3冊出てわたしも読むのに大変だったのですけれども、そのようなことで学会が果たすべき社会的な役割が期日を守るということで果たされているのではないか、これは単なるわたしの感想なのですけれども、これが全般的傾向の3つ目でございます。

2　個別の傾向

①権利の客体　　**今　村**　次に、著作権の権利の客体からということで、各論点を網羅的に案内していきたいと思います。まず、権利の客体との関係ですが、著作物概念に関しては個数論というものが議論されました。これは、1つの著作物の範囲を確定させることが必要であるかという議論のようです。取引単位説や表題説、作品説などがあるようでして、また、個数論という問題の設定それ自体に対する疑問もあるようですが、創作的な表現をもって著作物と理解すればよい、それで足りるとする創作的表現説というものもございます。

　次に、創作性に関しては、ここに挙げた判例、浮世絵を模写して制作された絵画が豆腐のパッケージに印刷されて使用されたことについて著作権侵害が成立するかどうかが問題となった豆腐屋事件[5]がございました。模写の著作物性が認められる基準について改めて議論が生まれました。また、創作性の判断の選択の幅という観点から捉える学説や裁判例もございましたところ、ライブドア裁判傍聴記[6]では、証人尋問の傍聴記を掲載したブログの、1,700文字を超える文章から成る記事がインターネットの掲示板に掲載され

---

[5]　知財高判平成18・11・29（平成18年（ネ）第10057号）［豆腐屋事件］。
[6]　知財高判平成20・7・17判時2011・137［ライブドア裁判傍聴記］。

た事件で著作権侵害が問題となりました。このようなかたちで創作性判断において参考となる事案もいろいろと積み重ねられているということです。応用美術につきましても、渋谷先生から辛口のコメントもございましたが、さまざまな議論があるところでございまして、『知財年報2009年』、今年のものですけれども、上野先生の論文が次のように述べていたことが非常に印象的です。すなわち、「『著作権法学において最大の難問は何か』、このように聞かれたら筆者は応用美術と答えるかもしれない」とありました。このぐらい難しい問題で、裁判所もいろいろ悩みがあるのではないかとわたしは思います。これについてチョコエッグ・フィギュア事件[7]というものが平成17年にございまして、お菓子のおまけ用フィギュアの製造用の模型原型について動物シリーズ、妖怪シリーズ、アリス・コレクションのそれぞれの模型について判断し、妖怪シリーズについて著作物性を認めたということがございました。裁判例をみていきますと、応用美術の著作物性については、純粋美術と同程度に美的観賞の対象となるかという点が裁判所では議論となるようでございます。また、昨年度行われた早稲田大学と北海道大学のシンポジウムで議論もされまして、『知財年報』にたくさんの論文が掲載され、今年のものを是非ご覧いただければと思います。

　次に、その他、原告の新聞社が発行した新聞記事の見出しを被告が商業的に利用した行為が問題となったヨミウリ・オンライン事件[8]は、創作性の有無の判断も問題になりました。控訴審判決は、一般論としては新聞記事の見出しのような短い表現も著作物として保護される可能性はあるということを示唆していますが、本件で問題となった見出しについては創作性が否定されました。また、建築の著作物の著作物性については、グッドデザイン賞を受賞した一般住宅について著作物性が問題となった事案[9]がございまして議論を喚起したところでございます。応用美術の保護と似た問題でありますが、意匠保護との関係で、建築物は物品ではないとされていますので、その点も含めて建築物固有の考慮要素がさまざまにある領域でございます。あとは、

7　大阪高判平成17・7・28判時1928・116［チョコエッグ・フィギュア控訴審］。
8　知財高判平成17・10・6（平成17年（ネ）第10049）［ヨミウリ・オンライン控訴審］等。
9　大阪高判平成16・9・29（平成15年（ネ）3575号）［積水ハウス］。

香気の著作物性ということで興味深い論点について取り上げた論文もございまして、CRICの論文賞の1等を取っていらっしゃったのでここに挙げておきました。

②権利の主体　　今村　次に、権利の主体の関係では、大学における著作権の機関帰属化の問題ということで、総合科学技術会議知的財産戦略専門調査会の具申などにおいてソフトウェアやデータベースやデジタルコンテンツについても原則、大学の機関帰属とすべく取り扱えるよう明確化すべきだというような提案がございまして、それについて大学における著作権の機関帰属化が問題となり議論が生じました。また、共同著作物における共同性については、近時の学説からは、共同性の要件はあくまで客観的に創作という行為が共同して行われたのかどうかが決め手になるとする考え方が示されていまして、これまでの議論そのものの意味を問い直す重要な指摘がなされているところでございます。また、著作権法15条1項にいう法人等の業務に関する者について判断した最高裁の判決など[10]もございました。その他、燃えつきるキャロル・ラスト・ライブ事件[11]などで2条1項10号にいう映画の著作物の作製に発意と責任を有する者の意味が問題となって、この点についても議論がさまざまございました。

③権利の内容　　今村　次に権利の内容で、著作者人格権の部分ですけれども、これも著作権法学会で取り上げたこともあり、改めてさまざまな議論を呼びました。また、船橋市西図書館事件で最高裁判決[12]が、「著作者の人格的利益」という言い方をしたことも話題になったところでございます。同一性保持権の不行使特約の有効性についても引き続き議論がございました。また、建築の著作物の移築と同一性保持権との関係については、ノグチ・ルーム事件[13]が、傍論として建築物の増築等に関する同一性保持権の制限に関する20条2項2号の適用を認め、傍論ではございますけれどもそれをきかっけに幅広くさまざまな観点からこの事件について

---

[10] 最判平成15・4・11判時1822・133［RGBアドベンチャー］等。
[11] 知財高判平成18・9・13判時1956・148［燃えつきるキャロル・ラスト・ライブ控訴審］。
[12] 最一判平成17・7・14民集59・6・1569［船橋市西図書館］。
[13] 東京地決平成15・6・11判時1840・106［ノグチ・ルーム］。

は議論がなされたところです。

　次に、著作権の存続期間の延長論に関してですが、著作者の死後70年に延長するべきかどうかという立法論がございます。この議論に関して学説がどのような働きをしたのかといいますと、やはり理論的な考察や外国法制の研究、経済学的分析あるいは海外の実証研究の成果などを紹介するなどして存続期間の延長問題をめぐる議論の展開に寄与しているのではないかと思います。延長の賛成・反対は、平成21年1月に公表された文化審議会著作権分科会報告書では、「双方のメリットを単純に比較して二者択一の形で議論するだけではなく、それぞれのメリットについて他の措置で同様の効果を得ることができるものはないか、あるいはそれぞれのメリットを両方とも受けられるような方法はないかなどの点も適宜含めつつ、一層の検討が深められるべきと考える」などと述べられ、引き続き議論がなされることになっているようでございます。最近首相や大臣などの発言が話題になったところで、またこの点については議論が再開するかどうかというところが話題になっているところです。また、平成15年改正著作権法改正附則2条関連でも、1953年の公表作品にも、映画の著作物の保護期間を20年に延長した平成15年改正法が適用されるかどうかという問題が生じました。一連の下級審の判断は、平成15年改正法は1953年公表作品には適用されないという立場をとっており、最高裁判所[14]もこの結論に従ったところでございます。ただし、残された理論的課題もあると指摘する論者もいるところでございます。その他、最近では旧著作権法下の映画の著作物の著作者認定とその保護期間について議論があり、問題となったチャップリンや黒澤明監督の映画について、最高裁判所の判決[15]も出されて注目を浴びているところでございます。

　次に権利の内容で支分権についてですが、一時的蓄積と複製との関係についても議論がありました。この点については、平成21年の法改正で電子機器利用時に必要な複製、47条の8として著作権侵害とならない場合が新たに規定されたところでございます。翻案については、江差追分最高裁判決が、言語の著作物の翻案権侵害が争われた事案で翻案の定義を具体的に示したわけ

14　最三判平19・12・18判時1995・121［シェーン］等。
15　最一判平成21・10・8（平成20（受）889）判例集未搭載［チャップリン映画DVD］。

ですが、翻案権侵害の判断が具体的にどのように行われるべきかが必ずしも明かでないことから学説にさまざまな議論がございました。公衆・公の概念に関しては、社交ダンス教室の受講者はどうなるのかとか[16]、プログラムをグループ会社にリースする行為はどうなのかという具体的な事案[17]がありまして議論が展開されました。著作権の登録に関しても、ベルヌ条約の無方式主義との関係で限定的な効果しか持たない制度が我が国にもございますが、これについても著作物の円滑な利用という観点から再構成していこうではないかという議論がございます。次に現行法制定時にも議論はあったものの、時期尚早ということで導入されなかった追求権に関しても論じる文献が、以前もいくつか公表されましたけれども、ここ数年でも改めて公表されているところでございます。

著作隣接権に関しては、著作隣接権の正当化根拠ということで議論が深められているようです。また、レコード製作者の複製権の保護範囲の理論についても、楽曲・レコードのサンプリングの問題を通して議論が深められたということがいえると思います。放送番組の二次利用と権利処理につきましても、放送と通信の連携・融合との関係でさまざまな議論がありました。また、CATVによる放送の同時再送信に関する「5団体契約」の有効性と適用範囲[18]、これは契約解釈の問題が主たる議論なのかと思いますので理論的問題自体はそれほど多くないとは思いますけれども、関係者間の議論があって、いくつかの判例評釈もありましたのでここに紹介しておきました。

④権利の制限　　**今　村**　次に権利の制限に入ります。著作権と表現の自由との関係について、米国で著作権保護期間の延長の合憲性が、表現の自由を保障する修正第1条との関係でも争われたことをきっかけとして、我が国でもさまざまな議論がなされ始めました。保護期間の問題以外でも、フランスで三振ルールを定めたHADOPI法の法案について表現の自由との関係で問題が生じたため、フランスの憲法院が法案の一部を無効にしたという件が話題になったところでもございまして、これからます

16　名古屋高判平成16・3・4判時1870・123［社交ダンス教室控訴審］。
17　東京地判平成16・6・18判時1881・101［NTTリース株式会社］。
18　知財高判平成17・8・30判例集未搭載。

ますさまざまな議論が持ち上がるのではないかと思います。次に、日本版フェアユースの導入論ですけれども、我が国の著作権法は著作権が制限される場合を限定的に列挙していますが、これについて権利者の利益を不当に害しない一定の範囲で公正な利用を包括的に許容しうる権利制限の一般規定を設けるべきかどうかの検討がなされているところでございまして、司法と立法の役割分担とか、「受け皿規定」を設けたらどうかというかたちで一般条項を入れてはどうかという議論があるところでございます。引用の要件に関しては、旧法下でなされた最高裁判所の2要件、明瞭区別性と主従関係性に拘泥しないで自由に解釈をすべきであるという学説が支持を集めてきているようでございます。財産の競売に関連して、国や地方が競売の入札のために開設するネットオークションにおいてサムネイル画像の掲載の取扱いをすることが問題となって、引用の要件との関係で議論がなされたところでございます。検索エンジンのキャッシュ機能についても同様でございますが、これらの課題については平成21年の著作権法の一部改正によって立法的に解決された部分もあるところでございます。著作物の上演や演奏、あるいは上映等の利用を通じて、利用行為者なり主宰者本人の利益に増進がない場合でも利用行為そのものを支配する関係にはない第三者に利益の増進がある場合に、38条1項の非営利性の要件が充足されているかという、従来あまり議論がされていなかった論点について議論がなされている論文もございました。

⑤著作物の利用と契約　　**今村**　次に、著作物の利用と契約でございますが、著作権ライセンス契約におけるライセンシーの地位の保護の在り方について、ライセンサーが倒産したとき、あるいは著作権が譲渡されたときに生じうる問題との関連でさまざまな議論がなされていました。また、権利の譲渡や利用許諾に関して譲渡時に想定されなかった未知の利用方法が譲渡等の範囲に含まれるのかということについて、いくつかの裁判例がありまして[19]、学会でもさまざまに議論がなされたところでございます。また、契約による権利制限規定の回避という問題も、権利制限規定の法的性質が任意規定なのか、強行規定なのかという論点として引き続

19　東京地判平成19・1・19判例集未搭載［THE BOOM］、東京地判平成19・4・27（平18年（ワ）第8752号等）［HEAT WAVE］。

き議論が展開しているところでございまして、さまざまな新たな見解も示されているところです。契約等に関しては、オープンソース・ソフトウェア開発の背景にあるGPLをはじめとした各種のオープンソース・ライセンスや、知的財産の保護を図りつつ積極的な著作物の流通の促進をすることを目的とするクリエイティブ・コモンズ・ライセンスなど、新しい時代のソフトウェア開発の在り方や著作物流通の在り方に合う契約形態が提唱されてきてございまして、さまざまな議論がなされているところでございます。また、米Googleのブックサーチについては、書籍のタイトルや著作名だけでなく、中の紙面までも検索することができるサービスでございますが、これについて案の定、米国のほうで著作権法上の問題が生じたところでございます[20]。これについては、『コピライト』の12月号（2009年）に、パネル1でご報告された伊藤先生の講演録が掲載されているところでございまして、さまざまな難しい問題があるようでございます。また、孤児著作物、Orphan Worksといわれていますけれども、このように著作権の保護期間中に商業的価値を喪失したために、著作権者の居場所を探知し利用許諾を得ることが不可能ないし著しく困難となっている著作物がございますが、平成21年の著作権法の一部改正で裁定制度がこの点についても整備されたようでございます。ただし、これも孤児著作物の問題を抜本的に解決するということではないようでございます。

⑥**権利侵害と法的措置**

今村 次に、権利侵害と法的措置の分野です。八坂神社祇園祭ポスター事件[21]では原告が撮影した祇園祭の写真を被告が翻案して水彩画を製作するなどしたとして、風景写真の著作権侵害が争われた事案がありました。このようなかたちで制作委託者等における著作権侵害回避義務の注意義務というものが議論されてございます。翻案については先程述べましたので省略いたします。

次に、著作権法には、著作権法上の権利を侵害する者、または侵害するおそれがある者に対し差止請求をすることが認められていますけれども、現行著作権法上、著作物などについて自ら物理的に利用行為を成すもの以外のも

20　*The Authors Guild, Inc., et al. v. Google Inc.*, 05 CV 8136（S. D. N. Y.）
21　東京地判平成20・3・13判時2033・102［八坂神社祇園祭ポスター］等。

のに対しても、それらのものを規範的な利用行為主体と評価して侵害主体であるとして差止請求を行うことができるかどうか、また、非侵害主体に対する差止が認められるかどうかという問題があります。これらの点について判例・学説及び立法政策の場面において幅広い議論があり、多数の重要な論文が公表されてございます。最近では以下のような、先程渋谷先生からご紹介があった判例もございますが、番組転送サービス関連の裁判例が特に話題を呼んでいるところでございます[22]。

最後のスライドになりますが、ファイル共有ソフトWinnyを開発し、インターネットで公開した被告人がゲームソフト等の著作物の違法コピーを幇助したとして著作権侵害の幇助罪に問われた事件[23]がございまして、地裁は有罪としましたが、控訴審では無罪となりました。結果として無罪の人物を逮捕して起訴したということになってしまっているわけでございますので重要な問題だと思いますけれども、検察のほうで上告をしているということで今後の展開が緊張をもって見守られる次第でございます。最後ですが、著作権侵害が認められない場合に一般不法行為が成立するかという問題が、いくつかの裁判例[24]とともに幅広く議論がなされています。

以上でわたしの報告を終わりにしたいと思います。ご清聴ありがとうございました（拍手）。

3．学説の動向―特許法―

加　藤　続きまして、特許法に関する学説の動向を紹介させていただき

---

[22] まねきTV事件：知財高判平成20・12・15（平成20年（ネ）第10059号）［まねきTV本案2審］、ロクラクⅡ事件：知財高判平成21・1・27（平成20年（ネ）第10055号）等［ロクラクⅡ本案2審］／東京地判平成20・5・28［ロクラクⅡ本案1審］、選撮見録事件：大阪高判平19・6・14判時1991・112［選撮見録2審］／大阪地判平成17・10・24判時1911・65［選撮見録1審］。

[23] 大阪高判平成21・10・8判例集未搭載［Winny刑事事件］。

[24] 知財高判平成17・10・6（平成17年（ネ）第10049号）［ヨミウリ・オンライン控訴審］、東京地判平成17・5・17判時1950・147［通勤大学法律コース］、知財高判平成20・12・24（平成20年（ネ）第10012号）［朝鮮映画輸出入社対日本テレビ2審］等。

ます。まず全体構成ですけれども、総論、職務発明、特許要件、訂正等、特許権の行使、特許権侵害訴訟というように章立ててご紹介してまいります。特許法に関しては、学説自体も活発なのですが、特に裁判例が契機となって学説が盛り上がるというようなものも割と多いように思いますので、注目される判例などと併せて学説の動向を紹介していこうと思います。

1　総　論

加　藤　それでは、総論部分ですけれども、1つは発明の本質的部分に関する議論が活発化しているということが挙げられます。ボールスプライン事件における均等論、インクタンク事件における消尽、一太郎事件における主観的間接侵害、青色発光ダイオード事件等を通じていろいろな場面で発明の本質的部分が議論になっていまして、その意義、それがそれぞれの場面で同じなのかどうなのか、それぞれの場面における本質的部分というのはどうなのかという議論が盛り上がってきたところです。

もうひとつは、これは近時ではなくて昔からですが、競争法との関係、特に独占禁止法との関係でどうかということが論じられています。近年では実施許諾契約中の最高数量制限条項がどうなのかということが議論になりました。それから、パテントプールと技術の標準化のバランスをどう考えるか。これは解釈論というよりは立法論であったり、あるいは実務のありかたであったりするわけですけれども、このようなものも多く議論されております。

2　職務発明

加　藤　続きまして、職務発明でございます。1点目は、発明者の認定がどうなのかということです。これは職務発明対価請求訴訟あるいは冒認出願の移転登録請求などを通じて発明者の認定というものをきちんとやっていく必要があるのではないかという問題意識から、このような議論が高まってきていると考えられます。さらに、応用的問題として、共同発明者をどのように認定していくかということを議論されている方もいらっしゃいます。それから、対価請求権の法的性質として、約定債権と理解するもの、法定債権と理解するもの。職務発明の対価請求に関する論文をみていきますと、明示

的にこれらの法的性質に意識をもって言及したものもあれば、言及はしていないのですけれどもその裏にはこのような意識があるのだろうと読み取れるものもあります。

　職務発明の続きですけれども、やや実践的な課題としては、使用者等の利益の額、あるいは使用者等の負担を考えて相当の対価を決定していくプロセスにおいて先行者利益をどう考えるべきなのか、事実上の独占、あるいは法律上の独占に基づく利益というのは何なのか、その内容はどうなのか、どうやってそれを算定していくのかということが盛んに論じられています。特にこの動きは、平成16年の200億円の請求を認容した判決[25]の後に一段と高まったというようにみられます。

　もう1つ、外国の特許を受ける権利に関しましても、譲渡契約の準拠法はどうなのか、それから我が国の特許法35条3項及び5項の適用がされるのかということが問題になりました。外国の特許を受ける権利ついては、平成18年に最高裁判決[26]が出されまして、外国の特許を受ける権利について、譲渡契約の準拠法は当事者の意思であるとともに35条3項及び5項が類推適用されるという判断がなされています。譲渡契約の準拠法は当事者の意思に基づくという最高裁判決ですけれども、先程指摘しました法的性質に関しまして、法的性質を約定債権とみる考え方は譲渡契約の準拠法は当事者の意思という判断に親和的なのではないかと考えられます。

３　特許要件

　加藤　続きまして、特許要件ですけれども、これはやや実務的な課題ではありますけれども、非常に議論が盛り上がっているところであります。1つ目は、明細書のサポート要件です。ご存じのとおり、平成6年に改正がありまして、出願書類の書き方がガラッと変わったのですけれども、その時に実務をうまくシフトできなかった部分がありまして、その影響が平成6年に出願され、7年間、審査請求期間があって、その後の審査ということなので、平成12〜13年を超えた辺りから顕在化してきて、平成17年にサポート要

---

[25]　東京地判平成16・1・30判時1852・36（半導体結晶膜の成長方法事件）。
[26]　最判平成18・10・17判時1951・35（光学的情報処理装置事件）。

件の知財高裁判決[27]が出たという流れだと理解しております。ここで明細書のサポート要件はこうなのだという知財高裁判決が出まして、これを機に議論が活発化しております。

それから、進歩性の判断ですけれども、学説をみていきますと外国の判断手法、例えば米国連邦最高裁の判決、あるいはEUの考え方と比較するものが多くあります。このような中で知財高裁の判決[28]が出されました。これは先程渋谷先生も、ご紹介はされなかったのですけれども注目判決として挙げられていたものです。これについては、内容を紹介する時間はありませんけれどもコメント申し上げますと、基本的には一般論としては問題ないと考えております。ただ、注意するところが3点あると思っております。まず1点目は、審決が効果の予見可能性をきちんと審理できていなかったのではないかという、そもそも審決に瑕疵があったのではないかという点。それから2点目として、ここに書きましたが、出願発明の特徴点や課題は、出願人が認識していた先行技術ではなく、客観的な先行技術と比べられるものだという点。特許とは努力賞ではないので、スタート地点は出願人が認識していた先行技術ではなく、あくまで客観的な先行技術なのだということです。この事件はたまたまその2つが一致していたので問題とならなかったのですが、一致しない場合もありうるわけでして、この点に留意する必要があると思います。それから3点目に、この知財高裁判決の中で、「特徴点に到達するためにしたはずであるという示唆」というのがありますが、これは効果の予見可能性と同義なのではないかと考えられる点。現在実務のプラクティスとしては、効果の予見可能性があれば進歩性なし、なければ進歩性ありとしているということですが、先行技術に示唆された課題と効果はある意味表裏一体なので、判決が述べていることは従前の効果の予見可能性の有無に基づく進歩性の判断と変わらないのではないかというのがわたしのコメントであります。

それから、特許権の存続期間の延長の問題があります。従前の裁判例は、延長された特許権の効力というものをまず考えていまして、そこから存続期

---

[27] 知財高判平成17・11・11判時1911・48（偏光フイルム事件）。
[28] 知財高判平成21・1・28判時2043・117（回路用接続部材事件）。

間の延長条件を考えていました。従来は延長された特許権の効力というのは、有効成分と用途が同一である限りそれ全体に及ぶという、非常に広い範囲のものが延長されるという理解の下に、そうなのであれば延長というものはその有効成分及び用途について1回だけという結論が導かれるというのが従前の裁判例であり、特許庁もそのような運用をしていました。他方、近時の学説はこのような裁判例を批判する見解が主流でした。こうした状況において、知財高裁は平成21年5月[29]に、従前の特許庁及び知財高裁自身の考え方をひっくり返しまして、延長された特許権の効力というのは、薬事法所定の承認が与えられた成分、分量、構造により画されると、延長される範囲は狭いのだというように判示して、従前の解釈を否定しました。これは上告されているようでして、近々上告審判決が出るのではないかといううわさです。

4 訂正等

加　藤　次に訂正等ですけれども、1つ目が複数の請求項の訂正、これは先程渋谷先生がご紹介された論点です。平成20年の最高裁判決[30]については先程渋谷先生が紹介しておられたので省略しますが、この最高裁判決については、訂正審判請求の場合でも請求項ごとに判断すべきとの学説がやや強いように思います。そうした中で、つい先月ですけれども、訂正審判請求の事案において請求項ごとに判断すべきであるというように判断した知財高裁判決[31]がでました。この高裁判決を読んでみますと、昭和55年最高裁判決[32]と平成20年最高裁判決のどちらにも抵触しないようなかたちの判示で、請求項ごとに判断していいのだというようなことを、傍論ではあるのですけれども述べています。なので、この知財高裁の今後の動向が注目されるところです。昭和55年判決と平成20年の判決とをどのように整合的に整理していくかということと、昭和55年判決というのは一体不可分で審議すべきというもの

---

[29] 知財高判平成21・5・29判時2047・11（医薬事件）。
[30] 最判平成20・7・10判時2019・88（発光ダイオード事件）。
[31] 知財高判平成21・11・19判時2077・133（多色発光有機ELパネル事件）。
[32] 最判昭和55・5・1判時967・49（トレラーの駆動装置事件）。

を判示したと受け取られているのですけれども、実際は「請求人において……特に明示したときは除く」と判示しているので、ここをどう理解するのかというのが今後の課題だと思います。

　もう1つ、やや実務的な問題として、明細書の訂正とクレームの訂正との関係を、これらが一体不可分のときにどう考えていくのか。それから、一部のクレームだけ訂正が認められそれが確定したときにそれをどう公示していくのか、そこの工夫が必要なのではないかという指摘もあります。

　それから、除くクレームは非常にテクニカルな問題なのですけれども、実務上は割と用いられています。先行技術と重複する部分を明示的に特許請求の範囲において除くとする補正あるいは訂正についてどうなのかというのが、知財高裁判決[33]を機に議論が起きたところであります。

5　特許権の行使

　加藤　次に特許権の行使ですけれども、これは最近の学説の動向としては、何といっても消尽の問題があります。知財高裁が第1類型、第2類型を判示[34]した後、文字どおり百家争鳴の状態になりました。そうした中で平成19年に最高裁判決[35]が出まして、知財高裁判決の枠組みを若干緩めたようなかたちの判決が出されています。これにより、これまで提示された判断基準がご破算になったという指摘もあるわけです。では、最高裁判決が出た後どうなったかといいますと、議論はやや沈静化した様子です。これまでの議論を整理した上で、最高裁判決が判示した枠組みの中で新たな理論を構築していこうという動きが生じつつあるところです。

　それから、専用実施権設定特許権者の差止請求権に関し4年ほど前に最高裁判決[36]が出ました。これは従前否定説と肯定説がありまして、否定説の論拠というのが、専用実施権というのはもともと大正10年法においては特許権の分割であり、分割譲渡してしまった特許権は行使できないのではないかと

---

[33]　知財高判平成20・5・30判時2009・47（感光性熱硬化性樹脂組成物事件）。
[34]　知財高判平成18・1・31判時1922・30（液体収容容器事件）。
[35]　最判平成19・11・8判時1990・3（液体収容容器事件）。
[36]　最判平成17・6・17判時1900・139（生体高分子―リガンド分子の安定複合体構造事件）。

いう点だったのですが、大勢は差止請求できるという学説が多かったように思います。そうした中でこのような最高裁判決が出ましたので、最高裁判決を支持する見解が多数という状況です。

6　特許権侵害訴訟

加　藤　特許権侵害訴訟ですが、従前から技術的な範囲の解釈が高い関心をもって議論されているところであります。特に特殊クレーム、いわゆる機能的クレーム、用途限定クレーム、Product by Processクレーム、このようなものについていろいろな角度から議論がされています。それから104条の3が設立された後、自由技術の抗弁は意義を失ったのではないかという議論もあったのですけれども、自由技術の抗弁というのは被擬侵害物品に注目したというものでありますので、その点で再評価をされているところであります。

それから、損害賠償論もずっと高い関心をもって議論されています。102条1項の販売をすることができた物の意義、それから販売をすることができないとする事情の意義、そして、特許製品における寄与率というものを考えていくのかいかないのか、いくとすればその寄与率というのをどのように判断していくのかという議論、それから、102条1項の、販売することができないとする事情が認められたという部分に対する、同条3項の実施料相当額を求めていけるのか、いけないのかということが議論されています。

104条の3の無効の主張の要件事実は何なのか、それから訂正審決が確定した後、あるいは無効審決が確定した後、再審ができるのかできないのかというところも議論になっています。この議論は平成20年の最高裁判決[37]がありまして、無効の主張に対する対抗主張は紛争の解決を不当に遅延させるものであってはならないとして、そのようなものである場合には主張できないという判決が出されました。その中で、訂正審決の確定が再審事由となる余地があるというような判断もなされています。この点に関する学説の動向といたしましては、紛争の一回的な解決を指向する学説と、個別に解決してい

---

[37]　最判平成20・4・24判時2068・142（ナイフの加工装置事件）。

こうとする学説とがありまして、一回的に解決していこうとする学説は無効の主張のほうで全部審理して、そこで判断し終わったものは再審理由にはならないというようなものが多いように思います。一個一個きちんと判断していこうという学説は、訂正請求中のクレームあるいは仮想クレームというものは侵害訴訟では考慮要素とはせずに、もし、訂正審決が確定したら、あるいは無効審決が確定したら、それは再審事由としてみていこうというものが多いように思います。

　もう1つ、秘密保持命令でありまして、これは原告の侵害立証の容易化と被告の営業秘密の保護をバランスさせるために導入された規定でありますけれども、これに関しては最高裁決定[38]として、侵害差止を求める仮処分においても秘密保持命令の申立をすることが許されるという決定が出ています。他方、秘密保持命令を取り消した決定もありまして、秘密保持命令を申し立てる側が、自らの特許出願をしていて公開されている情報を営業秘密であると主張して秘密保持命令を申し立てて、裁判所がそれを認めてしまって、後で秘密保持命令が取り消されたという事例もあり、今後は秘密保持命令に係る運用あるいは理論の整理が必要なのではないかと考えられるところです。

7　まとめ

　加藤　最後になりますけれども、初めに申し上げましたように、特許法については判例が契機となって学説が活発化するものもたくさんあります。その原因といたしましては、特許制度のユーザーが特許制度について高い関心を持っていて、それを活用しようとしていく中で、我々研究者がなかなか気づかないところでの問題が生じていて、それが裁判として顕現して、それを契機に、「あっ、こういうことも大事だったんだ」ということで議論が高まってくるというような傾向なのかもしれないと思っております。仮にそうであるとするならば、研究者というものは実際の特許制度のユーザーとよく対話をして、実際の議論、問題となっている点をしっかりと把握していくことが今後必要なのではないかと思われるところであります。

---

[38]　最決平成21・1・27判時2035・127（液晶表示装置事件）。

駆け足になりましたが、わたしからのご紹介は以上とさせていただきます。ありがとうございました（拍手）。

4．学説の動向――不正競争・商標・意匠――

五　味　五味でございます。よろしくお願いいたします。引き続き不正競争・商標・意匠の分野における学説の動向についてご報告します。

　法律が3つもありますし、5年分ありますので、もちろん議論は非常に多岐にわたります。したがって、全部を網羅的にご紹介することができません。そこで、基本的には質及び量ともに顕著であった論点についてのみご説明をさせていただこうと思います。客観報道を旨としておりますが、既にトピックの選択の段階でやや恣意が入っております点はご了承ください。

1　全般的傾向

五　味　まず、全般的な傾向でございますけれども、もちろん新しい判決が議論を誘発するということがこの分野でもあったわけですが、とりわけこの分野では、法改正、あるいはそれに向けての動きというものに連動した議論が活発であったように思います。不競法の分野であれば営業秘密、商標法であれば地域団体商標、新しいタイプの商標、著名商標の保護、意匠法に関しても24条2項が入りましたので意匠の類否判断に関してやや議論がされたかと思います。法改正に関係しない分野につきましても、標識法分野においては、特に商標機能論などの基礎理論が活発に議論されていたと思います。

　では、個別の法分野に入ってまいります。

2　意匠法分野の議論

①意匠法分野の傾向　　**五　味**　まず、ボリュームが少ないので意匠法から入りますけれども、全般的に意匠の分野の議論というのは非常に低調で、毎年意匠法の論文は目立って少ない状況にありま

す。5年前に牛木理一先生の古稀記念論文集が出ておりまして、その際にまとまった数の論文が発表されてはいるのですが、それでも議論が多岐にわたっているため、学説のまとまった1つの「流れ」というようなものまでには至っていない状況です。むしろ、意匠法のコアの部分での議論ではなく、周辺法との境界領域の問題、つまり意匠権と著作権との関係、あるいは商標権との関係というような、周辺領域での議論のほうがより重厚であったというか、活発であったと思います。わたしはこれを「意匠学説のドーナッツ化現象」と呼んでおりますけれども、デザインの法的保護という問題に関しては、どちらかというと周辺法の議論の方が活発です。

②需要者概念(意匠法24条2項)

五味 そのような中で唯一、若干「流れ」といえるようなものがあったかなというのが、需要者概念についてでございます。ご承知の通り、意匠法24条2項が平成18年に新設されました。意匠の類否判断の人的基準を需要者とするという立法があったわけです。この点については、混同説対創作説という構図が従来からあるわけですが、需要者といえば混同説かなという見方ができなくはない。しかしながら、単に需要者ということではなくて、需要者の視覚を通じて生じる美感に基づいて判断するということになっているので、必ずしも混同説とも言い切れないという、混同説からみても創作説からみてもやや中途半端な規定になっています。そのために、混同説対創作説というような古典的構図に対して疑問符が付いたといえます。今後は、両説を統合していくのか、それとも両説から離脱してしまうのかというような議論の流れが強まる可能性があります。特にその中でも、需要者という概念をどのように考えるのかが非常に重要になるわけでありまして、例えば商標法と同じように「平均的な需要者（average consumer）」というように理解するのか、それともこの概念に「取引者」というような多少デザインについての知識のある者を含んで考えるのか、それともEUのデザイン規則の人的基準である「informed user」のようなものになぞらえて、相当高度なデザイン知識を持っている者を需要者として考えるのか、この辺りはさまざまな見解がありえようと思います。

若干この辺りに意匠法分野での学説の流れがあったのではないかと思いま

す。さきほどから「若干」と言っているのは、本当にわずかな流れでございまして、非常に困ったものだと思っておりますけれども、いずれにしましても意匠の類否判断というのは、意匠法にとってコアたる部分の議論でありますので、今後議論が発展することを期待しておるところです。

3 商標法分野の議論

五味 次に商標法です。

①地域団体商標制度（商標法7条の2）

五味 やはりこれも法改正に連動していますが、地域団体商標制度が新たに導入されたことに対応した議論が大変活発でした。法律を離れても随分とにぎやかな分野でありまして、地域ブランドを活性化させるための地方の取組みという点については、毎年ものすごい数がレポートが出ております。非常に関心が高い制度ということだと思います。純粋に法律の話ということになりますと、この制度のそもそもの趣旨というところに大きな疑問符がついている点が挙げられます。地域団体商標というのは本来的に識別力を欠くわけですが、そのような標章を識別力を備える商標を保護するはずの商標法によって保護するということについての整合性の問題、これに端を発して、ではこの制度をどのように捉えたら良いのかという点が議論の的になっています。制度趣旨をどのように考えるかは、もちろん法7条の2の各要件の解釈に関わってきますので重要です。今のところ、「産業政策説」、北大の田村先生の「産地等偽装行為規制定型化説」――長いネーミングですが、これはこちらにお座りの今村先生のネーミングです――、それから「過渡期的発現形態説」の3つが提示されています。特に「産業政策説」と「産地等偽装行為規制定型化説」は激しくその内容が対立しますので、今後議論がどのように発展し、また、他の学者の先生方がこの議論にどのように参加されるのかというところが興味深いところです。

②新しいタイプの商標

五味 次に、新しいタイプの商標です。こちらもご案内の通り、色彩や音などの非伝統的な商標の保護が国際的に進んでいるといわれている状況がありまして、近年わが国でも、このような新しいタイプの商標の保護制度を導入することを前

提とした制度論が随分活発にされました。新しいタイプの商標に関しては、例えば色の商標を保護するというのであれば、どのようにしてそれを特定するのか、例えば色見本で特定するのか、それともCMYKというような数字で特定するのか、あるいは音声商標を登録するという場合には、出願人に楽譜を書かせるのか、それとも録音物で良いのかというような、商標をどのように特定するのかという技術論から始まり、これらを保護すると保護対象が非常に幅広になりますので、そうなると、そもそも商標の識別力とはいったい何なのかという根本的な問題についての議論が生じまして、さらには、新しいタイプの商標というのは基本的には使用によって顕著性を獲得するという性格のものが多いので登録主義と使用主義との関係をどのように整理するのかというようなこと、また、そうなると商標機能論というものも、果たして従来の出所表示機能を中心とした議論に留まっていて良いのか、あるいはそれを超越してしまうのかというようなところにまで議論が及ぶわけです。この問題については――先程客観報道と申しましたがやや主観を述べますと――、具体的な制度論が先行してしまっていて、本当にこれを商標法で保護する必要があるのかという問題についての議論が欠落しているような気がしております。後で総括いたしますけれども、やや拙速な感じはすると思っているところです。

③著名商標の保護　**五味**　次に、著名商標の保護でございます。著名商標の保護を強化するという方向での議論ですが、流れとしては2つあります。1つは、今のところ商標権の効力の及ぶ範囲は「類似」という概念で画されるわけですけれども、これを「混同」という概念に置き換えてはどうかという議論です。このようにすると、著名商標の場合は、通常の場合よりも広い範囲で混同を生じると考えられるので、保護の強化につながるのではないかという内容のものです。もう1つは、稀釈化行為を商標法でも禁止してしまおうという議論です。ここ2、3年では、前者（禁止権範囲の拡張）よりも、おそらく後者（稀釈化行為の禁止）の方が、より議論がされる傾向が強かったと思います。稀釈化防止に関する議論については、そもそも不競法の2条1項2号はどうも使い勝手が悪くて保護が足りないというコンセンサスが前提としてありまして、そのような保護の不足感を

解消するために「では商標法で手当てしましょう」という話になるのですが、このような議論に対しては「そうであればまずは不競法自体を手当てすべきなのであって、なぜいきなり商標法なのか」という批判がございます。それに対して「そうはいうけれども、商標の保護に関しては、従来の混同行為から保護するということだけではなく、これに化体した企業ブランド価値をより直接的に保護する必要性が生じてきている」というような反論もされて、ここで著名商標の保護の必要性というものが議論されているところです。

④立体商標の識別力

五味 次に、立体商標の識別力の問題です。こちらはご承知の通り、昨今の立法とは直接的には連動しませんが、この問題についての知財高裁判決が立て続けにありましたので、それを契機に議論が活発化したという経緯です。先程申し上げた意匠法との調整という問題を含んでおります。マグライトの事件[39]、コカ・コーラ（Coca-Cola）の事件[40]、それからギリアン・シーシェルバー・チョコレートの事件[41]に対する判決が非常に近いタイミングで出たわけですが、商品形態に係る立体商標が本質的に識別力を備えるか否かを判断する基準について、これらの判決が異なる基準を示しましたので、そのことに端を発して特に議論が活発になったわけです。この点、コカ・コーラ事件判決では、生来的な識別力を認めるために非常に高いハードルが設定されました。わたしの印象としては、この判決に対する賛意のほうが圧倒的に多数だったと思います。ギリアンシーシェルバー事件の判決では、この点について低いハードル、つまり比較的簡単に立体商標の登録が認められるような基準が示されましたが、これに対しては、意匠制度の趣旨が没却されるという観点からの批判が大勢であったと思います。それからもう１つ、コカ・コーラ事件の場合には、法３条２項の適用に関して、商標見本と実際に市場に流通している商品の同一性判断をどのように考えるのかという点が重要な問題としてありました。

---

[39] 知財高判平成19・6・27判時1984・3［マグライト立体商標事件］。
[40] 知財高判平成20・5・29判時2006・36［コカ・コーラ・ボトル立体商標事件］。
[41] 知財高判平成20・6・30判時2056・133［GuyLiANチョコレート立体商標事件］。

⑤保護対象の拡大傾向　　**五味**　商標法に関する今までのところを総括いたしますと、地域団体商標にしても、新しいタイプの商標にしても、著名商標にしても、立体商標にしても、これらについての議論は「保護対象を拡大していく」という方向の議論になります。渋谷先生がそのような現象を指して「登録主義の普遍化現象及び類推現象」と述べておられたと思いますが、いずれにしましても、これらの議論は、非常に使用主義的な色彩の濃い、使用によってはじめて商標として機能するというような商標を、登録主義の制度の中に取り込んでいくということ、また、稀釈化というような従来の混同概念とは全く異なる概念を商標法の中に放り込んでいくという議論です。もしこのような立法が成立していくということになると、商標制度というものが従来とかなり異なるレベルのものになっていく、異質のものに変化していく可能性を大きく秘めています。したがって、この種の議論を進めるにあたっては、われわれは現在商標制度の曲がり角とでもいうべき状況に直面しているのだという十分な認識が必要であろうと思っているところです。

⑥商標機能論　　**五味**　次に、商標機能論でございます。商標の機能に関しては、古くからの様々な議論があるわけですが、特に最近目立ったところでは、フレッドペリー最判[42]以降、品質保証機能と出所表示機能との関係をどのように捉えるのかという問題があったかと思います。品質保証機能に関しては、そもそも商標法の独立した保護法益であるのかという議論があるわけでありまして、田村先生などは「これは出所表示機能に従属するものであって独立した保護法益ではない」とおっしゃいますし、その一方で「品質保証機能こそが商標法の本質的な機能なのであって端的に品質保証機能の侵害を商標権侵害と認めるべきである」というご意見を主張される先生もおられるわけです。しかし、先程の保護対象が拡大していくという話と関連して申し上げますと、これまでの議論は、あくまで従来の混同理論を前提とした商標法の枠内で考えたときの商標機能の議論でありまして、もし著名商標の稀釈化までをも商標法で禁止するのだというようなこ

---

[42]　最一判平成15・2・27民集57・2・125［フレッドペリー並行輸入事件］。

とになりますと、とても出所表示機能だけでは商標の機能は語れなくなりますので、このまま保護対象の拡大傾向が続けば、例えばコミュニケーション機能を含めた商標機能論というようなことも、議論としてどうしても出てこざるを得なくなるのではないかと思います。このように、保護対象の拡大傾向と商標機能論の関係というあたりも、大いに注目がされるところだと思います。

4　不正競争防止法分野の議論

①不正競争防止法分野の傾向

五味　最後に不正競争防止法です。不競法による標識保護に関しては、主に商標法に連動した形での議論があったということであろうと思います。特に不競法プロパーの議論ということになりますと、営業秘密に関するものが顕著でありまして、毎年論文を集めると全体の6、7割は営業秘密に関するものではないかというぐらい多数の論文があります。近年では特に退職者による営業秘密漏洩の問題に焦点が当たっていたように思います。それからもう1つ、14号の虚偽事実の告知流布行為に関して、いわゆる権利行使論の当否が目立って議論されていたと思います。

②退職者による営業秘密漏洩

五味　退職者による営業秘密漏洩に関しては簡単な紹介に留めますが、要するに、日本の企業を退職した者が海外に行って営業秘密を漏洩してしまうということが社会問題化した時期がありまして、これに呼応して刑事罰が導入されたことを切っ掛けに、退職者に刑事罰を課すことと職業選択の自由との関係や、競業避止義務の有効性、競業を禁止するためには特約が必要か否か、もし必要であるとするとその有効性の範囲はどの辺りなのかというような議論が積み重ねられました。この分野の議論は、知財の分野からというよりは、むしろ労働法分野からアプローチする論文が多かったという印象です。

③権利行使論

五味　最後に、権利行使論です。これはわれわれが実務をするに当たって非常に重要な問題であろうかと思いますが、ご承知の通り、従来の裁判例においては、権利侵害であると告知した後に権利非侵害であると判断された場合には通常14号の不正競争行為に

該当するとされたわけですけれども、平成13年の東京地方裁判所の判決[43]を嚆矢としていわゆる権利行使論が展開されるに至っています。すなわち、直ちに不正競争行為であるとするのではなくて、社会通念上許容されるところで決すべきであるとか、あるいは告知者の意図や目的というものを重視して各種の事情を総合判断して、それが果たして不正競争に当たるのかどうかということを判断しようという議論であります。これに対しては批判も多くあるところでして、権利行使論を採用すると告知行為者の主観的な事情というものを考慮する必要が出てくるわけですが、それは14号の文言解釈の域を超えてしまうのではないかという批判が代表的です。また、基本的にはこれに賛意を示しつつも、諸般の事情を総合判断するという基準では予測可能性を害するのではないかという懸念も多く表明されており、さらには、虚偽の警告によって生じた信用毀損の状態の除去を許さずに被告知者に受忍を求めるのは妥当性を欠くのではないかというような批判もされているところです。全体としては、実務家はこの議論を歓迎していて、学者の先生はどちらかというと手厳しいというような印象がありますが、基本的に「いずれにしてもちょっと解釈論としては無理なところがあるよね」という点では、実務家・学者ともにコンセンサスがとれているように思います。

　わたしのほうからは以上です（拍手）。

5．パネルディスカッション

　三　村　三村でございます。先程ご発表いただきました裁判例のなかには、わたし自身が関与している事件も何件かございました。裁判官として知財事件を担当していましたが、昨年（平成21年）7月末に退官して、8月から長島・大野・常松という法律事務所で弁護士をしております。今日はいろいろ判例と学説をご紹介いただきましたけれども、時間の関係もありますので、各分野から1つ、ないし2つというかたちでコメントさせていただきた

---

[43]　東京地判平成13・9・20判時1801・113［磁気信号記録用金属粉末事件］。

いと思います。その際には発表者と、もしできれば渋谷先生からもコメントをいただければと思います。

発表順ということで、最初は著作権法から、お願いいたします。この中では、一番皆さんのご関心があるというか、報告者のほうからも力の入った報告がありましたけれども、著作権侵害の責任主体の問題を取り上げたいと思います。これにつきましては、今日渋谷先生からご紹介がありましたロクラクⅡ事件の判決[44]がございます。これは一連の裁判例の中で最後に出たものです。順番に挙げますと、録画ネット事件、まねきTV事件、そしてロクラクⅡ事件という順番です。同じような状況なのに裁判所の判断が分かれた、あるいは理由付けの上で区別がされたというのが録画ネット、まねきTV、ロクラクⅡということだろうと思います。

皆さんご承知のとおりでございまして、これらの事件は、東京地裁と知財高裁が扱ったもので、この点は、3つとも同じです。録画ネットは、仮処分とその異議事件は東京地裁で、抗告事件は知財高裁が担当しまして[45]、いずれも差止め認容、3勝0敗のようなかたちだったわけです。まねきTVも仮処分が先行していまして、差止仮処分の申立てに対しては、地裁[46]、高裁[47]とも却下、本案訴訟でも地裁[48]、高裁[49]とも棄却判決となりました。ロクラクⅡは、本案訴訟が地裁では差止請求認容[50]、高裁[51]ではこれが逆転して、差止請求棄却というかたちになりました。コメントいたしますと、わたしも実はこの内の一部の事件には関与していたのですが、最初の2つの事件、録画ネットとまねきTVというのは、仮処分の抗告審については、いずれも私が裁判長として関与していたのですが、私の理解ではこの2つについては、

---

44 知財高判平成21・1・27（平成20年（ネ）第10055号等）［ロクラクⅡ本案2審］。
45 東京地決平成16・10・7 判時1895・120［録画ネット仮処分］、東京地決平成17・5・31（平成16年（モ）第15793号）［同仮処分異議］、知財高決平成17・11・15（平成17年（ラ）第10007号）［同抗告審］。
46 東京地決平成18・8・4 判時1945・95［まねきTV仮処分事件］。
47 知財高決平成18・12・22（平成18年（ラ）第10012号）［同抗告審］。
48 東京地判平成20・6・20（平成19年（ワ）第5765号）［まねきTV本案1審］。
49 知財高判平成20・12・15（平成20年（ネ）第10059号）［まねきTV本案2審］。
50 東京地判平成20・5・28［ロクラクⅡ本案1審］。
51 前掲［ロクラクⅡ本案2審］。

事案が違ったということです。裁判所の判断としては、差止請求を認容したものと、差止請求を棄却したものということで、結論は違っていますが、それはあくまでも事案の違いで判断が分かれたということです。この2つの事件では、基本的な判断手法、先程ご紹介がありましたけれども、カラオケ法理をこのような事案でどのように当てはめるかという点、支配管理性あるいは利益帰属性という観点から、誰が実際の主体かという判断をしている点は、地裁、高裁を通じて、共通しています。

これに対して、ロクラクⅡ事件の知財高裁判決は、先程渋谷先生からもご指摘がありましたけれども、この判決についてはいろいろと疑問の声も上がっていまして、わたし自身も疑問を持っているのですけれども、考え方自体が非常に違うということができます。つまり、今までの裁判例では、カラオケ法理の適用の基準というか、どこまでの要素があれば管理主体性が業者側に移るのかというようなかたちで、要素をどこまで詰めるのか、それがどこまで認定できるかという話をしていたわけです。これに対して、ロクラクⅡ事件の知財高裁判決は、どちらかというとタイムシフトとかプレイスシフトというものについて、個人が主体になるもので、業者というのはそれを助けてサポートしているに過ぎないという発想が最初にある。発想の出発点がそこから来ている判決ではないかと、わたしは思っております。そういう意味で、ロクラクⅡ知財高裁判決は、そもそも世界観が大きく違うという感じがいたします。現在、上告受理申立中というお話なのですけれども、おそらく、録画ネットとまねきTVは、どうして違うのですかという限度であれば、事案の内容ですので、「最高裁はそこまでは判断しないよ」という話で不受理になるという可能性が高いのですが、ロクラクⅡになりますと、そのような世界観の違いが出てきますので、最高裁で受理される可能性も、ある程度出てきたのではないかという感じがしております。発表者のほうからつけ加える点があればよろしくお願いいたします。

今 村 まさにおっしゃる通りだと思います。事案の違いということであれば、問題とされた権利として、例えば録画ネット事件ですと複製権、まねきTV事件は高裁のほうでは送信可能化権と公衆送信権のうち特に有線放

送に当たるかどうかということ、ロクラクⅡは複製権ということで、あとはそれぞれ事案の事実関係も違います。最初三村先生のほうからはどのような統一的理解が可能かコメントをくださいと言われたのですけれども、このような権利の違いや事案の事実関係の違いの中では、統一的な理解というよりも、どのような事実関係が判断の分かれ目になってきているのかということをみていくことしかないのではないかとわたしは考えております。

　　三　村　　次に特許の関係です。時間がありませんので各分野１個ずつ取り上げていって、時間が余ればまた戻ってくるというかたちにしたいと思います。改善多項制の下における訂正の問題ということで、これは渋谷先生のほうからも取り上げていただきましたし、あとは発表者のほうからも取り上げられたテーマでございます。最高裁判決[52]が出たのですけれども、この前に知財高裁の３部で訂正請求、それから訂正審判請求について、渋谷先生からもご紹介がありましたけれども、請求項基準説というか、請求項ごとに判断すべきであるというかたちの一連の判決が出ました。そのいくつかが飯村判事が裁判長の合議体で、残りは私が裁判長の合議体です。

　これを理解する上で、単項制と多項制の問題、それから出願、無効審判における訂正請求……先程の最高裁判決は特許異議における訂正請求でしたけれども、現在は異議制度はありませんので、最高裁判決で述べている内容は、無効審判手続における訂正請求に対応することになります。あの最高裁判決は無効審判における訂正請求の問題ということになります。それからもう１つは、訂正審判請求。これは無効審判を起こされて防御的にやるわけではなくて、権利者側から起こすものです。繰り返しますと、出願、無効審判における訂正請求、訂正審判請求、この３つがあるというかたちで理解する必要があると思います。加藤さんのレジュメに戻っていただきますと、もともと日本の特許制度というのは単項制で、１つの出願で１つ、要するに１つの明細書に１つの発明しか書けないというものなのです。それが何年か前に多項制というかたちで、１つの出願でいくつもの発明を出せますと。例えば

---

[52]　最判平成20・7・10判時2019・88。

A、B、C、D、Eというかたちで、請求項1にはA、請求項2にはBという、関連性がどうこうという問題はあるのですけれども、現在は関連性が必ずしもなくてもいいという話です。いずれにしても、いくつかの発明を一緒に出願できるようになったのが多項制です。この間にちょっと中途半端な多項制、必須要件項のほかに実施態様項を付記できるという制度があるのですけれどもそれはとりあえず除いておいて、現在ある改善多項制のことを多項制と呼ぶことにいたします。

五　味　改善多項制が導入されたのは、昭和62年です。実施態様項の付記制度が50年だったと思います。

三　村　この最高裁判決は、多項制の下において特許異議における訂正請求、現行法でいえば無効審判における訂正請求の可否についての判断を請求項ごとに1個ずつやるべきか、全体でやるべきかという話なのです。そもそもは、特許庁の手続というのは単項制しかなかったということで、1つの出願については1つの手続で全体としてやるというかたちの実務がずっと続いていたわけです。特許の有効・無効もそうです。それぞれの出願に、発明が1個しかなかったわけですから、特許権のうち一部の発明に関する部分だけ無効になるということは全く考えられなくて、権利全体として無効になったり、有効として維持するという判断しかありませんでした。それを前提に、訂正する場合も明細書全体が訂正されるというかたちで、それを公示する手段として訂正明細書を公示しますというかたちになっていました。ところが、多項制が導入されたときも、少なくとも公示手続やその辺については立法的な手当てがされませんで、かつ実務的な運用も変わらないという状況だったわけです。

平成20年の最高裁判決は、もちろん多項制の下での最高裁判決で、特許異議における訂正請求、現行法では無効審判における訂正請求の事案だったわけです。無効審判手続の場合は、例えばこの場合、請求項1から3までを無効にしてほしいという無効審判請求が起きたときに、それに対して、例えば請求項1を直しますと。請求3も直しますと。ついでに無効審判請求がされ

ていない請求項5も直しますという対応をすることが特許権者のほうはできるわけですけれども、今まで特許庁の運用というのは、例えば一部の請求項についての訂正はオーケーかもしれないけれども、他の請求項に訂正が駄目だということがあれば訂正請求は全体として駄目だと。極端な場合は、本件もそうだったのですけれども、無効審判請求の対象になっていない、ついでに直しますというものが駄目だという理由で、訂正は全部駄目だと。だから、個々の請求項の無効審判請求に対する防御としては、個別には全く考慮しなくていいというような運用をしていたわけです。しかし、多項制というのは、少なくとも無効審判については請求項ごとにできる、無効の判断も請求項ごとにされるという運用がされていました。それに対する審決取消訴訟も、例えば請求項1から3までいっぺんに無効にされた場合でも、請求項1は無効でもしょうがないけれども、請求項2と3については不服があるから、請求項2と3だけについて取消訴訟を提起するということも許されるということになっています。実務的にも、そのようなかたちでもずっと疑いなしに運用されていました。条文もそのような前提でできているという理解でみんなやっていたわけです。

　それなのに訂正請求だけは全体として可否を判断しなければいけないという状況がございまして、あの最高裁判決が出たのですけれども、渋谷先生からもご指摘がありましたように、最高裁判決は「訂正審判請求は出願に近い」ということで、「訂正審判請求と出願の2つは一緒だけれども、訂正請求は違う」と。「だから、訂正請求と訂正審判請求の間では取扱いが違ってもよい」という言い方を最高裁判決はしたのですけれども、そもそも実務家サイドからはそれはおかしいじゃないかという意見が多く出されました。なぜかというと、訂正請求というもの自体、昔はなかったのです。昔は無効審判を出される、あるいは特許異議を出されると、それに対する防御手段として、訂正審判請求を起こしてクレームや明細書の記載を直すというのが普通の防御手段だったのです。そうすると手続が別々になって、こちらで無効の話をしているとき、片方で訂正をやっていて、パラレルになってこれは困るというかたちだったものですから、無効審判や特許異議をやっている間はその手続の中で直さなければいけないことにしましょうというのが訂正請求だ

ったわけです。沿革的にこの2つは一緒のはずでしょうというのを、例えば、村林弁護士などが最高裁判決が出た直後から指摘しているところです。わたしどもが、知財高裁3部で、「訂正請求も訂正審判請求も同じだ」と言っていたのも、そのようなことを意識して言っていたわけです。

　もう1つ遡って言うと、特許出願であったら全体でもいいのかというと、そこは必ずしもそうではない。条文上は確かに請求項1つずつ査定しなければいけないということを明示的に規定した条文はないのですけれども、特許法185条が特許権の設定登録に関する27条1項1号を掲げているという点から、請求項ごとに審査することを想定しているという解釈も不可能ではありません。いずれにしても、多項制になった以上は請求項1つずつ……拒絶理由通知は請求項1つずつ出しているわけですから、それを進めて、請求項1つずつ拒絶査定するか、特許査定するかと判断を行い、それに対して請求項1つずつについて拒絶不服審判を起こして取消訴訟を起こすということも、十分に考えられるわけです。そのような状態は、むしろ、最も理想的に多項制が実現された状態といえるのです。我々知財高裁3部も、そこまでは言いませんでしたが、それは理論的な問題というよりも、実務的にそれはとてももたないと、それだけの審査の労力はかけられないという事情もあるように考えたからです。実務的には、先程渋谷先生がおっしゃったように、請求項ごとに拒絶理由通知がされたものはその分放棄するとか、請求項ごと削除するというかたちで全体としての拒絶査定を免れることができるでしょうと。もう1つは、こちらの会場にも何人か弁理士の方がいらっしゃいますけれども、からめ手というか裏技として、そのようなものは分割出願でやればいいという裏技がありますので、そういうことも考えれば、そこまで特許庁の負担を多くしてまでやる必要はないという考え方もあると思います。ですから、出願の場合についても、必ずしも全体主義、一体主義であると決めつけることはできないということをご指摘しておきたいと思います。最高裁判決の後に、平成21年に、訂正審判請求についても請求項基準説でいいという知財高裁の判決[53]が出たという御紹介がありましたが、その背景としては、

53　知財高判平成21・11・19判時2077・133。

「訂正請求と訂正審判請求は一緒」という意識があるからであろうと考えます。

　昭和55年の最高裁判決[54]とおっしゃいましたけれども、これは単項制の下における実用新案についての裁判ということで、単項制の下においてすら、1つの発明の中で、この部分と、この部分と、この部分と、3箇所くらい直したいと。これを一体として直してくれと言っているなら全部拒絶してもいいけれど、そうではなくて、一個一個どれでも生きる部分があれば、別々に直してくれという意思が明確であれば、それは1個ずつ直しなさいということを昭和55年最高裁判決は言っているわけです。単項制の中の、同じ発明の中の事項についての訂正ですらそのようなことを言っているのであれば、多項制の場合は当然そうでしょうという考えを示したのが、訂正審判請求についての平成21年の知財高裁の判決ということです。ですから、本来的にいうと、これを言うのであれば訂正審判請求だって同じでしょうと、訂正請求だって同じでしょうというのは当然言えるはずなのです。けれども、そこを平成20年の判決は言っていないという状況でございました。

　発表者の方から補足があれば、お願いいします。

加藤　おっしゃるとおりだと思います。昭和55年最高裁判決に関しフォローさせていただきますと、昭和55年最高裁判決は、請求人において別々に審議してほしいと特に明示したときは格別、そうでないときは一体に判断すべきと判示したものでありまして、まさに今三村先生がおっしゃったとおりだと思います。一方、平成21年11月知財高裁判決は請求項基準説を採用しているのですけれども、それはあくまで傍論にすぎないものであります。本論は、請求項基準説を採用すべきと言って審決を取り消された後の再度の審判の最中に平成20年最高裁判決が出たので、訂正審判請求は一体だということで、一体として再度の審決をしたら、それは取消判決の拘束力に反するということで再度審決が取り消されたというものでして、いってみれば、平成20年の最高裁判決の傍論に対して、平成21年の知財高裁が傍論をもって暗に

54　最判昭和55・5・1判時967・49。

反論したというような感じになっていますので、そこはまだ未確定なのではないかということをご注意申し上げたいと思います。

三村 傍論に対して傍論で反論したということですけれども、その知財高裁で議論していた段階、平成20年の最高裁判決より前の時点では、無効審判における訂正請求と訂正審判請求は同じだという意識を我々は持っていましたので、これから先も、知財高裁では、そういう判断が続くのではないかとわたし自身は思っています。

あとは、ついでながら先程の請求項が5つぐらいあって、無効審判請求が出て全部無効だと言われたときに、それに対して特許権者が、請求項1だけでもつくってくれと……普通は請求項1だけというのはおかしい。実務的に知っている人は、請求項1は一番無効になりやすいんだからということでしょうが（会場笑い）。そこで、請求項5だけでも救ってくれというかたちで、請求項5についての審決に対してだけ取消訴訟を起こしたというときですけれども、無効審判は請求項ごとに審決されますし、それについてそれぞれ不服申立てとして取消訴訟が提起できますので、普通の理解からすると、取消訴訟提起可能期間を過ぎると請求項1から4までについては無効が確定すると。ですから、その後は特許登録原簿に無効と書かれて、しかも特許料を払わなくてもいいという扱いがされているものと我々は思っていたわけです。ところが、平成20年最高裁判決以前の特許庁の取扱いは、取消訴訟を提起された請求項5についての審決の判断が確定するまでは、審決は全体として不動状態であると。だから請求項1から4までは生きているし、かつ特許料はもらえます、という扱いだったわけです。しかも、この取消訴訟で請求項5についての判断が間違っていたから取消請求認容ということで、特許庁に事件がもう一回戻りますと、知財高裁判決の主文で取り消されたのは請求項5についての審決だけであるにもかかわらず、戻ったところでは、もう一回請求項1、2、3、4、5と全部が生きているという前提で、全部を差戻後の審判の対象とする。要するに、死んだはずの請求項1から4がゾンビのように復活するという取扱いが、されていました。知財高裁3部としては、「それはあまりにもおかしい」ということも特許庁に対して言っていました。こ

の点については、平成20年の最高裁判決が出ましたし、現在では、特許庁も、請求項ごとに無効が確定するという取扱いを行っていると聞いています。一応ご紹介までということです。

　あとは、不正競争防止法の関係で、権利行使論を取り上げようと思っていたのですが時間がありませんので、立体商標についてコメントさせていただきます。立体商標については、知財高裁の判決の中で順番にいうと、ひよ子の判決[55]、マグライト判決、コカ・コーラ判決、それからギリアンという海鮮チョコレートのような（会場笑い）、チョコレートについての判決。これは皆さん大体お分かりだと思いますが、ひよ子というのはヒヨコの格好をした饅頭です。マグライトは懐中電灯です。コカ・コーラはご存じの通りです。コカ・コーラは中身ではなくて瓶の話です。チョコレートは海鮮チョコレートと申しましたが、海鮮が中に入っているわけではなくて、貝とかイカが表面についているというデザインのチョコレートです。ひよ子はいったん登録されたのですけれども、駄目ということで無効になりました。結局最終的に駄目だと。マグライトとコカ・コーラは拒絶、要するに審査されて登録できないと言われたのですが、「これはおかしい」ということで「登録してあげなさい」ということで、マグライトとコカ・コーラは著名性によって商標法3条2項でやりましょうというかたちで。ひよ子は、著名性でしたか。

五味　　2項に当たらないと。

三村　　2項にも当たらないと言ったんでしたか。商標法3条2項についての判断。ひよ子の場合は、東京の方は皆さんご存じだと思いますけれども、福岡の方は、「ひよ子といえば福岡だろう」と言いますけれども、東京の方は、「えっ、福岡にもひよ子があるのか」と思うぐらいで（会場笑い）、ひよ子は福岡のほかにも同じようなお菓子がありますので、そういう意味で著名性が否定されたと。事実認定の問題としてはそういう問題です。ですから、理屈の問題として、マグライトとコカ・コーラは「著名じゃない」とい

---

[55]　知財高判平成18・11・29判時1950・3［「ひよ子」立体商標事件］。

う言い方よりは、「機能が入っているでしょ」とか、「コカ・コーラという名前も入っているでしょ」というかたちで、周知性は駄目だというような話を審決でしたいのですけれども、3条2項について非常にハードルを高くしていたということです。実際は立体商標というものが条文に入っていたのですけれども、特許庁の実際の運用としては、どこまで本当かどうか知りませんけれども、カーネルサンダースとキョロちゃんとペコちゃん以外は駄目と（会場笑い）。

加藤　早稲田の大隈銅像も。

三村　ああ、大隈銅像も。要するに銅像類はいいけれども、商品は、要するにペコちゃんの場合は、外に飾っているときにはいいけれど、ペコちゃん焼は、「あれはあかんよ」という雰囲気があったように聞いています。ですから、マグライトとコカ・コーラについては、商品のそのものとか商品の容器については、非常に厳しいハードルを設けているということです。ただ今の五味先生からのお話しでもありましたが、私も、これらの形状は周知であると思います。ある程度特徴的なかたちをしていますから、自分が関与したから言っているわけではないですけれども。海鮮チョコレートについても、確かに疑問はあるのですけれども、わたしは結論的にはこれはいいのではないかと思います。というのは、立体商標で嫌なのは、機能とか、美感とか、そういうものは商標ですから無審査でかつ行使することによって永久に独占できてしまうということが嫌なんです。機能については特許や実用新案とかぶると。美感については意匠、著作権とかぶると。どの権利も有限なんですね。著作権は50年とか、それを70年に延ばそうとか、とんでもない長さですが、それ以外はもう少しましな期間ですが。機能的な役割があるかないか分からないような形状のものを、そういうものを出願したというだけで永久に独占させていいのかという話です。

　機能は、私は原則として、やはり厳しくみるべきだと思います。例えばゴルフをやる方はご存知でしょうが、いろいろなかたちのパターがありますよね。ピンパターとか、後ろが半月状になっているパターとか。あれは弾道を

安定させるとか、機能的な意味でパターのヘッドのかたちというのは決まっているのですけれども、あれを立体商標ですよと、「うちのパター、ピンパターのかたちはこうですよ」というかたちで出願してしまうと、同じかたちのパターを誰も売れないじゃないですか。確かに周知商品等表示になりうるので、そちらのほうでは独占という話はあり得るのですけれども、そういう周知とかそういった状況にもならないうちに、自分で商標出願した形状は、ほかの者は売っちゃいけませんよという話になるのは、やはり疑問に思います。

　美感のことまで言うと、海鮮チョコレートなんてほかの業者がまねて出したいというものでもなくて、かつ、この判決ですと、並び方がタコ、イカ、貝というかたちで、この並び方のものに限定しましょうという話ですので、その場合ぐらいだったいいのではないかという気もしています。美感と機能に少しでも関係している形状は全部駄目というと、要するに登録可能なのは2項だけで、1項は絶対駄目ということになってしまいます。機能は私も、相当程度機能に資するデザインについては駄目だと言うべきだと思いますけれども、美感の関係をあまり厳しく言うと、誰も商標登録できなくなってしまうという感じがしております。その辺は議論があるところですし、レポーターと少し違う意見かもしれませんから、補足をお願いします。

　　五　味　わたしは、美感云々というところは「商標登録しなくて良いのである」という立場ですので、明らかに三村先生と対立してしまいますので、できれば発言をしたくないのですが（会場笑い）。問題は、意匠権と衝突するかどうかという問題以前の問題として、安易に商標登録を認めてしまうと自由競争を制限してしまうのではないかという懸念——コカ・コーラ事件などでは飯村判示が明確に示されているところですが——、この懸念にどう配慮した基準を設定するのかという点がどうしても残ってきてしまうのかなと思います。ギリアンシーシェルバー事件では——この事件に限っていえば事案的に識別力があると認めてしまってもあまり問題はなさそうなのですが——、判決の中に自由競争に対する制限という問題への配慮がまったくないので、あれをそのまま一般化してしまうのはリスクが大き過ぎるのではないかと思っております。

三村　そうすると、例えばワインのボトルは、ご存じの方もいると思いますけれども、魚のかたちをしたワインボトルや、あるいは女の子がこんな格好をしているエロティックボトルワインなどもあるのですけれども、あのようなものも機能とも……美感も大した美感ではないですけれども、あれも駄目ということになりますよね？

五味　例えば米国ですと、パッケージのデザインとプロダクトそのもののデザインというのを完全に分けて議論をしていまして、パッケージのデザイン、例えば先程先生がおっしゃった魚のかたちをしたボトルなどであれば、それがsecondary meaningを獲得しているかどうかというようなことは言わずに、そのまま登録をしてしまいます。EUでも、一般的にパッケージのデザインについては判断が緩いと思います。日本はなぜか商品の包装と商品そのものの形態についての議論が分かれないで、一緒くたにされてしまっているので、今の先生のようなご疑問が発生するのではないかと思いますが、そこを分けてしまえば、ある程度パッケージのデザインについては識別力を証明しなさいというようなことをいわなくても登録は可能になってくるのではないかと思います。

三村　そうすると、一番最初にわたしが申し上げましたけれども、ペコちゃんの人形は立体商標なのに、ペコちゃん焼、要するにお菓子のかたちがペコちゃんの格好をしているわけですけれども、あれは駄目ということになりますが、それはナンセンスのような感じもするのですが、その辺はどうですか。

五味　「ナンセンスではない」としか言い様がないのですが……（会場笑い）。わたしは、ナンセンスではないと思っております。米国の連邦最高裁の議論でも、そこをどのように切り分けるのかは大変に難しいよねと、ペコちゃんのような例ではありませんけれども、例えばパッケージデザインとプロダクトデザインをどのように区別するのか、そのあたりを厳密にやろうとすると難しい話が出てくるけれども、区別をするのが難しい対象について

はリスクを考えてとにもかくにもsecondary meaningを立証させてしまえということを連邦裁高裁は言っています。こういうような、ある程度の割り切りの問題として、グレー・ゾーンに位置するような対象については、厳密な判断を試みるということではなく、使用による識別力が認められれば登録できるわけですから、絶対登録しないと言っているわけではないわけですので、そのときは「出願人が使用による識別力を獲得していることを立証しなさい」ということで良いのではないかと思います。

　三村　アメリカの場合は、先に使用の実績がないと一般的に商標登録出願が受けられないので、みんなそうですからそれはいいのですが、日本の場合にそれをすると、自分が使っている間にほかの人が使っているとき止める方法がないと。そうすると、先にいいデザインの商品を出しても、まねられたときに止める方法がなくて、かつ、他の者の使用と併存する形で使用していても、結局著名性も得られないから2項でも駄目というかたちで、「結局駄目」というかたちになってしまうような気もします。ですから、使用を前提にしているアメリカと少し違うのではないか、登録主義の場合は、という気もするのですけれども。

　五味　その点はおっしゃる通りだと思います。ただ、日本の場合には、商標法プラス不正競争防止法1号及び2号のトータルで標識法というイメージがあるものですから、ペコちゃん焼自体は商標法では保護されないかもしれないですけれども、周知性があれば不競法による保護というのがあり得るわけですので。

　三村　確かに人形焼でペコちゃんやミッキー・マウスをしたときは、ペコちゃんはしないかもしれないですけれども、ディズニーは必ずそれは著作権だと、あるいは不正競争防止法の著名表示だというかたちで、よその人がミッキーの人形焼とかを出すと必ず差し止めしてくるだろうと思いますけれども、そのような状況でディズニーがミッキーの人形焼を売り続ければ、著名性で、2項でオーケーになると、そのような理解でよろしいんですか。

五味　先生に「よろしいんですか」と言われてしまうと困っちゃいますけれども（笑）、わたしはそのように理解しております。渋谷先生はどうなんでしょう？（会場笑い）

渋谷　商品には定型の商品と、無定型の商品がありますね。そこに書いてあるものでも、ひよ子とチョコレートはもともと無定型なんですね。どのようにもかたちをつくれる。機能によって制約される面が非常に低いと。

三村　そう、人形焼もそうだと思いますけれど（笑）。

渋谷　ええ。ですから、そういう商品については、2項のsecondary meaningの立証を割に低いレベルで認めるとか、あるいは直接生来的な識別力を肯定してやるとか、これは運用の問題で、傾向としてそのようなものが出てくればよいと言っているだけですけれども、そのような扱いをすればよいだろうと。マグライトとなると、非常に機能が強くなる。コカ・コーラの瓶は、先程おっしゃったエロティックなものではないですが（笑）、割合自由度が高いと思います。ですから、そのようなものについては2項の適用が緩くてもあまり迷惑する人もいないと。

三村　やはり1項だと難しいというお考えですか。

渋谷　ええ、瓶だとね。どうですか、センスの問題として。

三村　ペットボトルは、実は中の圧力をどう逃がすとか、デザインだけではなくて機能的な面で特許もたくさん出願されていて成立しているわけなので、ペットボトルとかボトルの場合に機能と関係がない、持ちやすいというのも機能の1つですけれども、そういうものと関係がないというものは少ないのです。先程言ったように魚の瓶とか、女の子の瓶とか、機能とどう考えても関係がないというものもありますので、その辺については、わたしは個人的には1項でいい場合もあるのではないかという感じがしています。

その辺は少し使用して2項でやればいいという渋谷先生と実務的にあまり変わらないのかもしれませんけれども。

　すみません、だいぶ時間が押してしまいましたけれども、各分野1つずつだけコメントさせていただきました。それでは司会ということで最後に。

III　おわりに

　渋　谷　　本日は、大変興味深い議論を重ねることができ、有意義なシンポジウムになったと思います。そう思っているのがここにいるパネリストの方々だけでなく、ご来場の皆様にとってもそうであったことを願っています。本日は長時間のご清聴まことにありがとうございました。これで終わらせ頂きます（拍手）。

本講のレジュメ（抄）

近時の学説の動向：著作権法～論点の紹介を中心に～

（今村哲也）

1. 全般的傾向
(1) **立法との関係**：目下検討中の立法的な課題に関して、立法事実の存否や立法事項等を明確化していく上で、学界での知見が影響を与えている分野がある
- □ 著作権侵害の責任主体／著作権の存続期間の延長／日本版フェアユース等
- □ 全般的傾向

(2) **司法との関係**：近時の下級審の裁判例の展開にともない、学界での議論が盛んになされている分野がある
- □ 応用美術の保護／制限規定（引用など）／著作権侵害の責任主体／著作権非侵害行為と不法行為／未知の利用と契約の文言等
- □ 全般的傾向

(3) **学界との関係**：著作権法学会の議論が学界での議論をリードしている
- □ 著作物の利用と契約（H17）／著作者人格権に関する総合的考察（H18）／翻案（H19）／権利制限（H20）／著作物の隣接領域と著作権法（H21）

2. 個別の傾向
(1) **権利の客体**
- □ 著作物概念：著作物の個数論／作品説と創作的表現説
- □ 創作性の要件
  - ◇ 知財高判平成18・11・29平成18年（ネ）第10057号［豆腐屋事件］
  - ◇ 知財高判平成20・7・17判時2011号137頁［ライブドア裁判傍聴記］
- □ 応用美術の法的保護：応用美術の保護要件／意匠権との関係
  - ◇ 大阪高判平成17・7・28判時1928号116頁［チョコエッグ・フィギュア控訴審］
- □ 見出し等の著作物性
  - ◇ 知財高判平成17・10・6平17年（ネ）第10049号［ヨミウリ・オンライン控訴審］等
- □ 建築の著作物の著作物性
  - ◇ 大阪高判平成16・9・29平成15年（ネ）3575号［積水ハウス］
- □ 香気の著作物性

(2) **権利の主体**
- □ 大学における著作権の機関帰属化
- □ 共同著作物における共同性：意思説、客観説、行為共同説
- □ 「法人等の業務に関する者」（15条1項）
  - ◇ 最判平成15・4・11判時1822号133頁［RGBアドベンチャー］等

- □ 映画の著作物の著作者・著作権の帰属
  - ◇ 知財高判平成18・9・13判時1956号148頁［燃えつきるキャロル・ラスト・ライブ控訴審］
(3) 権利の内容
- □ 著作者人格権の性質
  - ◇ 最一判平成17・7・14民集59巻6号1569頁［船橋市西図書館］（「著作者の人格的利益」）
- □ 同一性保持権の不行使特約
- □ 建築の著作物の移築と同一性保持権
  - ◇ 東京地決平成15・6・11判時1840号106頁［ノグチ・ルーム］
(4) 権利の内容
① 著作権−存続期間
- □ 著作権の存続期間の延長論
- □ 平成15年改正著作権法改正附則2条関連─映画の著作物の1953年問題
  - ◇ 最三判平19・12・18判時1995号121頁［シェーン］等
- □ 旧著作権法下の映画の著作物の著作者認定とその保護期間
  - ◇ 最一判平成21・10・8判例集未搭載平成20（受）889［チャップリン映画DVD］
② 著作権−支分権
- □ 一時的蓄積と複製
- □ 翻案の概念：翻案の判断手法／「本質的特徴の直接感得」論の再構成
- □ 公衆・公の概念
  - ◇ 東京地判平成16・6・18判時1881号101頁［NTTリース株式会社］
  - ◇ 名古屋高判平成16・3・4判時1870号123頁［社交ダンス教室控訴審］
- □ 著作権の登録
- □ 追及権の導入論
③ 著作隣接権
- □ 著作隣接権の正当化根拠
- □ 楽曲・レコードのサンプリングレコード製作者の複製権の保護範囲
- □ 放送番組の二次利用と権利処理
- □ CATVによる放送の同時再送信に関する「5団体契約」の有効性と適用範囲
  - ◇ 知財高判平成17年8月30日判例集未搭載
(5) 権利の制限
- □ 著作権と表現の自由との関係
- □ 日本版フェアユース導入論：司法と立法の役割分担／「受け皿規定」論
- □ 引用の抗弁（32条1項）：引用をめぐる要件論の再構成／オークションサイトへの画像掲載／検索エンジンのキャッシュ機能等
- □ 非営利上映等における第三者の営利（38条1項）

(6) 著作物の利用と契約
   □ 著作権ライセンシーの保護
   □ 未知の利用と契約の文言
      ◇ 東京地判平成19・1・19判例集未搭載［THE BOOM］
      ◇ 東京地判平成19・4・27平18（ワ）［HEAT WAVE］
   □ 契約による権利制限規定の回避（オーヴァーライド）
   □ 新たな契約形態の登場／GPL（General Public License）／クリエイティブ・コモンズ・ライセンス
   □ 米Googleの書籍全文検索サービス問題
      ◇ The Authors Guild, Inc., et al. v. Google Inc., 05 CV 8136（S. D. N. Y.）
   □ 孤児著作物（Orphan Works）問題
(7) 権利侵害と法的措置
   □ 制作委託者等における著作権侵害回避の注意義務
      ◇ 東京地判平成20・3・13判時2033号102頁［八坂神社祇園祭ポスター］等
   □ 複製権・翻案権侵害の判断構造
   □ 著作権侵害の責任主体（民事）：規範的な利用行為主体の認定／非侵害主体に対する差止／番組転送サービス関連事件
      ◇ まねきTV事件：知財高判平成20・12・15平成20年（ネ）第10059号［まねきTV本案2審］
      ◇ ロクラクⅡ事件：知財高判平成21・1・27平成20年（ネ）第10055号等［ロクラクⅡ本案2審］／東京地判平成20・5・28［ロクラクⅡ本案1審］
      ◇ 選撮見録事件：大阪高判平成19・6・14判時1991号112頁［選撮見録2審］／大阪地判平成17・10・24判時1911号65頁［選撮見録1審］
   □ 著作権侵害の責任主体（刑事）
      ◇ 大阪高判平成21・10・8判例集未搭載［Winny刑事事件］（無罪）
   □ 著作権非侵害行為と不法行為
      ◇ 知財高判平成17・10・6平成17年（ネ）第10049号［ヨミウリ・オンライン控訴審］
      ◇ 東京地判平成17・5・17判時1950号147頁［通勤大学法律コース］
      ◇ 知財高判平成20・12・24平成20（ネ）10012［朝鮮映画輸出入社対日本テレビ2審］等

学説の動向―特許法―

(加藤　幹)

1. 総論
(1) 発明の本質的部分
  ・均等論、消尽、主観的間接侵害、発明者の認定の各場面で議論される発明の本質的部分の意義・その異同
(2) 競争法との関係（保護と活用のバランス）
  ・実施許諾契約中の最高数量制限条項
  ・パテントプールと技術の標準化

2. 職務発明
(1) 発明者の認定
  ・特徴的部分の完成への創作的な関与とは
  ・共同発明者とは
(2) 対価請求権の法的性質
  ・約定債権―権利承継の合意に基づくもの
  ・法定債権―発明誘引のための政策的なもの
(3) 使用者等の利益の額・使用者等の負担
  ・先行者利益、事実上の独占・法律上の独占に基づく利益の内容・算定手法
  ・東京地判平16・1・30平成13（ワ）17772
  相当の対価200億円
(4) 外国の特許を受ける権利
  ・譲渡契約の準拠法
  ・35条4項及び5項の適用の可否
  ・最判平18・10・17平成16（受）781
  譲渡契約の準拠法は当事者の意思
  35条3項及び5項は類推適用

3. 特許要件
(1) 明細書のサポート要件
  ・知財高判平17・11・11平成17（行ケ）10042
  ・知財高裁判決を機に議論が活性化
(2) 進歩性の判断
  ・外国の判断手法（KSR事件米国最高裁判決等）との比較をするものが多い
  ・知財高判平21・1・28平成20（行ケ）10096
(3) 特許権の存続期間の延長
  ・従前の裁判例は、延長された特許権の効力が有効成分及び用途が同一であるもの全体に及ぶとの解釈を前提に、延長は当該有効性分及び用途について、1回のみ

としていた
- 近時の学説は、従前の裁判例を批判する見解が主流
- 知財高判平21・5・29平成20（行ケ）10458

延長された特許権の効力は、薬事法所定の承認が与えられた医薬品の成分・分量・構造及び成分により画されるとして、従前の解釈を否定

4. 訂正等
(1) 複数の請求項の訂正
- 最判平20・7・10平成19（行ヒ）318

特許異議申立事件の係属中に訂正請求がされた場合、請求項毎に訂正の可否を判断
訂正審判請求の場合には、全体を一体不可分のものとして取り扱う
- 訂正審判請求の場合でも請求項毎に判断すべきとの見解がある
- 知財高判平21・11・19平成21（行ケ）10157

訂正審判請求の事案おいて、最判昭55・5・1にのっとり請求項毎に判断した事例
- 明細書の訂正とクレームの訂正との関係の整理、確定したクレームの公示手法の整理等が必要との指摘がある

(2) 補正
- 知財高判平20・5・30平成18（行ケ）10563

いわゆる「除くクレーム」とする訂正について
- 知財高裁判決を機に議論が生じつつある

5. 特許権の行使
(1) 消尽
- 知財高判平18・1・31平成17（ネ）10039

特許権の国内消尽—第1類型・第2類型
- 知財高裁判決をピークとして百家争鳴の状態となる
- 最判平19・11・8平成18（受）826

特許製品の新たな製造（特許製品の属性、特許発明の内容、加工及び部材の交換の態様、取引の実情等を総合考慮して判断）
- 最高裁判決により、これまで提示された判断基準がご破算になったとの指摘もある
- 最高裁判決後は議論がやや沈静化し、これまでの議論を整理した上で、同判決が判示した枠組みの中で新たな理論を構築しようという動きが生じている。

(2) 専用実施権設定済み特許権者の差止請求権
- 最判平17・6・17平成16（受）997

専用実施権設定済み特許権者の差止請求権を肯定
- 最高裁判決を支持する見解が多数

6. 特許権侵害訴訟
(1) 技術的範囲の解釈
- 特殊クレーム（機能的クレーム、用途限定クレーム、Product by Processクレーム）の解釈のあり方
- 自由技術の抗弁の再評価

(2) 損害賠償論
- 102条1項の販売することができた物・販売することができないとする事情とは
- 特許発明の寄与率をどのように考慮すべきか
- 102条1項の販売することができないとする事情と、同条3項の実施料相当額との関係は

(3) 無効の主張の要件事実・審決の確定と再審
- 104条の3の無効の主張の要件事実
- 訂正可否審理中のクレームの考慮
- 訂正・無効審決の確定が再審事由となるか
- 最判平20・4・24平成18（受）1772

対抗主張は紛争の解決を不当に遅延させるものであってはならない
訂正審決の確定が再審事由となる余地がある

(4) 秘密保持命令
- 原告侵害立証の容易化と被告営業秘密の保護の調整
- 最決平21・1・27平成20（許）36

侵害差止めを求める仮処分事件においても秘密保持命令の申立をすることが許される
- 主観的範囲について判断した裁判例や秘密保持命令を取り消した裁判例もある
- 今後、秘密保持に係る運用の整理・理論の整理が期待される

学説の動向 ―不正競争・商標・意匠―
（五味飛鳥）

(1) 全般的傾向
- 法改正ないしその動きに連動した議論が活発
- 標識法分野においては商標機能論などの基礎理論も比較的活発

(2) 意匠法分野の議論
① 意匠法分野の傾向
- 全般的に議論は極めて低調
- むしろ周辺法との境界領域に関する議論が重厚
    - → 著作権との重畳／応用美術関連
    - → 商標権との重畳／立体商標関連

② 需要者概念（24条2項）の解釈

(3) 商標法分野の議論
・新たに導入された地域団体商標制度に対する関心が非常に高い
・法改正を射程におき新しいタイプの商標や著名商標の保護に関する議論が活発化
・近時の一連の知財高裁判決が立体商標の識別力に関する議論を活性化
・特に品質保証機能の位置付けなどに関連した商標機能論に関する論文も多い
① 地域団体商標制度（商標法7条の2）
・制度趣旨は？
　→　産業政策説
　→　産地等偽装行為規制定型化説
　→　過渡期的発現形態説
② 新しいタイプの商標
・保護制度を導入することを前提とした技術論先行で根本議論が置き去りに
③ 著名商標の保護
・禁止権範囲を拡張しようとする議論（類似〜混同へ）
・稀釈化行為を禁止しようとする議論
　→　不正競争防止法2条1項2号では保護が足りないのか？
④ 立体商標の識別力
・商品形態に係る立体商標の生来的識別力
　→　Coca-Cola事件判決に対しては賛意が大勢
　→　GuyLiAN事件判決に対しては批判が大勢か？
・3条2項の適用についての議論
⑤ 保護対象の拡大傾向
・登録主義の普遍化現象及び類推現象
⑥ 商標機能論
・品質保証機能は商標法の保護法益であるとする考え方
　→　品質保証理論
　→　品質保証範囲論
・品質保証機能は商標法の保護法益ではないとする考え方
　→　品質保証機能は出所表示機能に従属するもの

(4) 不正競争防止法分野の議論
① 不正競争防止法分野の傾向
・標識法分野に関しては、商標法での議論に連動した議論がされる
・営業秘密関連では、特に退職者による営業秘密漏洩の問題に焦点
・虚偽事実の告知流布行為関連では、いわゆる権利行使論の当否を中心に議論
② 退職者による営業秘密漏洩

・職業選択の自由との関係
　→　刑事罰導入に対する批判が中心
・競業避止義務の有効性
③　権利行使論
・多くの賛意がある一方
　→　告知行為者の主観的事情等を判断基準とする点において文言解釈の域を超える？
　→　諸般の事情を総合判断するやり方は結果の予測可能性を害する？
　→　警告により生じた信用毀損の状態の除却を許さず受忍を求めるもので妥当性を欠く？

追記　最判平成23・1・18（平成21（受）653［まねきTV上告審］）は、転送サービスを実現する装置であるベースステーションが利用者1人に対して物理的に1対1で対応しているとしても、当該装置がインターネットに接続されて情報が継続的に入力されている状況において、同装置を自己の事務所に設置し管理するのがサービス提供者（被上告人）である場合、同装置に放送を入力する行為は送信可能化行為になり、この場合にテレビアンテナから利用者の端末機器に放送番組を送信することが公衆送信に該当することを認めて、原判決を破棄し、事件を原審に差戻した。また、最判平成23・1・20（平成21（受）788［ロクラク上告審］）は、サービス提供者が、その管理、支配下において放送を受信して複製機器に対して放送番組等に係る情報を入力するという、複製の実現における枢要な行為をしており、当該行為がなければサービスの利用者が録画の指示をしても放送番組等の複製をすることはおよそ不可能である場合には、サービス提供者を複製の主体というに十分であるとして、原判決を破棄して事件を原審に差戻した。

第8回　フェアユース規定に関する課題と展望
講師：平嶋竜太／ゲスト：椙山敬士

I はじめに
II 講　義
　1．フェアユース論―序論―
　2．アメリカ法におけるフェアユース規定
　3．日本法の現状
　4．フェアユース法理の立法論
　5．日本著作権法の構造
　6．フェアユース規定に期待される役割
　7．権利制限規定との関係
　8．フェアユース規定を巡る所感
III おわりに

I　はじめに

平　嶋　早稲田大学の著作権法特殊講義、JASRAC寄附講座ということで、これまで著作権法分野における専門家の方に来ていただいて、ミニシンポジウムというようなかたちで進めているかと思いますけれども、今回は、筑波大学の平嶋が担当します。タイトルは、「フェアユース規定に関する課題と展望」ということで、最終回、トリを飾るということで、フェアユースという、著作権関係でも今非常に話題になっているテーマを取り上げます。わたし自身としましてはフェアユース論を巡る議論についてまだまだ不勉強な人間なのですけれども、日本において非常に早い段階からフェアユース論

についての議論を提起され、また、実務界でもフェアユースの抗弁ということを積極的に日本の裁判の中でも主張されていらっしゃってきた、このテーマを扱うにはまさにご適任な方ということで弁護士の椙山敬士先生にゲストとして来ていただいております。

椙山先生のご略歴を簡単にご紹介させていただきます。1979年に弁護士登録されましてから、その後、アリゾナ州立大学等で在外研究をされまして、東京大学法学部の講師をされ、現在も、弁護士活動をされていらっしゃるかたわら、各大学の講師等もされていらっしゃいます。それから、日弁連の知財制度委員会の委員長、法とコンピュータ学会理事等、さまざまな分野でご活躍をされている先生でいらっしゃいます。既にご存じの方も多いように、椙山先生は著書としてもいろいろなものをお書きになっていらっしゃいまして、今回わたしが勝手に販売促進のお手伝いをするつもりではありますけれども、折良くこの講演に前後するかたちになりますが、『著作権論』[1]という本をおまとめになっていらっしゃいまして、早速拝読させていただきました。大変おもしろい本で、今日お話しいただく話と関連することも多く書かれておられますので、是非ご参照いただければと思います。今日は椙山先生に、フェアユース論を中心にお話をいただきまして、わたしのほうがそれに対してコメントあるいは質問というか、勝手な意見を述べさせていただきまして、せっかくたくさんの方に来ていただいておりますので、その後、質疑といいますか、さまざまな方からご意見をいただいて、もしできればディスカッションのようなものを簡単にできる機会があればと考えております。

それでは、最初に椙山先生のほうからお話をいただければと思います。椙山先生、どうぞよろしくお願いいたします。

---

[1] 椙山敬士『著作権論』(日本評論社、2009年)。

II 講　義

椙　山　椙山でございます。土曜日にもかかわらずこんなにいらっしゃると思っていませんでした。5人か10人ぐらいかなと思っておりました(笑)。一応わたしなりに準備をしてまいりました。一昨日には床屋にも行ってきましたし、結果はうまくいくかどうか分かりませんけれどもやってみたいと思います。

資料ですが、レジュメをお渡ししていると思います。そこにページ数が書いてあるのは、先程ご紹介いただきました最近出した本のページ数です。適宜そのコピーをとってありますので参照していただければと思います。全部とっているわけではないので、はじめの方の二十何ページは本を買っていただこうという算段でコピーをしてありません。よろしくお願いします。この本は、『著作権論』という大層な名前がついているのですけれども、いろいろな本の今までの題をみると意外とこの題はなかったようです。大した議論ではないので「論」を小さい字で書いてある、小論というような意味で書いております。ですから、もし今後引用していただけるようなことがありましたら、「論」という字を小さめに書いて（会場笑い）引用していただければ正しい引用の仕方になるかと思います。

1．フェアユース論─序論─

椙　山　まず、当たりまえの話が続くのだろうと思いますけれども、著作権法1条の著作権の目的というところから始めたいと思います。引用してありますが、「この法律は、著作物並びに実演、レコード、放送及び有線放送に関し著作者の権利及びこれに隣接する権利を定め、これらの文化的所産の公正な利用に留意しつつ、著作者等の権利の保護を図り、もって文化の発展に寄与することを目的とする」と。著作者の権利の保護と公正な利用ないし文化の発展というようなことがお題目といいますか目的として書かれてい

るわけですが、これらの中で何を重視するかということによって、著作権の思想といいますか考え方というものは決まってくるのだろうと思っています。公正な利用というのが、そのまま訳すとフェアユースになるものですから、英訳がどうなっているのかみてみましたら、下線を引いてあるところですけれども、having regard to a just and fair exploitation、exploitationというのは搾取と訳すときもありますけれども、利用ということでいいと思います。英語で「just and fair」、訳せば「公正かつ正当な」といいますか、どうして２つも言葉を重ねるのかなという気はいたしますけれども、公正な利用という言葉が書かれています。ご存じかと思いますが、阿部先生は昔からフェアユースの推進派でいらっしゃるわけですが、第１条の公正な利用ということを根拠に日本法にもフェアユースの規定が書いてあるのだと。ですから、今さら立法するまでもなく、解釈論としてフェアユースというのは展開できるのだとおっしゃっています。ただ、私は、裁判官がこの条文を「適用」するのは難しいと思いますから、解釈論としてはちょっときついのだろうと思っています。ここに書いてあるユーザーの立場といいますか利用する側のことをどの程度重視するかにもよるわけですけれども、日本ではあまりないのかもしれませんけれども、諸外国の判例や学説の中ではユーザーの「権利」と捉える考え方もあります。単なる配慮の対象という程度ではなくて、ユーザーが持っている固有の権利、著作物を使う権利というように構成して、著作者等の権利と併存するといいますか、拮抗させるといいますか、対立させるといいますか、そのように考える考え方もあります。その辺はどの程度これらの抽象的な概念に重み付けを与えるかという思想の問題なのだろうと思っています。

　ちなみに、アメリカの特許著作権条項というのがありますのでみていきたいと思います。これは連邦憲法１条８節８項という特許著作権条項というものです。目的が、science、useful artsの促進にあるとされています。で、限られた期間authorやinventorにexclusive、つまり排他的な権利を与える、そして対象はその書物や発見についてである、となっています。分かりやすいように赤色と青色で分けて書いておいたのですけれども、scienceというのは科学という意味ではなくて学問一般、知恵一般というように考えないといけ

ないわけです。scioというラテン語の動詞の現在分詞です。赤いほうをみると、学術について著者に書き物の権利を与えるということになるわけです。青い色の部分をみるとuseful arts、アートというのは特許をやっていらっしゃる方は分かりますけれども、美術ではなくて技術です。役に立つ有用な技術について発明者にその発見に関する権利を与えるという構成になっているわけです。ここでも公正な利用という言葉はつかわれていませんけれども、目的としては、学術の進歩を促進するということであると考えられるわけです。ただ、この憲法の解釈につきましても、学術の進歩の促進というところに重点を置く解釈と、権利を与えることがまさに目的なのだと考える考え方と、これも思想の問題だと思いますけれども、戦われています。

次は著作権法の仕組みですけれども、当たり前ですけれども、財産権を21条以下で規定しています。例えば21条ですと、「複製する権利を専有する」と規定しています。専有するというのは専ら持つということですから独占的に持つ。つまり、その人が複製等の行為をやってもいいと同時に、ほかの人はやってはいけないという禁止ということになるわけです。そのように著作物に関して他人が行うことが禁止されている行為のリストが支分権として21条以下に規定されているということになるわけです。複製権、上映権等々の権利が規定されているということです。次に29条という変な条文が1つ入っているのですけれども、それを無視していただきますと、まず著作者の権利を規定したその後の30条以下で、著作物に関して許される利用形態をずっと列挙していくということになっています。これは、許される利用形態というものを特定の類型として取り上げるもので、個別的権利制限規定といわれています。私的使用のための複製、図書館等における複製、引用等々、個別的権利制限規定がずらずらと並んでいるということになります。今年もいくつか創設されて、来年から施行されるようですけれども、個別的制限規定を増やしていって対処しているということです。

このような個別的な権利制限規定がどのような政策的な根拠で認められているのかということをみておくことは、権利制限規定の意味を知る上で重要なことであろうと思います。わたしの本の79ページ以下に拾っておいたのですが、中山先生、加戸先生、田村先生、作花先生の分類を挙げておきまし

た。わたしも分類をやってみたのですけれども、1つは利用される場所や場、または領域における調整ということで、私的複製の規定や、非営利的な使用、実演等の38条の規定が挙げられます。それから、情報アクセス上のハンディキャップを補うということで、弱視児童のための拡大や点字等があります。これは、例えば点字を考えてみますと、目の見えない方というのは、印刷物があってもその人にとっては存在しないわけですから、よそからみていると目の前に情報が届いているようにみえるのですけれども、絶対届かない、そのままでは届かないわけです。ですから、情報が届くようにするために点字というものに関する複製権を制限しようと。つまり、人間としての情報アクセスに対するハンディキャップを克服するという政策的な目標があるということになるのだろうと思います。3つ目の類型として、公的社会過程の運用上の必要性ということで括ってみました。時事の論説、政治上の演説、時事の報道、裁判手続におけるコピー等が著作権の流通というところとは別に、公的社会過程に組み込まれた場合の特別な取扱いをしている類型ということで括ってみました。次もちょっと苦しい括り方なのですが、知の再生、蓄積、向上ということで、教育関連、教科書、試験、図書館、苦しいのですが引用をここに入れておきました。さらに分類上苦しくなるのが、次のその他ということでまとめたのですが、著作物の技術的特性に基づくものとして、プログラムの関係と、美術の原作品の所有権との調整規定、それから放送事業者の一時的固定も入れておきました。なかなかきれいに分類することができないわけですけれども、そのことはまさに権利制限規定の根拠というものが非常に多様であるということを意味していることになると思います。

次は冗談なのですけれども、ミシェル・フーコーの『言葉と物』という作品があるのですけれども、ここでシナの百科事典における動物の分類というのを挙げています。おもしろいのでみておいていただければと思いますが、皇帝に属するもの、香の匂いを放つもの、飼いならされたもの、乳呑み豚、人魚、お話に出てくるもの、放し飼いの犬、この分類自体に含まれているもの、気違いのように騒ぐもの、算えきれるもの、駱駝の毛のごく細の毛筆で描かれたもの、その他、いましがた壺を壊したもの、遠くから蠅のように見

えるもの、というような分類をしていまして、要するに分類が難しい、きれいにいかないよ、という例としてお話しているだけなのですけれども、考えてみると、物理的存在としては同じといいますか、一定なものとして存在するのですけれども、人間との関係で分類しているという発想なのだろうと思います。

　先程の個別的制限規定の根拠をみますと、そこに列挙されていなくても同じまたは類似の事態というのがあるわけです。似ているような場合がある。そういうものについては同じように扱うのが法の趣旨にかなうと思われるわけです。例えば日本では裁判過程におけるコピーが許される、証拠として出すコピーは許されるということになっているわけですけれども、他の立法例でいいますと、仲裁手続でも許されるというようなことが書いてあります。裁判と仲裁というのがある意味で紛争解決過程として似たようなものといいますか、似ていないのかもしれませんけれども、類似性がある、必要性もあるということを考えると、そのような場合にも同様の扱いをすべきではないかということになるわけです。このように、個別的制限規定だけでは拾いきれないようなものがあるのではないかと思うわけです。

　もう1つの例でいいますと、イギリスの著作権法、1988年の著作権・デザイン・特許法でしたか、それの著作権法の部分なのですけれども、63条というのがあって、美術の著作物の販売を広告することを目的としてそれを複製し、または複製物を公衆に配布することは、その著作物の著作権の侵害ではないという規定があります。これは原作品のことを言っているのだと思いますけれども、要は原作品を販売するためにどういうものかを見せなければ話になりません。そのような所有権の取引のための手段としての複製というものを許しているということになると思います。オークションのための複製が侵害となるかという事例があったようですけれども、この規定に当てはまるようなことであれば、わたしとしてはセーフにすべき話であろうと思っています。

　ともかく、現行の法律に規定している以外にも許される行為というのはあるのではないかと思われるわけで、その場合の対処の仕方としては、立法論としては個別的制限規定を増やすという、今の日本のやり方と、それから別

に、個別規定は個別規定として、ほかに一般的な制限規定、すなわちフェアユースの規定を設けるという対処の仕方もあるわけで、今そのような規定を設けるべきかどうかが議論されています。そこで考えるべきなのは、個別的な許される行為類型というものをタイムリーに法律に組み込んでいけるのかという点です。今までの状況でもそうなのですが、近年特にデジタル化やネットワーク化の進展によって社会の仕組み自体が急速に変化していると思われます。そうすると、著作物の利用形態というものも急速に変化しているわけで、個別立法をいちいちやっているのでは間に合わないのではないか、適切に処理しきれないのではないかと考えるわけです。

2．アメリカ法におけるフェアユース規定

椙山 結論の前にもう少し検討しておきたいと思いますが、まず一般的なフェアユース規定の代表格というべきアメリカの107条をみておきたいと思います。アメリカ法は108条以下で個別的な制限規定を持っています。持っているのですが、それよりも前の頭の部分にこの一般的なフェアユースの規定を持っているわけです。読んでみますと、「106条及び106A条の規定にかかわらず」、106条及び106A条というのは支分権の規定です。排他的な権利を持っている、そういう規定にもかかわらずということで、著作者の権利があるのだけれどもこのような場合はセーフですよ、という言い方になります。Aというのは、日本でいうと枝番です。106の2というようにみておいていただければいいと思います。

「批評、解説、ニュース報道、授業、研究または調査等を目的とする著作物の公正利用は著作権侵害とならない。特定の場合に著作物の使用が公正使用となるかどうかを判定する場合には、考慮すべき要素として以下を含むものとする。つまり、①使用の目的及び性格（使用が商業性を有するかどうか、または非営利の教育を目的をするかどうかの区別を含む）、②著作物の性質、③著作物全体との関連において使用された部分の量及び実質性、④著作物の潜在的市場または価値に対する使用の影響」ということになっています（一部かっこ内

省略)。ここで①から④と掲げられているのですけれども、これはfactorsと書いてありますが、次のようなことを要素として考えてくださいということです。要件ではありません。要件ですと、これこれの事実があった場合には、これこれの法律効果が発生するということになるわけですが、この条文をみてもそのような具合になっていないわけです。例えば使用の目的及び性格があればフェアユースであるとかないとか、そのようなことは導かれないわけです。どのような使用の場合にも目的及び性格はあるわけですから、目的のあるなしではなく、特定の使用の目的及び性格がこれこれの性質を帯びている場合に、フェアユースにしようかしまいかという判断をしましょうということで、観点といいますか、考慮すべき要素としてしか書いていないわけです。②の著作物の性質も同じですが、③は著作物全体との関連において使用された部分の量及び実質性、これは条理上使用された部分の量及び実質性が多い場合には侵害になりやすい、フェアユースになりにくいということは当然なのでしょうけれども、これを読んだだけで、では、どれだけとれば侵害になるのか、フェアユースになるのかは分からないわけです。そういう意味で、要件としては非常に不十分なわけです。

　このような要件がはっきりしない一般的ないし抽象的な規定というものを一般条項というわけですけれども、法律では結構いろいろなところに出てきます。当然ですけれども、権利濫用や信義則、公序良俗、婚姻を継続しがたい重大な事由等、具体的にいうと何が当たるかよく分からない、一義的な決定ができない。例えば時速何キロオーバーしたときというような明確な基準にはならないわけです。そのような条項は、便利なところとしては、多様な状況に柔軟に対応できるというメリットがあるわけですが、逆に該当するか否かが不明確になるというデメリットもあるということになります。該当性が不明確であるということになりますと、最終的には裁判所によって判断してもらうということになるわけで、一般条項を設けるかどうかということは究極的にいうと裁判所を信用できるかどうかという問題にもなるだろうと思います。

　次に、アメリカのフェアユースに関する代表的な判例として2つほど挙げてご紹介します。有名ですのでご紹介するまでもないのかもしれませんが。

１つは、ソニーのベータマックスの事件[2]、1984年ですからもう25年になるのでしょうか、随分前になりましたけれども、テレビ放送された映画をビデオテープレコーダー、ベータマックスの保有者がコピーをしました。で、その映画会社がソニーに対してビデオテープレコーダーの製造販売の中止と損害賠償を求めたという事案です。注意したいのは、アメリカではプライベート・ユース、日本の30条に当たるような規定がないのです。その分扱いにくいところがあって、フェアユース、107条で行けるかどうかという話になるわけです。日本でやれば30条の適用がまず問題になるわけですけれども、そのようなものがないのでフェアユースの一般規定の適用の有無の問題ということになったわけです。この事件はかなりきわどい経過をたどっていまして、1審でソニーが勝ったのですけれども、2審で逆転敗訴しています。最高裁でも5対4でソニーが辛勝しました。アメリカの最高裁は9人で構成されているのですけれども、1票差でソニーが勝ったという、きわどい事件でした。多数意見の主な理由というのは、ユーザーによる家庭内でのタイムシフト、つまり放送しているときに自宅にいなくても、録画しておいて後で帰ってからみるというタイムシフトができるということがメインの問題になったのですが、タイムシフト目的のコピーは合法的なフェアユースであるとまず判断しました。そのユーザーの利用が非商業的で、フェアユースであるということですので、それに関与する、今でいうと間接侵害形態と呼ばれている関与形態である機器の販売業者についてもセーフにしたわけです。つまり、ユーザーのほうがタイムシフトというフェアユースに当たる規定、つまり、非侵害的利用ですけれども、その非侵害的な利用がsubstantialな程度あれば寄与侵害にならないという話です。そのsubstantially non-infringing useというのですけれども、非侵害の利用というのが実質的な量あれば、それに関与した者も責任を負わない、寄与侵害にならないという判決を出しているわけです。

　少し話は逸れますけれども、日本でも今インターネット絡みや放送絡みで間接侵害形態の類型がたくさん出てきているわけですけれども、日本は例の

---

[2] *Sony Corp. of America v. Universal City Studios, Inc.*, 464 U. S. 417, 78 L. Ed. 2d 574, 104 S. Ct. 774 (1984).

カラオケ法理というような最高裁判例から出発しているわけで、結構これが具合悪かったなと思われるわけです。アメリカは、きわどくはあったのですけれども、ソニーの判決が下敷きになってその後の判例が形成されているというところで、そちらのほうがよかったのではないかとわたしは思うわけです。

　もう1つは、キャンベル対アカフ・ローズという、プリティ・ウーマンの判決[3]です。これは高裁で被告が負けているのですけれども、最高裁でひっくり返った。しかも全員一致でフェアユースを認めたというものです。お聞きになっている人も多いと思いますが、ちょっと聞いてください。まず、原曲のほうはみなさんお聞きになっていると思います。（音楽1）……あまりかけるとジャスラックさんに怒られるかもしれないので（会場笑い）このぐらいにしておきます。（音楽2）……ここまで詞も一緒なんですね。……ここから詞が変わってくる。わたしの講演の著作物の中の正当な引用ということで、多分法律的にも大丈夫だと思ってはいるのですけれども（会場笑い）、今お聞きになったような例なのですが、日本だと間違いなく翻案権侵害ということで財産権侵害になったでしょうし、同一性保持権の侵害にもなった例だろうと思います。アメリカがこれを全員一致でセーフにしたというのはとても寛容なことであったと思います。この判決のキーワードなんですが、transformativeという言葉をつかっていて、その後の判例も含めて一種のキーワードになっています。トランスというのは、translationは言葉を移すこと、transportationは移動する、それから、あの世の世界との境界で巫女さんなどはトランス状態になるという、そういう階層が変わるといいますか、移るというのがトランスの意味だと思うのですが、transformativeというのはフォームが移ると。かたちが変わるというような言葉になります。で、今の事案で行きますと、原曲のポップスをラップという形式に変えたという、作品自体が変わったことを表してtransformativeといっているわけです。価値判断としては、今までになかった新しいものが生まれているからこれは是としようという話になるのだろうと思います。ただ、transformativeという

---

[3] *Campbell v. Acuff-Rose Music, Inc.*, 510 U. S. 569, 114 S. Ct. 1164, 127 L. Ed. 2d 500 (1994).

言葉が、例えばGoogleの検索エンジンをフェアユースとした例では、検索エンジンにつかわれている写真なり何なりというのは作品自体として基本的に全く変わらないわけです。ただ、検索の便にかなうという社会的な価値が生じたということになるわけで、作品が変わった場合の例とは全然違うわけですけれども、その場合にも別の価値が付与されたというような意味でtransformativeという言葉を、違和感があるのですけれども、つかっているわけです。

3．日本法の現状

椙 山 次に日本の判例上、解釈論としてアメリカ流のフェアユースの準用ということが認められるかどうかということが取り上げられた例が2～3ありまして、2つほど紹介しておきます。1つは、ウォールストリート・ジャーナルという事件[4]で、だいぶ前にわたしも代理して負けた事件なのであまりおもしろくないのですけれどもご紹介しますと、アメリカの有名なウォールストリート・ジャーナルという経済新聞があって、その記事の見出しを日本語に訳して、契約者、日本の企業にファックスで送信していたという事案です。裁判所は、編集著作権の侵害ということで侵害を認めました。この事案はいろいろな論点がありまして、例えば明日の新聞なんて、まだ著作物ができていないのに著作権侵害になるのかとか、いろいろな問題があったのですけれども、それはそれとしまして、この事件で我々はアメリカのフェアユースの規定の準用ということを主張したのですけれども認められませんでした。索引的なものについて、アメリカでは結構寛容なようです。でも、日本の裁判所には通じなかったという話です。判旨は、「著作権法1条は、著作権法の目的につき……と定め、30条以下には、それぞれの立法趣旨に基づく著作権の制限に関する規定が設けられているところ、これらの規定から直ちにわが国においても一般的に公正利用（フェアユース）の法理が認められ

---

4 東京地判平成5・8・30知的裁集25・2・380。

るとするのは相当でなく、著作権に対する公正利用の制限は、著作権者の利益と公共の必要性という、対立する利害の調整上に成立するものであるから、これが適用されるためには、その要件が明確に規定されていることが必要であると解するのが相当であって、かかる規定の存しないわが国の法制下においては、一般的な公正利用の法理を認めることはできない」と東京高裁では言われました。ただ、この高裁では、そう言った後で、一応アメリカ流のフェアユースの規定に照らして判断してくれています。判断しても結局フェアユースにならないということで、結果は同じだったのですけれども、ご親切に書いていただいております。

　次の雑誌廃刊文の事件[5]というのは、もっとにべも無い書き方をされていまして、東京地裁なのですが、いろいろな雑誌で問題を起こしたり、時流に合わなくなると廃刊になるわけですけれども、ラスト・メッセージといわれていますが、廃刊に当たってごあいさつというのがあるわけです。それを集めた本を出した人がいて、それに対して各廃刊文を書いた人が著作権侵害ということで訴えた例であります。引用も否定されましたけれども、フェアユースの法理の適用も拒否されています。判旨をみてみますと、「我が国の著作権法は、一条において、「この法律は、著作物並びに実演、レコード、放送及び有線放送に関し著作権の権利及びこれに隣接する権利を定め、これらの文化的所産としての著作物の公正な利用に留意しつつ、著作者等の権利の保護を図り、もって文化の発展に寄与することを目的とする。」と定めていることからも明らかなように、文化の発展という最終目的を達成するためには、著作者等の権利の保護を図るのみではなく、著作物の公正利用に留意する必要があるという当然の事理を認識した上で、著作者等の権利という私権と社会、他人による著作物の公正な利用という公益との調整のため、30条ないし49条に著作権が制限される場合やそのための要件を具体的かつ詳細に定め、それ以上に「フェア・ユース」の法理に相当する一般条項を定めなかったのであるから、著作物の公正な利用のために著作権が制限される場合を右各条所定の場合に限定するものであると認められる。そして、著作権法の成

5　東京地判平成7・12・18知的裁集27・4・787。

立後今日までの社会状況の変化を考慮しても、被告書籍における本件記事の利用について、実定法の根拠のないまま被告主張の「フェア・ユース」の法理を適用することこそが正当であるとするような事情は認められないから、本件において、著作権制限の一般法理としてその主張にかかる「フェア・ユース」を適用すべきであるとの被告の主張は採用できない。」と言っています。（判決ですから当然ですけれども、）解釈論としては取りえないということで一応日本の判決は一貫しているということになっているのだろうと思います。

4．フェアユース法理の立法論

椙山 では、立法論としてどうかという話です。斉藤先生がフェアユース反対派の雄ということだろうと思いますが、斉藤先生は解釈論はもちろんとして、立法論としても反対されています。斉藤先生の説を引用してありますけれども、「フェアユースはアメリカにおける判例によりその内容が具体化され、同国著作権法の中に位置付けられたものであり、その限りで内容空虚な一般条項ではない。判例の積み重ねの中でフェアユースの法理が帰納的に編み出され、その法理がさらに判例により練り上げられる手法は、制定法に重きを置くわが国のような法律思潮にはなじみ難いものである。ただ一つ、その種の法理を原点に、演繹的に、立法により、具体的な制限規定を設けるのか、手法の違いは厳然と存するところである」と言っていらっしゃいます。斉藤先生の考え方によれば、判例の蓄積で裏付けられていない一般条項は内容空虚なものであるから許されないということになります。他方、具体的制限規定しか持たない制定法の国では、法的根拠もなく、判例によりフェアユースの法理を形成していくこともできないという考えにもなるでしょう。そうしますと、結局一般条項がないから判例でフェアユースは認められないし、判例の蓄積がないからフェアユースの一般的条項を認めることはできないという循環論になるだろうと思います。そうすると、未来永劫一般的フェアユースの規定を持ちえないということになるわけです。

しかしながら、アメリカも著作権法について日本よりもはるかに大きい、立派な制定法を持っているわけです。コモンローとシビルローといったとしても、その差が絶対的なものだとは考えられないと思います。それから、一般条項と具体的制限規定の違いというのは、規定の仕方によって程度問題ということもいえます。例えば日本の引用の規定というのは、フェアユースを入れ子として取り込んでいるようなところもありまして、ものすごく違うというものではない、原理的に違うような話ではないと思います。それから、制定法国において一般条項を制定法で定めること自体に何の問題もないはずであります。日本の民法、明治時代につくった民法でも公序良俗や権利濫用と、権利濫用は後だったのか忘れましたけれども、一般条項をはじめから置いていて、その時に判例の形成があったということはありえないわけですから、一般条項を制定法で定めること自体は何の問題もないだろうと思います。それから、制定法国であるわが国の裁判例でも、法律の規定から一義的に結論が導かれていない場合もたくさんあると思います。つまり、その事案におけるいろいろな事情を裁判所としては考慮されて、判例を形成されているわけでして、日本でも制定法ですべて解決しているという単純なものではないだろうと思っています。よって、少なくとも立法論としては判例がないから不適切であるというような議論というのはとりえないと思っています。

次に、では、どのような規定がいいでしょうかという話です。わたしが一つ、つくってみたのがこれです。先程言いましたように、28条まで著作者の権利が規定されていて、30条から権利制限が規定されているわけですけれども、その間に映画の著作物の著作権者の規定（29条）だったと思いますけれども変な規定が入っているので、これをどかして、16条辺りに持っていけばいいと思います。そこに持ってくると。そうすると、30条以下の個別的制限規定の前にきれいなかたちでおさまるのではないかと考えています。これは、先程のアメリカ法を下敷きとしているのですけれども、みてみますと、「21条から28条の規定にかかわらず」、支分権の規定にかかわらずということですが、「以下の諸点を考慮して、著作物の公正な利用に該当するときには著作権侵害とはならないものとする」としています。①著作物の種類及び性質並びに当該著作物分野の慣行、②利用の目的の正当性及び必要性（研究、

調査、教育、報道等は公正な利用の認定に有利に解釈されるものとする）、あまりきれいな書き方ではないかもしれませんけれども、107条の本文に書いてあるようなものをこちらに持ってきているわけです。③著作物の市場を代替的に奪うものであるか否かなど、著作権者に与える実害の有無及び程度。最近の判例をみていますと、どのような実害があるか分からないような事件が起こされている場合や、本当に自分の経済的利益を守るために著作権の主張をしているのか不明なものがあると思います。後で少し例を紹介したいと思います。④利用において、加えられた創作性の質及び量、批判的要素の有無、程度並びに社会的価値、⑤その他、各事案における特別事情ということで、主に線を引いたところがわたしなりの工夫ということになっていると思います。もうすぐSOFTICの研究会報告が第一法規から出版されることになっていますが、そこではわたしの案のほかに、小川先生、宮下先生、小倉先生の案が載ることになっていまして、併せてみていただければと思います。わたしのはじめの予想では、人によってそんなに違ったアイデアは出ないのではないかと思っていましたら、意外とみなバラバラといいますか、違うことを考えているのだなということがよく分かりました。ご参照いただければと思います。

　次に、一般条項が不明確だというデメリットがあるということを申し上げましたけれども、それをなるべく克服するためにどう考えたらいいかという話です。まず、今の日本の法律でみると、個別規定を具体的な事案に当てはめる。ここですが、個別規定があって、具体的な事案に当てはまるかどうかということをやっているわけです。同じようなことをやっている外国の立法例もみてみると、別の個別規定を具体的な事案で当てはめています。日本でも法律には書いていないけれども、別の基準を当てはめて解決している例もあると。そのようなものをたくさん集めて分類して根拠を考え、抽象化していく、そのようなことによって一般的規定をまずつくりましょう。一般的規定は当然抽象的になるわけですから、それを今度はなるべくもう少し類型的といいますか、個別的なサブルールに落としていきましょうという話です。それはこちらにあるようなものを移してもいいし、移すとともに、それから、いろいろ出ていないような例についてもみなさんで議論をして合意が

形成されていれば、それが判断の基準として役に立つのではないかと思うわけです。ですから、経産省が出している準則とか、そうではなくても、いろいろな委員会でもつくって、いろいろなところで議論するとよいでしょう。そうすると、このような例については、例えば90パーセントぐらいの人がセーフにすべきであろうということがあれば、そのようなものが紙といいますか、蓄積されていれば裁判所においても参照される。そして、それが民意であろうし、大方の同意を得られるルール、法であるということになるのだろうと思います。そうすると、予測可能性も高まっていくだろうというようなことを考えております。

　次に、考慮すべき要素です。フェアユースを具体的な事案において考える場合に、考慮すべき要素というものをいろいろ取り上げてみております。それは、ここに掲げているだけではないと思いますけれども、先程の政策的根拠が単純に行かなかったように、いろいろな要素を考慮すべきであると思われる例があります。全部が全部というのではなくて、むしろ特殊な例なのかもしれませんけれども、一般の侵害事件のように創作性があって、それを奪ったという判断だけで済ますべきではなくて、ほかの要素も考えないと著作権事件の処理としては不適切ではないかと思われる、そのようなときの考慮すべき要素というものをいろいろ拾ってみたものです。

　例えばプログラムの著作物ですが、判例上も機能的なものであるからそれほどバラエティーがないというので、保護範囲をそれほど広くしてはいけないというところまでは出ていると思いますけれども、例えば互換性の要求や、業界標準、ユーザーロックインというような状況というのは、普通の著作物であれば考える必要がないわけですけれども、そのような著作物としての特別な性質がある。それは考えなければ事案の対処としては不適切ではないかと思います。

　それから、スポーツのルール、ゲートボールの規則書の事件がありましたけれども、スポーツをやる以上ルールが共通していないと、スポーツやゲームというのは成立しないわけです。そこに著作権法を持ち込むのはどうかという話です。

　それから、契約書式のようなものは著作物ではなくて行為といってもいい

のかもしれませんけれども、その独占を認めると社会生活上明らかに不便になります。

それから、地図、辞書、学術的な著作物というのは、前作といいますか、前の人の功績をむしろよく勉強して自分のものを加えていくというかたちで進歩していくわけですので、そのようなものにおいて前作の影響が残っているということをあまり強く言いすぎてはいけないであろうと思います。

それから、背景的利用、索引的利用、そのようなものは利用の態様ということなのでしょうけれども、背景的利用というのは基本的に実害がないといってもいいでしょうし、索引的利用というのは検索の便宜を高める、そして、その著作物への人々のアクセスを高めているといえるから、そのような点も評価しなければいけないでしょうということです。

それから、本歌取りやパロディーという批判の形式です。批判ということがあることによって文化が発展するという観点からすると、ある程度寛容でなければいけないであろうという話です。

それから、ケネディ暗殺に関する書籍中で、現場写真を利用しようとした例があります。断わられたので、その写真を模写したものを本につけたら著作権の侵害で訴えられたという事例です。オープンカーの上をジャクリーンが逃げまどうというものですが、あのようなものは、いくら言葉で書いても現場の状況というのは伝えがたいところがあるわけでして、写真を出せば一発でわかる、というところがあるわけです。ケネディ暗殺というような大きな社会的事件に関する書物、まじめな書物だったらしいのですけれども、そのような書物に写真ないし絵を掲載することの社会的価値は非常に大きいだろうと思うわけです。これはフェアユースが認められた例であります。

そのほかの特別な事情といいますと、例えば同一著作者によるシリーズ物というパターンがあります。個別的な事情なのですけれども、やはり同じ人がやった場合には、例えばルパンやホームズというようなものは、同じ作者に続きを書いてもらいたいというのが一般的な心情でありますし、文化としてもその方がいいのではないかと思います。そのような個別事情のある場合があるということで、そのようなものも取り上げたほうがいいということです。

そういうことで、いろいろなところで出てきたものをわたしなりに組み入れて先程の条項案をつくってみたということになります。長くなってきましたが、もう少し辛抱してください。

フェアユースの立法をしたほうがいいということですけれども、日本の具体的な今までの判例についていいますと、フェアユースの規定があれば逆の結論になっていたかもしれないだろうという場合と、フェアユースの規定があればもっと正面からの理由付けがなされて、このような理由だからフェアユースになるというかたちが判決上明示されるということで、後の社会に対する規範といいますか基準としてももっとよくなるだろうと考えられるものがあるわけです。わたしの考えでいうと、ウォールストリート・ジャーナルの事件というのは、日本の社会全体として、ウォールストリート・ジャーナルで何が書いてあるかというのは非常に大事な話だと思います。ウォールストリート・ジャーナルを読まなくなるわけではなくて、ウォールストリート・ジャーナルをとっている人に対する索引を日本語でつくっただけということですので、このようなものはGoogleのサムネイルの事件等を考えてみると合法にすべきではないかと考えます。それから、先程の雑誌廃刊文の事件は、雑誌の刊行というのはその時代を映しているわけですし、その廃刊というのも1つの時代を映しているわけです。そのような時代を反映するものを資料として集めて1冊の本にするということは、歴史資料として非常に意義のあることであろうと思っています。そして、廃刊文の1つ1つというのは短いものです。原告らは、その廃刊文を著作物と主張しているわけですけれども、原告ら自身がそれを複製して財産権として利用しようとする意図は全くないはずです。そうすると、奪われる市場というものもない。そのようなものに財産権たる著作権の行使を認める必要があるのかと、認める前提を欠いているのではないかと思います。原告らは、著作権の名において、「再度の公表権」のようなものを実現しようとしたということで、このようなものは許さないほうがいいのではないかと思います。

それから、法律があればもう少し別の理屈で行けたのではないかということで、大日本印刷の市川さんにお借りしている例の雪月花という事件[6]ですけれども、照明器具のカタログを住宅展示場で撮らせていただいたという例

です。大日本印刷が持ち込んでいるのは照明器具だけだったようですが、住宅展示場の中に原告の書が床の間に飾ってあった、これの著作権侵害の事件であったわけです。裁判所は、「書の著作物性は美的要素であるけれども、原告の書の特徴的部分が実質的に同一であると覚知しうる程度に再現されているとはいえない」と、再現度の観点からこれを複製に当たらないということでセーフにしたわけです。結論は常識にかなう正当なものだと思うのですけれども、例えば同じ程度の解像度のもので、書をキーホルダーに利用した、というようなことになると少し話が違ってくるのではないかと思われます。キーホルダーにつかう場合というのは、その書の固有の美なるものを専ら利用しているようなかたちになるわけです。ですから、問題の本質は解像度がどうという話ではないということだと思います。ドイツ法57条というのがあるのですが、背景的利用という個別規定で解決するか、そうでなければアメリカ法だとフェアユースで解決する。アメリカだと付随的再生（incidental reproduction）という類型があるようですけれども、そのような類型を観念しておけばぴったりな理由であったろうと思います。ですから、フェアユースの規定のない日本の状況で、法解釈としてはやむをえなかったかもしれませんけれども、それ以降の規範や基準として生きるためには、背景的利用であるというような理由付けがあったほうがよかったと思われます。つまり、そのような実質的な根拠を明示してあれば、同様な事例に対しても先例的な価値を発揮して予測可能性も高まるだろうと思うわけです。

　結論としまして、わたしは一般条項を認めるべきだと考えています。ただ、設けたとしても、日本の裁判も含めた法実務が一挙に変わるとは思っていません。あまり変わらないのではないか、少なくとも劇的に変わるようなことはありえないだろうと思っています。例えば先程のプリティー・ウーマンの事件を、日本の裁判所はセーフにするかというと、大多数の裁判官はしないだろうと思います。ですから、それほど心配することでもないのでしょうということと、今までにもたくさん判決が出ていますし、今後も判決が出てきて、それがフェアユースという範疇の中で類型化されていくことにな

6　東京高判平成14・2・18判時1786・136。

る。そして、常識的な線に落ち着くというように期待できると思っております。ここまでにしたいと思います。

　平　嶋　　椙山先生、どうもありがとうございました。大変おもしろいお話を伺いました。非常に充実した内容をお話しいただきましたので、私のほうも今日一応資料としてレジュメを配っておりますが、コメントということだけで簡単に10分ぐらい話させていただきまして、椙山先生のほうに質問であるとか、それから、さらにお話を詳しく伺いたいということがあるかと思いますので、その後残りの15分程度、できるだけ質疑に時間を当てたいと思います。では、ごく簡単にわたしのほうでコメントを含めてということでお話しさせていただきます。

5．日本著作権法の構造

　平　嶋　　資料の前半では一般的な内容だけが書いてあるわけです。この辺は、先程既にお話があったようなところであります。フェアユース規定というところを考える前提として、日本の著作権法の仕組み全体というものを踏まえる必要があるというのは、実は非常に重要なところであって、フェアユース規定というところだけを部分的にみていくだけでは、フェアユース規定というものが本当に要るのか要らないのかという議論が、むしろ分かりにくくなるというところがあるように思います。著作権全体の構造は、ここに書きましたように、支分権の束で構成されていると。それから、人格権もあるし、隣接権もあるし、要は非常に細分化されて権利の構成がつくられているわけですけれども、結局著作権法の根本をみると、表現の保護を与えるという仕組みだというわけです。表現についての法的保護を付与するというのが一番の根底で、それで著作物とは何かというようなところから始まっているわけです。そうすると、条文構造だけみると、表現についての保護ということになると一般的にはその保護領域は非常に幅が広くなってくるはずだと。これを真に受けて考えてゆくと、本当のところは、人間の精神活動にと

っては逆に非常に幅広く規制としてかかってしまうおそれがあるということです。要は、単に表現を法的に保護するということだけでは広すぎるというところが根底にあるのではないかと考えております。そうであるからこそ、広すぎるところをできるだけ実体に即して絞り込んでいってむしろかたちを整えていくという作業が必要になるということがもともとあって、それが故にフェアユース規定というものが必要となってくるのではないのかという議論が出てくるのではないかということです。

6．フェアユース規定に期待される役割

平嶋 資料ではいきなりパッと飛ばしますけれども、フェアユース規定で期待されるのは、要するにこういうことではないかということです。つまり、もともと著作権法によって保護されうる領域自体が非常に広いということがまずある。もちろん、著作物という概念を定義しているわけですけれども、その保護領域はとても広くなるということが、どうしても生じてしまうということがあるのだろうということです。しかしながら、その外観、見かけの姿が著作権制度の下で法的保護を与えて確保されるべき本当の姿とはいえないのではないのかということです。少し抽象的な話となってしまい恐縮ですけれども、実体と外観というか、著作権法による法制度が真に果たすべき役割としての存在と法制度上の見かけとしての存在との間に相応のズレがあるのだろうということです。そのズレを調整するところにフェアユース規定の一番の役割あるいは眼目があるのではないかと考えております。フェアユース規定の導入をめぐっては、資料にも書きましたように目下文化審議会での議論がされている状況にありますし、それから先程椙山先生からご説明いただきましたように、フェアユースという考え方について、日本の判例等でもこれまでにさまざまな主張がされておりますが、基本的には認められていないというのが現状です。現状でも、フェアユース規定の導入について、どちらかというと肯定論よりは慎重論の方が比較的強いという印象をもっており、そうはいっても最近だいぶ状況が変わってきているのかなという

気もしておりますけれども、相変わらず慎重論というのは根強いと思います。
　具体的に、表現の保護という話から、なぜフェアユースが要るかという話に至るところを、もう少し細かく、ロジックの流れとしてみていきますと、このようなことではないかと今のところ勝手にわたしのほうは考えているところです。精神活動というのは、人間の行動にとって非常に必要な重要なものである。要するに物理的な存在であるとともに精神的な活動をする存在だというのが人間という生物の本質的な特徴であろうというわけです。そうすると、人間はやはり表現というものを通じて情報を個々の存在の外部世界のどこからか摂取してこなくてはならない。その情報を吸収して身体（脳）の中で消化するなり、自分の中の知識として身に付けるなり、それから、さらなる新しい思考をするための素材としてそれを生かすというかたちで、結局また別の表現を外界に対してアウトプットすることでまた別の人に新たな影響を与えるということの繰り返し、そのような形での精神活動を必須とするものであろうというわけです。そうすると、表現というものがどうしても媒介としてなければ、人間の五感を介して情報が手に入らないわけです。そのような意味でいうと、人間があらゆる情報を認知する過程において何らかの形での表現というのはあるわけですから、それに法的保護を与えるということは、一面保護を与えるということで何か手厚いものを与えるという、無保護に対する保護というプラスの側面があるように思えるのですけれども、逆に保護を受ける者以外のその他大勢の人間にとってみれば非常に大きな規制を与えるというところがあるということになる。そのような強い規制をある程度緩和させるために、著作権法では、例えば著作物性という法的要件を課して、あらゆる表現が全部法的に保護されるわけではないというかたちでまずは絞り込みをしていますし、それから、支分権というかたちで著作物について具体的にどのような使い方をするときにだけ著作権の効力が及ぶのかということを限定しているという発想なのではないかと読めるところがあります。
　したがって、支分権というと、一般的には著作物たる表現について法的に保護されるべきところを隈なく全部網羅しているはずであるあるいは全部網羅するべきだ、という捉え方もできるのですけれども、逆の見方をすると、

そうではなくて、著作物たる表現については、いろいろなつかい方、未知のつかい方も含めて実にいろいろなものが潜在的には考えられるのではあるけれども、そのうち特定のここだけを法的に保護する必要がありますよ、というところに限って、とくにリストアップしたものが支分権であるという捉え方もできるのではないかと考えられます。ところが、それでもまだまだ保護される領域としては広過ぎる場合もあるのではないかというので、それではどうしようということで、権利制限規定というものを設けて、原則として支分権が及ぶとされる領域であっても例外的に権利が制限されるものとして保護されない領域をつくるということをやっているとも考えられるわけです。要は、既存の権利制限規定を前提としても、まだ保護される領域としては広すぎる可能性は残っているということが実際はありうるのだろうということです。

現に、そのような事態が想定できるからこそ、先程、照明器具の事件ということでご紹介いただきました雪月花事件のようなものがありますし、それから、市バスの車体に絵が入っていたのを、絵本にたまたま表紙に市バスの写真が載ってしまったときに、その絵の画家が絵本の会社に対して著作権侵害であるという主張をしたというときも、著作権法46条 (柱書) という、かなりテクニカルな権利制限規定を適用して非侵害という結論を導出する[7]、といった形で、法解釈を工夫して実質的な妥当性を確保するということもやっているともいえます。逆に条文に忠実に、著作権侵害という判断をしたものとしては、ウォールストリート・ジャーナル事件や、先程少しご紹介がありましたように、最近の裁判例でオークションのカタログに絵が載っていたときに、数センチ角程度の非常に小さな写真が載っていただけだったそうですけれども、それも複製権侵害であると判断をした事例[8]があるということです。結局、支分権の効力が原則及ぶとなっていて、それを明示的に制限する条文の根拠がない以上、原則に立ち返って著作権侵害という判断となってしまっても法律論としてはやむをえないという割り切りをするのか、先ほどのように可能な限り解釈論を駆使して実質的に権利侵害ではないという判断

---

7 東京地判平成13・7・25判時1758・137。
8 東京地判平成21・11・26（平成21年（ワ）第31480号）。

を導くのか、いずれかしか選択肢はないということになってしまうわけです。

7．権利制限規定との関係

平　嶋　そして、それでは足りないからどうしても困るというのであれば新たな権利制限規定を立法して継ぎ足してゆくというのがこれまでの営みであって、2010年1月からの法改正で検索エンジンでありますとか、技術解析など一定の場合には非侵害となる権利制限規定を新たに入れたということです。ただ、こういった個々の権利制限規定だけでは書き尽くされていないところが条文には見えない形であるのではないか、というのがフェアユースを巡る議論の出発点なのではないかということです。ですから、権利制限規定のところに盛り込まれていない、見かけ上著作権法上の支分権の効力が及んでいるかのようにみえるけれども、実は及ぶべきではないところというのが実はあるのだということを著作権法の条文上も明示的に書き留めておくということに意味があるということではなかろうかということです。逆にいうと、たかだかそれだけの話であって、そのような規定を置くことによって何か従来なかった新たな考え方が著作権法に取り入れられたとか、従来権利が及ぶべきものとされていたものが及ばなくなったというような話ではなくて、もともと条文がなくても権利は及ばないものとして本来評価されるべき部分に過ぎない、あるいはそのような部分がありますよ、ということを著作権法の条文の上でも確認するという意味合いがあるのではないのかというのが、権利制限規定を個々にどのように定めてゆくのかという話とは別途とフェアユース規定について考えてゆく必要性を認識できるように考えられます。

　私の個人的な見解からすると、それだけの話なのかなという気もしますし、その辺については椙山先生から後ほどご意見をいただければと思いますが、そういう意味ではフェアユース規定の導入の是非を巡る議論自体は、それほど大げさな話ではないのではないかと思うのです。今、審議会等においても検討されており、さまざまな団体から見解が出ていますけれども、僭越

ですがその議論というのはちょっと空回り気味なのかなという気もしております。かなり過激なことを資料にも書いていまして、JASRAC講座でこういう勝手なことを書いてもいいのかなと思いますけれども、あくまで一介の研究者の戯事ということでお聞き流しいただければと思いますが、結局フェアユース規定というものを前提としても、もともと明文の規定がなくても本来は著作権侵害という評価がされるべきでないものを明文の規定をもって確認しているだけの話であるに過ぎないのではないのか、ということです。ですから、フェアユース規定を入れたからといって「クロがシロ」に変わるという話は、もともと出発点としてはないはずです。もちろん、別途そういう議論をする必要はあるのかもしれませんが。外野から審議会等の資料などを拝見させていただいていると、どうもそこが今の議論の中で、基本的な出発点として、フェアユース規定の議論とは「クロをシロ」にする規定を入れようということを巡る議論であるという認識を持っている方というのは結構多いのではないかという印象を受けるところで、かたやフェアユース規定の導入について肯定的な立場の人は、「そうじゃない。もともとシロは依然シロだ」ということを明文上も確認することがどうしてままならないのかというように考える。要するに、両者の立場の間にズレがもともとあって、それで議論自体が平行線になって収束しないのではないかと、外からみていると個人的にはそういう気がするわけです。したがって、もともとフェアユース規定そのものによって何を期待しているのかというところに、各々違うところを向いている状況がかなりあるのではないのかなと考えております。

8. フェアユース規定を巡る所感

平嶋 それで、資料の議論状況というところに「所感」ということで、単に勝手なことを書いているだけなのですけれども、もともとフェアユース規定というのは、著作権の根源のところの、表現の保護といったとき、では、表現の保護といっても著作権法で全部丸ごと何から何でも保護しますという話はもともとなかったはずではないのか、というのがあって、結局そ

こが本当の出発点であるはずなのに、何かそこの議論というのは先に通り越してしまって、すぐビジネスの話として、「フェアユースを入れたら何かいいことが商売としてできるのですか」とか、そのような議論ばかりが非常に活発になっているようなところがあって、もう少し根元の話に立ち返る必要があって、その上で意見あるいは認識の前提というのでしょうか、それが一致しないことには、なかなか話が収束しないのではないかとも考えております。

それから、立法技術的な話も割にありまして、例えば一般条項の小さいものを入れるとか、いろいろな立法技術の議論が比較的あるのですけれども、確かにそういう話も重要なのかもしれませんけれども、むしろ憲法論との関係で表現を保護するというときにどこまでの保護の行きすぎについてまで著作権法上コントロールすべきなのかとか、先程の権利濫用論のようなものの延長線とどうつながっていくのかと、そのような基礎理論的な面からの議論というのが意外とまだなされていないのではないかという気がいたします。今ワーキンググループでの検討というのを文化庁のほうでやっていらっしゃるそうなのですけれども、そちらのほうではもちろんなされているのかとは思いますが、まだ途上なのではないかとも思います。

もう1つの流れとしては、デジタルコンテンツの話と絡めてフェアユースを入れようという話があって、フェアユースの対象をデジタルコンテンツ絡みに限定すればいいのではないかという話です。いうなれば、フェアユース規定を著作権法一般に入れるという話は大げさだから、デジタルコンテンツやネット系のものだけに対して入れればいいのではないかという話もあるのですけれども、別に、そういう話でなくてもいいのではないかとも思います。先程言ったように、もともとフェアユースというのは、シロをシロだということを確認するだけだという意味合いでいうのであれば、デジタルコンテンツ系のものやネット系のものに限定しなくてもより一般的な問題として妥当する部分はあるのではないかという気もしますので、これはむしろ本質論から少しずれていく話ではないのかもしれないとも考えております。

そのようなことがありまして、私が本来フェアユース反対論者の立場を採ると椙山先生と対立してディスカッションがおもしろくなるのでしょうけれ

ども、今のところフェアユースについては、わたしのほうも比較的肯定的というか、むしろかなり積極的に、当たり前といえば当たり前のことを条文上入れるか入れないかというだけの話なのかなとも考えております。ただ、理論的に考慮すべき話としては、いま特許法の領域では、権利侵害であるけれども法的救済のところで差止請求を認めない、差止請求権の行使を制限するという考え方が、アメリカのeBay事件連邦最高裁判決[9]を契機として、日本でも議論されている状況がありますけれども、この話を著作権法の分野にそのまま持ってくるとしたら、それはフェアユースの話とどのように位置付けられるのかという話があります。つまり、著作権侵害を前提としても差止請求権の行使をある程度制限できるのであればフェアユース規定の所期の目的というのはある程度実現できるのではないかという話と、やはりそれとは次元の違う問題の話なのかというところは、まだあまり議論されていない問題ではないかと思います。それから、フェアユースといったって、著作者人格権のところについて応用できなければ意味がないではないかという話が、椙山先生のご著書にも書かれていらっしゃると思いますが、その点のところも当然考える必要があります。著作者人格権の場合、そもそも論として、著作者人格権というのは一般的には財産権としての性質でない部分がありますので、そこについてフェアユース規定のような権利制限という発想がうまく当てはまるのかというところはまだ細かく検討する必要がある問題ではないかと考えております。

　大体そのようなところを、フェアユースというものを未だあまり突っ込んで検討したことがない者ではありますが、いろいろな資料でありますとか、論文を拝見する限りで感じるところ、考えつくところということで挙げさせていただきました。また椙山先生から質疑あるいはコメント等、ありましたら言っていただければと思います。

　椙　山　ありがとうございました。考え方が非常に近いだろうということで、心強く思っております。ですから、「そんなに大した変わりはないよ」

9　*eBay Inc. v. MercExchange, L. L. C.*, 547 U. S. 388, 397, 126 S. Ct. 1837, 164 L. Ed. 2d 641 (2006).

と言いたい（笑）。多少政策的なことも考えながら言っているのですけれども、そう思っています。

平嶋 ありがとうございました。例えば条文の構造の話や立法技術の議論が割と多いということを挙げさせていただいたのですけれども、例えば別の可能性として、非常に無謀ということかもしれませんけれども、先生の場合ですと29条にフェアユース規定を入れるというのを先程ご紹介いただきました。もう１つは、もっと非常に大ざっぱに、民法おける権利濫用の規定、１条３項「権利の濫用はこれを許さない」という内容の規定がありますけれども、まさにこれの著作権法バージョンというのを17条、今の著作権法ですと17条１項に、著作者は、著作権、著作者人格権を享有する、というのがありますし、２項は無方式主義だということを書いています。そこで、ちょうどいいというので、３項に、民法１条３項的な規定をそのままぶち込んで、著作権及び著作者人格権の濫用はこれを許さない、という極めて乱暴な条文を１本入れて、そこから先は知らないから個別事案において解釈で当てはめてくれと。条文上は公正な利用かどうかというのも一切知らないという、そのぐらい乱暴なかたちでも、趣旨としては、それほど悪くないのではないのかとも思っています。わたしが先程申し上げた理解からするとむしろそのぐらいの荒削りな位置付けなのかなとも思ったりもします。やはりそれでは、著作権についての濫用論だけで対応するというのはあまりに濫用しすぎというか、やり過ぎだというかたちになるのでしょうか。つまり、そこはもう少しある程度詰めないといけないのでしょうか？　どちらかという立法技術的な議論に近いかもしれませんけれども。

椙山 あまり変わらないことなのかもしれませんけれども、判断要素を例示しておくということだけでも意味があるだろうと思います。最初に裁判官が判断する場合に、何を考えるのだろうと。結局濫用ということになると全部考えろということになるのだろうと思いますけれども、このようなポイントで考えてみたらどうですかということが条文に書いてあって、具体的な事件においてそのような論点があるとすれば、そこを考えるということは

非常に正当なことだということになるわけですから、種はある程度、抽象的ながらも具体的に書いておいたほうがいいのではないかと思っています。

平嶋 ありがとうございました。だいぶ時間がおしてしまいましたけれども、ご質問やコメントがあれば是非いただければと思います。

　皆さんに質問を、と言っておいて、蛇足となってしまいますが、具体的な規定のイメージとして、フェアユース規定というものをどのように考えていったらよいのか、という議論について若干補足を申し上げますと、今展開しているフェアユース規定を巡る議論が想定しているのは、それほど大した変革を狙ったものではないというところを確認しておくだけでも随分違うのではないかという問題意識がもともとあります。そうすると、先程相山先生からご紹介いただいたプリティー・ウーマン事件のようなものをシロにするかどうかという話になってしまうと、日本の一般的な著作権の解釈の感覚からすると、これは通常クロだろうと言っていたものをシロにしてしまうというお話になるので、そこはとんでもないではないかということをおっしゃる方は当然出てきてしかるべきということです。では、今ここでいうフェアユースというのが、いきなりそこをシロに持っていくという話をしようとしているのか、それとももう少し段階的にみていって、実際どのような使われ方をするか分からないけれども、とりあえずのところは1本線を引いて、シロになるところはありうるということを言っておいて、そこから先はまた著作物の利用形態としてはいろいろなものがどんどん出てきているし、先程言ったように市場にも影響があまりないのですか、ということであれば、そこはかつてクロだったけれども権利制限の対象という方向性で考えてもそれほど差し障りないのではないかというところが次第にまた明確となってきて、それはそれで判例が蓄積されてくることによってまた変わってくるのかなというようにも思えます。差し当たり全くそのような取っ掛かりがない現状よりは、あってもなくてもいいというところが1つポンと明確に規定されてくるだけでも、それを取っ掛かりとして、その後は多少拡大していくというか、自然拡大というかたちかもしれませんけれども、その後の判例の形成というものにも影響してくるのかなとも思っています。その点で、今のように法文

上そのような契機が全くないような状況に比べると、多少はある方がそこから手がかりができてくるかなと思うのです。新しい制限規定だけを継ぎ足していくよりは、議論を巻き起こすというのでしょうか、そこから新しいものが形成されていく起点となるのではないかとは個人的には思っております。そして、条文のつくりとしては、小さく書いたつもりでも解釈論上は大きくなってしまうという、解釈論の伸び縮みというものが出てきてしまう以上は、詰まるところ、それほど大きな差は出てこないのではないかと今のところは考えております。

　ご質問の方はいかがでしょうか？

城　所　国際大学の城所と申します。今日はお二方、中身の濃い発表をありがとうございました。最後におふたりでやり取りされていた規定の仕方なのですが、アメリカはご存じの通り、19世紀の判例が元になってそれ以後130年ぐらいたってから立法化した。その時に、議論の中で、単純に本当に4要素入れないで簡単な条文という案もあったのですけれど、結局あの案で落ち着いた。あの案は、4つ以外にも考えてもいいのですが、実際には判例もほとんどあの4つを考えている。弁護士も、聞いていると、あの要素があるから客から相談されたときにあの4つに照らしてやっていると。そういう意味では、入れる場合は要素を入れたほうがいいのではないかと。

　質問は、シロクロに関係するというか、今はフェアユースがないからでしょうけれども、パロディに関してどういうときがシロなのかなと思われるような日本の判決、今日ご紹介されていませんけれども、最近でいえば『チーズはどこへ消えた？』を翻訳した『バターはどこへ溶けた？』[10]。あの判決は、パロディという表現形態も認められるけれども、著作権侵害をすることは許されないと。平嶋先生のこれで、14ページの下のほうにあった、表現の自由とか、そういう検討も必要ではないかと。というのは、パロディというのは表現の自由に絡むわけで憲法上の権利であって、著作権というのは法律ですから、そういう意味では憲法のほうが優越するわけです。けれど、逆に

10　東京地決平成13・12・19（平成13年（ヨ）第22090号）。

著作権のほうが優越するような判決の書き方なので、どのような場合がシロなのかよく分からないから、一言でいうと、やはりフェアユースがそのバランスさせるあれとしてあったほうがいいのではないかとことですが、その点について何か。

平嶋　条文の構成について今城所先生にご指摘いただいたように、確かに要素があったほうがいいということは、実務的にはそうなのかもしれないと思います。先程17条の後ろに一気に、濫用を許さず、というのを入れてはどうかというかなり無謀なことを申し上げた趣旨は、あくまでそういう心積もりということだけで、実務的にはおそらくそれでは回っていかないということだと思いますので、要素を明示するというのはある程度必要かと思います。

　それから、2番目の話は、もちろんパロディのところでフェアユースを認めるという話もあると思いますけれども、では、パロディ的な使用であれば常にフェアユースといえるかというのは、またそこは一段違う話があるのかなというのがあるかと思います。もちろんパロディという要素は、そのような使い方をしているというのであれば、それは利用としてはフェアユースに当たるという評価につながりやすいとも思いますけれども、使い方によっては、いくら何でも元の表現とほとんど変わらないではないかという使い方であれば、場合によっては本来の原則に戻って著作権の効力が及ぶということもあるのではないかと考えております。椙山先生、パロディのところでもしコメントがございましたら。

椙山　おそらく基本的な考え方は、城所先生とわたしは同じだと思っております。具体的な場合には、本当にいろいろ難しい場合があると思いますけれども、基本的にいうと、ある人の作品に対する批判の1つの形式としてパロディというのがあって、それは1つの毒を含んだおもしろい形式であると。それから、批判を許す社会というのは、基本的には民主主義社会としていいのだというような価値観でなるべく広く認めたほうがいいと思ってはいますが、一方でそれこそパロディに藉口して前の作品の価値をそのまま利

用するというような、奪うような形態というのはやはりいけないわけでしょうから。具体的な場合には本当に難しいとは思いますが、少なくとも斉藤先生がおっしゃっているように、立派なパロディーは1世紀に1つしか出ないとか、そのような話ではなくて、1日に何千も何万もできているわけでしょうから、それが成功したやつはどの程度あるか分かりませんけれども、本当にパロディとして成功するかどうかということと、著作権侵害を認めるべきかというのははるかに違う話だと思っております。

城所　ご紹介された、ロイ・オービンソンですか、あれも許諾を求めたら断わられたから、それで走ったら訴えられて最高裁まで行ったと。大体許諾なんか得られっこないわけですよね。

椙山　そうです。

城所　ですから、そこはちょっと何らかのあれがないと。ありがとうございました。

平嶋　時間がだいぶ過ぎましたけれども、これだけはとか、本日はどちらかというとフェアユースに肯定的な立場が多かったものですから、逆にそんなものとんでもないということを言っていただける方がいらっしゃると、それはそれで大変刺激的だと思いますが。

野方　JASRACの野方と申します。今日はすばらしい講演をありがとうございました。絶対反対とか、絶対駄目だということでもなく、わたしも今日ここへ来て、JASRACは反対の立場をとっておりますが、それを言ってこいと言われたわけでもないのですけれども（会場笑い）、伺っていて、わたしは実務者の観点でフェアユースのような条文が載ったときに、結局権利侵害に当たるかどうかを司法の判断に任せなければいけない部分が大きくなってしまうということが、わたしども権利者にとっては、権利者側から、グレーだった場合に、シロなのかクロなのかはっきりさせるための訴訟を提起

していかなければいけないという負荷がすごく高まってしまうことが怖いなと思っています。先生のお話の途中で、カラオケ法理はいかがなものかというお話もありましたが、やはりJASRACがカラオケ法理に基づいてこれまで業務をしてきたことによって、自分で言うのも変かもしれませんけれども、ある程度日本の中で著作権というものの理解が広まった、深まったというところはあると思います。そのようなことがあるので、JASRACもこれからこのような制度が仮にできたとしたら訴訟をどんどん提起していくということをやっていかなければいけないのだと思います。しかし、それができる権利者というのは実はごく限られた、大きな団体や、そのような人たちでなければできないことであって、多くのそうでない権利者の方にとっては、今度は逆に、自分はおかしいと思っていてもそこで泣き寝入りしてしまうということも起こりかねないということが、とても大きな心配の1つであるということで、以上、すみません、時間のないところで1つ意見を述べさせていただきました。ありがとうございました。

椙　山　　わたしの事務所にJASRACの代理人をやっている人がおりまして、ですから、わたしはあまりJASRACの悪口を言わないようにしておりますので（会場笑い）、まあ言ってはいるのですけれども（会場笑い）、思ったほどには言っていないわけでありまして、その辺でお酌み取りいただければありがたいと思います。

Ⅲ　おわりに

平　嶋　　ありがとうございました。では、時間も15分ほど過ぎたようでございますので、そろそろ終わりたいと思います。
　今日は椙山先生に大変おもしろいお話をいただきました。ありがとうございました（拍手）。

椙　山　　どうもありがとうございました（拍手）。

本講のレジュメ（抄）

フェアユース規定を巡る課題と展望
（平嶋竜太）

1. はじめに

2. 現行日本著作権法の構造と特徴
　目　的
　基本構造
　著作権法の権利構成
　著作権法の理論的基礎
　　人間の創作活動の成果物として、世の中には非常に様々な「表現」が存在する。
　　著作権法—「表現」についての法的保護を付与する基本的な法
　　　⇒ 条文構造のままでは、実は人間の精神活動にとって相当幅広い法的規制を
　　　　 及ぼしうる、ということに注意すべき!!
　　　⇔ 「フェアユース規定」の存在意義？
　著作権侵害とは？
　著作権侵害の判断枠組み
　著作権権利制限類型
　さらに平成22年1月1日から施行される制限類型……

3. 「フェアユース規定」とは？
　一般的な理解としては、前掲のような個別具体的な権利制限規定に対して、著作物の公正な利用（fair use）に該当する場合には著作権の制限を肯定するという一般条項として構成された権利制限規定を意味するものである。

4. 「フェアユース本家」アメリカ著作権法のfair use
　アメリカ著作権法§107……1976年法で従来の判例法理を明文化する形で導入。
　Notwithstanding the provisions of sections 106 and 106A, the fair use of a copyrighted work, including such use by reproduction in copies or phonorecords or by any other means specified by that section, for purposes such as criticism, comment, news reporting, teaching (including multiple copies for classroom use), scholarship, or research, is not an infringement of copyright. In determining whether the use made of a work in any particular case is a fair use the factors to be considered shall include—
　　(1) the purpose and character of the use, including whether such use is of a commercial nature or is for nonprofit educational purposes;
　　(2) the nature of the copyrighted work;

(3) the amount and substantiality of the portion used in relation to the copyrighted work as a whole; and
(4) the effect of the use upon the potential market for value of the copyrighted work.

The fact that a work is unpublished shall not itself bar a finding of fair use if such finding is うmade upon consideration of all the above
factors.

4つのファクター―。ただし、これ以外の要素も考慮される。
① The Purpose and Character of the Use
（著作物利用の目的及び特徴）
② The Nature of the Copyrighted Work
（著作物の性質）　←公開非公開の問題も考慮
③ The Amount and Substantiality of the Portion Used
（利用に供された部分の「量」と「質」）
④ The Effect upon the Plaintiff's Potential Market
（権利者の潜在的市場への影響）

5.「日本版フェアユース」導入を巡る議論
文化審議会著作権分科会法制問題小委員会における議論、ヒヤリング、
知財戦略本部・デジタル・ネット時代における知財制度専門調査会
デジタルコンテンツ利用促進協議会
経団連報告書「デジタル化・ネットワーク化時代に対応する複線型著作権法制のあり方」
等々……

6. 現状における私見
（日本版）「フェアユース規定」によって期待される役割
⇒ そもそも著作権法自体の構造が、「表現」の利用に対して相当に広汎かつ原則無限定であるかのような排他的権利をあたかも設定しているかのような「外観」を採っていることに対して、そのような「外観」が著作権によって保護される領域の「真の姿」ではない、ということを確認し、「外観」と「真の姿」との誤解から生じうる諸々の不都合を調整し易くすること、ではないのか？

人間―精神活動をすることを特徴とする存在
（「人間は考える葦である」）
⇒ 「表現」を通じた情報のやり取りは精神活動にとって必須
⇒ 「表現」の利用に対して不用意に包括的な排他的権利を付与することは人間の

活動にとって非常に致命的な影響を及ぼしうる。
⇒ 「表現」を保護する法制度である著作権制度もある程度謙抑的である必要がある。
⇒ 「表現」のうち保護される対象を絞り込んだ（著作物性）、「表現」利用に対して排他的権利を付与する対象行為を限定した（支分権という考え方）
⇒ それでもまだ広すぎる……
⇒ 特定の状況を前提として権利が及ばない旨の規定（権利制限規定）を設けた、
⇒ ソレデモ、マダマダ広すぎる場合がある……
⇒ 既存の権利制限規定の解釈を工夫してなんとかそれに頼る（雪月花事件、市バス車体絵画事件、血液型性格事件、等々）
⇒ それで対応できないなら、
新たに権利制限規定を立法して継ぎ足す
⇒ これからもこの営みをタダ続けるだけでよい、のか？

⇒ 少なくとも、権利制限規定では書き尽くされていない制限領域もあるのだ、ということを条文上も確認しておくということも意味があるのではないのか？
⇔ 逆にいえば「高々それだけの話」？
今の議論状況は、むしろちょっと騒ぎすぎの気もする？
⇒ 私見では、それこそが「フェアユース」規定によって果たされるべき役割機能であるように考えられる。

　したがって、そのような意味としての「フェアユース規定」を前提とするのであれば、仮に明文上そのような規定があろうがなかろうが本来的に著作権侵害行為という違法行為として評価されるべきものではないのであって、「フェアユース規定」の導入によって、「クロがシロ」に変わるという話ではないはず。
　（「シロは依然シロ」のままであって、それを確認する規定があるかないかの違いである）
　　⇒ フェアユース規定導入に否定的な立場には、「クロをシロ」にするものであるという認識を根底に有している場合があるのでは？

日本版フェアユース規定導入を巡る議論状況への「所感」
　○議論の前提として、著作権法によって「表現」が実質論としてどこまで保護されることが期されるものであると考えるのか？（先の「真の姿」は何か？）という点についての認識が立場によってかなりズレがあるのに、そこのギロンがあまりなされていない。
　○立法技術的な議論の方が比較的先行している感がある。しかし、憲法論からの要請（表現の自由、財産権）や民事法一般の観点、といった基礎理論面からの議論が十分になされていない？

○適用対象がデジタルコンテンツ関連かそれ以外も含むのか、というのは、単なる程度問題の話であって、もっと本質的なハナシから考えるべきではないのか？

「フェアユース規定」と関連して考慮すべき事項
・特許法の分野においては、eBayアメリカ連邦最高裁判決を契機に、昨今、権利侵害を前提としつつも、差止請求権行使の制限を一定の場合に認めるという考え方で保護の行き過ぎを調整しようとする発想があるが、著作権法の場合も、「フェアユース」として権利制限を包括的に規定するという選択肢以外に、差止請求権行使制限による調整という選択肢はありうるのか。
・著作者人格権への適用可能性
（この点を巡っては著作者人格権の本質に立ち入る必要性ありか）

執筆者紹介————————掲載順

高林　龍（たかばやし　りゅう）　早稲田大学大学院法務研究科教授

三村量一（みむら　りょういち）　弁護士、早稲田大学大学院法務研究科客員教授、元知的財産高等裁判所判事

前田哲男（まえだ　てつお）　弁護士

齋藤浩貴（さいとう　ひろき）　弁護士

富岡英次（とみおか　えいじ）　弁護士、早稲田大学大学院法務研究科客員教授

中村　稔（なかむら　みのる）　弁護士

竹中俊子（たけなか　としこ）　ワシントン大学ロースクール教授、同先端知的財産研究所(CASRIP)所長、早稲田大学大学院法務研究科教授

駒田泰土（こまだ　やすと）　上智大学法学部准教授、パリ第１大学客員研究員、パリ政治学院客員教授

Yves Reboul（イブ ルブール）　ストラスブール大学法学部教授

Frédéric Pollaud-Dulian（フレデリク ポロ―－デュリアン）　パリ第１大学法学部教授

上野達弘（うえの　たつひろ）　立教大学法学部准教授、早稲田大学大学院法務研究科兼任講師、マックスプランク知的財産法等研究所客員研究員

奥邨弘司（おくむら　こうじ）　神奈川大学大学院経営学研究科准教授

本山雅弘（もとやま　まさひろ）　国士舘大学法学部准教授

伊藤　真（いとう　まこと）　弁護士、弁理士

渋谷達紀（しぶや　たつき）　早稲田大学法学部特任教授

今村哲也（いまむら　てつや）　明治大学情報コミュニケーション学部准教授

加藤　幹（かとう　もとき）　信州大学大学院経済・社会政策科学研究科非常勤講師

五味飛鳥（ごみ　あすか）　弁理士

平嶋竜太（ひらしま　りゅうた）　筑波大学大学院ビジネス科学研究科教授

椙山敬士（すぎやま　けいじ）　弁護士

早稲田大学ロースクール著作権法特殊講義 2
著作権侵害をめぐる喫緊の検討課題

2011年 3 月20日　初版第 1 刷発行

編著者　高　林　　　龍

発行者　阿　部　耕　一

〒162-0041　東京都新宿区早稲田鶴巻町514番地
発行所　株式会社　成　文　堂
電話 03(3203)9201(代)　Fax 03(3203)9206
http://www.seibundoh.co.jp

製版・印刷・製本　シナノ印刷　　　検印省略
©2011　R. Takabayashi　Printed in Japan
☆乱丁・落丁本はおとりかえいたします☆
ISBN978-4-7923-3283-9　C3032

定価(本体4200円＋税)